영화로 만나는
치유의
심리학

상처에서 치유까지, 트라우마에 관한 24가지 이야기
영화로 만나는 치유의 심리학

발행일 2009년 7월 1일 초판 1쇄 발행
2021년 11월 10일 초판 18쇄 발행
지은이 김준기
발행인 강학경
발행처 시그마북스
마케팅 정제용
에디터 장민정, 최윤정, 최연정
기획·편집·진행 위시리스트(wishbooks@naver.com)
정리 신진상 | **윤문** 이재호
교정교열 김정연 | **북디자인** Rai
내지조판 장은미 | **일러스트레이션** 김아로미

등록번호 | 제10-965호
주소 | 서울특별시 영등포구 양평로 22길 21 선유도코오롱디지털타워 A402호
전자우편 | sigmabooks@spress.co.kr
홈페이지 | http://www.sigmabooks.co.kr
전화 | (02) 2062-5288~9
팩시밀리 | (02) 323-4197
ISBN | 978-89-8445-362-3(03180)

* 시그마북스는 ㈜시그마프레스의 자매회사로 일반 단행본 전문 출판사입니다.

영화로 만나는
치유의
심리학

김준기 지음

시그마북스
Sigma Books

들어가는 글

어느 날 함께 저녁을 먹던 아내가 팍실이라는 약이 항우울제가 맞냐고 물어보았다.

"응, 내가 많이 처방하는 항우울제인데, 왜?"

사실 아내의 궁금증은 함께 일하는 직장 동료의 궁금증이었다. 직장 동료의 남편이 정신과에 다니면서 팍실이라는 항우울제를 먹고 있는데 별로 호전이 안 되는 것 같다며, 그 직장 동료가 아내에게 물어봐달라고 부탁했다는 것이다.

"왜 약을 먹었대?"

정신과 의사 입장에서는 무슨 이유로 약을 먹는지가 궁금했다. 자초지종을 들어보니 그 직장 동료의 남편이 정치적인 문제로 억울하게 혐의를 받아 관계 부처(?)에 몇 번 불려가 밤샘 심문을 받고 돌아온 뒤부터 집에 돌아와서는 잠을 못 자고, 밀폐된 방에 혼자 있지 못하고, 아이들에게 갑자기 짜증을 내고, 운전하면서 욕을 심하게 하고, 직장을 자주 빠지고, 이유 없이 불안 초조해하고, 정치와 연관된 뉴스만 하면 텔레비전을 끄고, 자꾸 이민 가자고 하는 등의 전과는 전혀 다른 모습을 보인다는 것이다. 그래서 견디다 못해 정신과에 갔더니 우울증이라는 진단을 받아서 약을 처방받아 먹고 있다는 것이었다.

"어, 그거 그냥 우울증보다는 외상 후 스트레스 장애인 것 같은데……"

•

아마 나도 그 전 같았으면 앞의 경우 진단을 우울증 혹은 적응 장애라고 내리고 그냥 단순하게 항우울제 처방을 내렸을 것 같다. 그런데 2004년 봄, 우연한 기회에 외상 후 스트레스 장애에 매우 효과적인 치료법 중 하나로 알려져 있는 EMDR이라는 새로운 치료 접근에 대한 교육 프로그램을 받고 난 뒤부터 우리 인간의 정신건강에 심리적 외상인 트라우마가 미치는 영향에 대해 조금 더 민감한 더듬이를 지니게 된 것 같다. 즉 한 개인의 심리적 취약성보다는 그 취약성을 뒤흔들어 놓은 트라우마를 더 많이 의식하게 된 것이다. 그 후 나는 매일매일 치료실에서 만나는 환자들의 이야기에서, 갈등이 심한 부부들의 양보할 수 없는 다툼 속에서, 그리고 가까운 가족이나 친척 그리고 친구의 삶에서, 아주 흔하게 트라우마가 일어나고 있다는 것을 깨닫게 되었다. 그러다 보니 자연히 트라우마에 대해 좀 더 많은 관심을 갖고 공부를 해나가게 되었다. 덕분에 트라우마와 관련된 바이올로지biology, 기억, 애착, 그리고 트라우마의 회복에 결정적인 역할을 하는 긍정적인 자원, 강점 등과 같은 핵심적인 영역에 대한 이해의 폭이 더 풍성해지고 깊어졌다.

●

변화가 거의 없거나 혹은 있어도 비교적 천천히 변화가 일어나 어느 정도는 대비할 수 있었던 과거와는 달리 현대인의 삶은 날이 갈수록 숨이 찰 만큼 빨라지고 있고 그만큼 급격한 변화가 많아졌다. 급격한 변화가 많아진 만큼 우리의 삶에서 사건, 사고도 수시로 일어날 수밖에 없게 되어버렸다. 하긴 저녁 9시 뉴스나 신문 사회면에 사건, 사고가 없는 날이 없지 않은가? 어느 날 갑자기 다리가 끊어지고, 백화점이 통째로 무너지고, 비행기가 떨어지고, 여행하다가 납치당하고, 관광하다가 총에 맞고, 연쇄살인범에게 딸을 잃고, 강도를 만나 폭행을 당하고, 길을 걷다 성추행이나 강간을 당하는 등의 굵직굵직한 트라우마들이 수시로 뉴스의 헤드라인을 장식하고 있다. 어디 그뿐이랴! 하루아침에 직장에서 구조조정당하고, 주식이 폭락을 하고, 믿었던 애인에게 차이고, 이혼당하고, 학교에서 왕따당하고, 수능 점수에 실망해 뛰어내리는 등등 피할 수 없는 상황에 그냥 꼼짝없이 당하게 되는 일이 우리 주변에 얼마나 허다한가?

   현실이 이러한데도 우리는 대개 트라우마가 나와는 전혀 상관없는 남의 이야기인 것처럼 살짝 외면하는 경향이 있다. 나에게만 일어나지 않는다면 트라우마가 주변에서 아무리 빈번하게 일어나든 상관하지 않는다는 생각을 갖고 있다. 게다가 트라우마 같은 건 빨리 잊고 새출발하는 것이 낫다고 생각하는 경향도 있는 것 같다. 하긴 단순하게 생각하면 트라우마를 다시 기억해봐야 골치만 아프고 근심 걱정만 늘 테니 이미 지나간 일 그냥 잊고 사는 것이 상책이라고 생각할 수도 있겠다. 그래서인지 우리는 트라우마에 대해 드러내놓고 이야기 하는 것을 꺼린다. 그러나 이러한 무관심과 외면은 트라우마의 재발을 막는 데도 도움이 안 될 뿐 아니라 트라우마의 영향으로부터 벗어나는 데는 오히려 더 방해가 될 뿐이다.

●

일종의 직업병이라고 해야 하나? 트라우마에 대해 무관심한 사람과 트라우마의 고통을 외면하는 사회로부터 관심을 끌어내기 위해 트라우마에 대한 이야기를 하고 싶어졌다. 그래서 먼저 많은 사람들에게 트라우마, 심리적 외상, 마음의 상처 그리고 외상 후 스트레스 장애 등등에 대해 보다 쉽게 이해하도록 돕는 책을 쓰게 되었다. 어떻게 풀어 쓸까 고민하던 차에 신진상 선생님 그리고 출판기획사 위시리스트를 만나게 되었다. 개인의 트라우마부터 사회적 트라우마까지 폭넓은 이야기를 해나가면서 트라우마에 대해 주변에 알려야 한다는 데 의견이 투합된 우리는 마침내 하나의 아이디어를 떠올렸다. 실제의 임상 사례 대신 좋은 영화 이야기를 빌려 트라우마 이야기를 풀어가는 책을 함께 만들어보자는 아이디어가 그것이었다. 실제로 많은 영화 속 주인공들은 마음의 상처를 입은 사람들이 대부분이고 그것을 극복해나가는 과정이 영화의 줄거리를 이루는 경우가 많기 때문에 영화를 트라우마의 관점에서 재조명한다면 재미나고 의미도 있을 것 같았다. 그날로 집에 와서 우선 트라우마와 연관된 영화들을 찾아나섰다.

대학 다닐 때는 그래도 제법 남들이 잘 보지 않는 예술 영화나 문제작들을 찾아다니면서 보는 열성 영화 팬이었지만, 아이들과 같이 영화를 보러 다니고 나서부터는 주로 블록버스터 오락 영화나 디즈니 가족 영화만 보러 다녔던 것 같다. 나이가 든 탓인지 영화를 보면서 달아오른 머리를 식히고 싶었지, 정신을 집중해서까지 영화를 보고 싶지는 않았던 이유도 있었다. 그래서 별로 아는 영화가 없었다. 할 수 없이 단순무식하게 인터넷 검색창에 '트라우마와 연관된 영화'라고 치고 엔터키를 눌러서 검색된 영화들 중 관객들의 평점이 높은 영화부터 찾아서 보았다. 시행착오가 있었지만 나중에 보니 스스로 생각하기에도 수많은 영화들 중에서 그래도 주옥 같은 영화들을 참 잘 골라냈다는 생각이 든다. 〈레인 오버 미〉, 〈브레이브 원〉, 〈미스틱 리버〉, 〈21그램〉, 〈인형의 집으로 오세요〉, 〈리틀 미스 션샤인〉 같은 진지한 미국 영화를 만나게 된 것은 매우 운이 좋았다고 생각한다. 〈씨 인사이드〉, 〈라비앙 로즈〉, 〈포 미니츠〉, 〈아들의 방〉과 같은 실화를 바탕으로 한 유럽 영화를 보고 나서는 가슴 진한 깊은 감동을 느낄 수 있었다. 유럽 영화 하면 지루할 것이라는 편견을 이제는 버려야 할 정도로 영화의 재미에 푹 빠질 수 있게 해주는 영화들이었다. 또 〈붕대 클럽〉, 〈박치기〉 같은 색다른 일본 영화를 보면서는 일본 영화계가 우리보다 먼저 트라우마에 대해 본격적으로 관심을 갖기 시작한 것 같다는 쓸데없는(?) 경계심이 생겨나기도 했다. 그러다가 본 〈밀양〉, 〈우리들의 행복한 시간〉, 〈용서받지 못한 자〉, 〈가을로〉와 같은 한국 영화들은 "와, 정말 우리에게는 트라우마를 소재로 할 이야기가 너무나 많구나" 하는 요상한(?) 안도감이 들기도 하였다. 재미와 감동을 다시 느끼고 싶어서, 혹은 의미 있는 대사를 외우기 위해 대부분의 영화를 두세 번 반복해서 보았다. 밤늦게, 혹은 새벽에 혼자 영화를 보다가 가슴이 짠해지는 감동을 나누고 싶어서 주변 사람들에게 이 영화들을 한번 봐야 한다고 권하기도 하고, 강의할 때 강의 자료로 활용하여 조금씩 보여주기도 했다. 지금도 영화 이야기가 나오면 주변 사람들에게 이들 영화를 한번쯤 꼭 보라고 권하고 있다. 여러분도 여기서 소개하는 영화를 꼭 한번 보시길!

•

이 책이 나오게 되기까지는 신진상 선생님의 도움이 무엇보다도 컸다. 신 선생님은 영화에 대한 깊은 이해는 물론이고 세상과 사회에 대한 폭넓은 시야와 균형 잡힌 마인드를 갖고 계신 분이었다. 어쩌면 전문가의 전형적인 사고의 틀에서 벗어나기 힘든 내게 그분의 유연성 있는 시야는 아주 중요한 피드백이 되었다. 그래서 신 선생님과의 대화는 늘 내게 신선한 자극과 동기를 불러일으켰다. 게다가 신 선생님은 DVD로도 구하기 힘든 영화도 부탁하기만 하면 그날로 구해서 볼 수 있게 해주셨다. 배재현 선생님은 상담을 하면서 접하게 되는 치료자로서의 경험을 오랜 시간 함께 나누어온 동료이다. 영화를 보고 글을 쓰면서 서로 얼마나 다른 시각과 감성을 가졌는지를 확인했지만, 그래서 또 자연스럽게 다른 시각과 감성을 아우를 수 있는 새로운 전망을 발견할 수 있었다. 출판기획사 위시리스트는 늘 후방에서 우리 세 사람 모두를 지지해주었다. 글을 쓰다가 힘들어하는 우리 세 사람을 다독여주었고, 의견이 다른 우리를 중간에서 조율해주었다. 가끔 글쓰기에 게을러진 내게 채찍질도 했지만 그들의 채찍질은 별로 아프지 않았다. 아무튼 이 책은 그들과 함께 만들어낸 공동 작품이다. 그들 모두에게 진심으로 감사의 마음 전하고 싶다.

●

한국 EMDR 협회의 이사이자 한양대학 병원의 김석현 선생님, 김대호 선생님, 그리고 협회의 회장이신 박용천 선생님에게도 감사의 마음을 전한다. 이분들은 내게 EMDR과 트라우마를 공부할 수 있는 디딤돌을 마련해주신 분들이다. 매년 멀리 이스라엘에서 한국까지 와 EMDR과 트라우마에 대해 교육해주시는 우디 오렌 선생님과 게리 퀸 선생님에게도 감사의 뜻을 전한다. 이 두 분의 열정적인 강의는 매번 내게 아주 깊은 감명을 주었다. 그리고 무엇보다 진정한 스승이신 이호영 선생님께도 감사의 뜻을 전하고 싶다. 이호영 선생님은 내 안의, 그리고 트라우마로 고통받고 있는 환자 내면의 잠재되어 있던 긍정의 힘을 스스로 찾아낼 수 있게끔 해주시는 놀라운 신통력을 갖고 있다. 나에게 이호영 선생님은 그 무엇과도 바꿀 수 없는 커다란 자원이다. EMDR과 트라우마에 대해 가장 가까이서 함께 공부해나가고 있는 김남희, 공성숙, 윤인순, 홍만제, 황이삭 선생님들에게도 감사의 뜻을 전한다. 우리는 함께하기에 덜 지치고, 새로운 힘을 얻고 더욱 성장할 수 있었다.

Though no one can go back and make a brand new start,
anyone can start from now and make a brand new ending.

어느 누구도 과거로 돌아가서 새롭게 시작할 순 없지만,
지금부터 시작하여 새로운 결말을 맺을 순 있다.

카를 바르트 Carl Bard

목차

들어가는 글 • 4

PART1 트라우마란 무엇인가
비극의 정점에서 멈춘 기억, 트라우마

1. 인간의 삶 속에 숨어 있는 덫, 트라우마 : 레인 오버 미 • 21

인간의 성장을 방해하는 트라우마
최고의 트라우마, 가족의 죽음
치유의 진정한 시작은 이해
● 트라우마 돋보기 : 외상 후 스트레스 장애란?

2. 현실을 옥죄는 반복되는 악몽, 당신이라면 이래도 살겠어요? : 밀양 • 35

외면과 회피, 현실을 부정하는 트라우마
자신에 대한 화해와 용서
신은 트라우마로부터 당신을 구원할 수 있는가
● 트라우마 돋보기 : 트라우마와 관련된 우리 뇌의 정보 처리 시스템

PART2 트라우마의 원인
인간의 일이라면 무엇이든 트라우마가 될 수 있다

1. 아주 사소한 일상사도 누군가에게는 상처가 된다 : 붕대 클럽 • 51

어린 시절의 체험이 남긴 지독한 트라우마
트라우마로 가득한 상처받은 영혼들의 세상
자녀의 트라우마를 막는 부모의 지혜
● 트라우마 돋보기 : 빅 트라우마와 스몰 트라우마

2. 무관심과 방치는
   성장기 아이들에게 치명적인 트라우마 : 인형의 집으로 오세요 • 63

   만약 당신에게 트라우마를 치유해줄 가정이 없다면?
   과연 부모는 모든 자식을 똑같이 사랑할까?
   집에서 떨어진 낯선 곳, 학교에서 발생하는 트라우마
   ● 트라우마 돋보기 : 알고 보면 위험한 착한 아이 트라우마

3. 사고, 죄, 질병, 예기치 못한 트라우마의 희생자들 : 21그램 • 73

   트라우마를 악화시키는 부정적 사고
   내 영혼의 무게는 얼마일까?
   세월을 뛰어넘는 트라우마의 고통
   ● 트라우마 돋보기 : 뇌의 두 가지 기억 시스템

4. 상처를 위로하며 트라우마를 함께 극복하다 : 위 아 마셜 • 85

   참았던 분노를 폭발시키는 기폭제, 트라우마 트리거
   트라우마의 고통을 이기는 공동체의 힘
   긍정적인 마인드로 집단 트라우마를 극복하다
   중요한 것은 바로 지금, 서로에게 용기를 주는 것
   트라우마와 정면 승부하라
   ● 트라우마 돋보기 : 해마와 편도체

5. 실연의 상처는 가장 큰 트라우마 : 라비앙 로즈 • 96

   죽음보다 고통스러운 이별
   트라우마의 고통을 노래에 담다
   애착 관계를 통한 트라우마의 발생과 소멸
   ● 트라우마 돋보기 : 애착의 단절

6. 불치병에 걸린 트라우마 환자에게
   죽음은 어떤 의미인가? : 씨 인사이드 • 105

   다양한 형태의 트라우마 후유증
   불치병과 싸워야 하는 잔인한 트라우마
   가치 있는 삶, 가치 있는 죽음
   ● 트라우마 돋보기 : 현실을 받아들이는 생각의 패턴, 심리도식

7. 아버지라는 이름의 트라우마 : 샤인 • 112

독이 되는 사랑의 집착
아버지의 엄격한 사랑, 그리고 트라우마
무기력하고 순응적인 아들이 겪는 혼란과 상처
아버지를 극복하고 새롭게 태어나다
아버지를 때린 딸의 공포
아버지와 자식 사이에서 어머니의 역할
● 트라우마 돋보기 : 복합성 외상 후 스트레스 장애

PART3 트라우마의 증상
무기력, 무감각, 자기 부정에서 해리 장애까지

1. 성폭행 후유증으로 무기력하게 변해버린 일상 : 여자, 정혜 • 133

갇힌 영혼이 세상에 던지는 SOS
트라우마의 고통을 피해 삶의 희로애락을 포기하다
과거의 상처가 또다시 새로운 상처를 낳는 트라우마
트라우마 후유증으로 삶의 주도권을 포기하다
● 트라우마 돋보기 : 성폭행 피해자의 트라우마 증상

2. 트라우마는 사람의 성격을 근본적으로 변화시킨다 : 브레이브 원 • 145

건강한 자아도 끔찍한 트라우마를 겪으면 손상된다
사고와 폭력으로 가득한 일상 속의 트라우마
선과 악의 경계를 넘나드는 다중인격
트라우마로 겪는 자아 분열
● 트라우마 돋보기 : 자기 점검, 나도 트라우마 환자일까?

3. 외상 후 스트레스 장애의 원형, 전쟁 공포증 : 람보 • 158

용감한 군인에게 남은 전쟁의 훈장, 트라우마
명분 없는 전쟁, 수만 명의 트라우마 환자를 낳다
최고의 전쟁 영웅이 최악의 살인마로 바뀐 이유
● 트라우마 돋보기 : 포탄 충격증

4. 어린 시절의 선택 하나가
인생 전체를 바꿀 수도 있다 : **미스틱 리버** • 171

어쩔 수 없는 선택과 예상치 못했던 결과의 후유증
삶을 지옥으로 몰고 간 트라우마의 그림자
소통의 부재가 트라우마의 상처를 키운다
따로 또 같이, 나눌 수 없는 트라우마의 무게
중학생 교복만 보고도 벌벌 떨던 트라우마 환자
- 트라우마 돋보기 : 트라우마 경험과 관련한 부정적 인지

5. 트라우마를 피하는 무의식의 발버둥, 기억상실 : **나비효과** • 188

차라리 모든 것이 꿈이었으면 좋겠어
트라우마 환자의 전형적인 증상, 해리 현상
최악의 해결책, 자기 부정
치유적 나비효과
- 트라우마 돋보기 : 해리 현상, 탈출구가 없을 때의 탈출구

PART4 트라우마 공화국, 대한민국
혈연과 지연을 배경으로 형성된
공동체 트라우마의 역사

1. 대한민국을 괴롭히는 일본이라는 트라우마 : **박치기** • 205

현재 진행형의 트라우마, 자이니치
최악의 후유증을 남긴 분단 트라우마
We shall overcome!

2. 대한민국 남자들이 겪는
군대라는 트라우마 : **용서받지 못한 자** • 213

불합리, 부조리, 폭력성, 그리고 군대
피해자가 가해자로, 반복되는 악순환의 고리
죄책감에서 비롯된 트라우마
폐쇄적이고 불합리한 폭력 문화의 상징, 군대

3. 부실 공화국,
빨리빨리 문화가 만들어낸 트라우마 : 가을로 • 221

삼풍백화점 붕괴, 그 이후
재난 속에서 살아남은 개인의 트라우마
여행, 그리고 상처의 나눔
사회적인 트라우마의 책임

PART5 트라우마의 치료
사건의 재구성,
정면 도전을 통해 치유의 첫발을 내딛다

1. 긍정적인 경험과 긍정적 사고의 힘 : 포레스트 검프 • 235

트라우마를 극복하는 사고의 전환
넌 할 수 있어, 뛰어봐!
사랑과 운동으로 극복한 트라우마
근친상간의 트라우마
트라우마 극복에 도움이 되는 좋은 친구
인생은 달콤한 초콜릿 상자?
● 트라우마 돋보기 : EMDR이란?

2. "그건 너의 잘못이 아니야!"라는 외침의 힘 : 굿 윌 헌팅 • 252

트라우마 치료를 막는 의심과 경계의 벽
고립된 피해자와 치료자 사이의 갈등
내면과 내면이 만나 서로의 상처를 치료하다
● 트라우마 돋보기 : EMDR은 왜 효과가 있나?

3. 상담 치료보다 중요한 가족 간의 소통 : 아들의 방 • 264

트로우마로 인한 상실감
정신과 의사는 자신의 트라우마를 치료할 수 있을까?
함께 극복해야 할 가족 공동의 트라우마
살아남은 자의 몫, 슬픔과 정면 승부를 하다
● 트라우마 돋보기 : 트라우마의 회복

4. 관계 속 교감 이상의
   트라우마 치료제는 없다 : 우리들의 행복한 시간 • 276

   트라우마를 치료하는 관계
   분노와 냉소 그리고 삶의 포기
   성폭행보다 더 큰 상처, 은폐와 침묵
   가족 관계에서 트라우마 치료가 어려운 이유
   ● 트라우마 돋보기 : 감정의 상호 소통과 조율 과정, 변연계 공명

5. 트라우마를 받을지언정 삶은 멈출 수 없다 : 미스 리틀 선샤인 • 288

   트라우마를 강요하는 세상의 기준
   경쟁 사회 속의 트라우마
   트라우마 극복은 인생의 작은 승리
   ● 트라우마 돋보기 : 가족 간의 서포트 시스템

6. 예술을 통해 승화된 상처받은 영혼들 : 포 미니츠 • 297

   경계성 인격 장애 환자? 의사가 더 괴롭다
   두 여자의 트라우마 치유 과정
   트라우마의 두 얼굴, 냉정과 열정
   자유와 열정의 발산으로 트라우마를 극복하다
   너는 가해자가 아니야, 피해자야!
   ● 트라우마 돋보기 : 역사 속의 가해자와 피해자

7. 진실한 고백으로 부끄러운 과거를 수용하다 : 휴먼 스테인 • 310

   과거에서 벗어나기 위해 기억을 조작하다
   숨겨진 진실, 그 속에서 시작되는 트라우마
   진실한 사랑으로 트라우마에서 해방되다
   오점 없는 인생이여, 트라우마에 돌을 던져라
   ● 트라우마 돋보기 : 내 존재에 대한 수치심

PART1 트라우마란 무엇인가

비극의 정점에서 멈춘 기억, 트라우마

트라우마에 걸린 사람의 연기를 이보다 더 잘 할 수 있을까?
영화 '레인 오버 미'와 '밀양'에서 각각 주연을 맡은 아담 샌들러와
전도연은 트라우마를 겪고 있는 사람의 심리와 행동을
정말 사실적으로 보여주고 있다.
두 사람은 국적은 다르지만 이 세상에서 가장 큰 슬픔,
배우자와 자식을 동시에 잃은 슬픔을 공유하고 있다.
두 영화의 차이점도 있다. 치유책이다.
친구의 노력을 통해 트라우마를 극복하고
새로운 만남을 시작하는 아담 샌들러와 달리
전도연에게는 새로운 인연(송강호)도 신도
구원의 계기가 되지 못한다.

01
인간의 삶 속에 숨어 있는 덫, 트라우마

레인 오버 미

원제 : 'Reign Over Me', 2007년 10월 개봉, 미국,
마이크 바인더 감독, 애덤 샌들러(찰리 파인맨) · 돈 치들(앨런 존슨) 주연, 123분

인간의 소중한 생명을 돈으로 계산할 수 있을까요? 모든 걸 계산하기 좋아하는 서양에서는 그런 연구를 한 사람이 있습니다. 영국의 오스월드라는 경제학자는 사람이 느끼는 슬픔을 계량화해 사람이 주관적으로 느끼는 생명의 가격치를 발표했습니다. 사랑하는 이가 죽어서 받은 정신적 고통을 상쇄시키기 위해 1년 동안 얼마만큼의 금전적 보상이 필요한지를 조사 발표한 것이죠. 결과는 연간 22만 달러로 배우자의 사망이 가장 높았고, 자식의 사망이 그 절반 수준인 11만 8천 달러로 두 번째로 높았습니다. 그렇다면 배우자와 자식을 동시에 잃을 경우

그 슬픔의 강도는 어떨까요? 트라우마trauma; 외상 후 스트레스 장애를 상처의 크기로 계량화할 수 있다면 세상에 이보다 더한 트라우마는 없을 것입니다. 마이크 바인더 감독의 영화 〈레인 오버 미〉는 세상에서 가장 큰 상처인, 그래서 누구나 공감할 수 있는, 자식과 배우자를 모두 잃은 한 남자의 아픔과 그 치유 과정을 그리고 있는 영화입니다. 주인공 찰리 파인맨(애덤 샌들러 분)은 이 영화를 통해 트라우마를 겪고 있는 사람의 심리와 행동 양상을 사실적으로 보여주고 있습니다.

●●인간의 성장을 방해하는 트라우마

찰리 파인맨은 사랑하는 가족과 탄탄한 직장을 가진 잘나가는 치과 의사였습니다. 부유하고 행복한 일상을 즐기던 그의 인생은 9·11테러라는 사건을 겪으면서 송두리째 뒤바뀌고 맙니다. 당시 국제무역센터 건물과 정면으로 충돌한 보스턴발 비행기에 사랑하는 아내와 세 딸 그리고 애완견이 타고 있었던 것입니다.

  가족과 함께 단란하게 보낸 추억들을 떠올리는 것이 그에게는 견디기 힘든 크나큰 고통일 것입니다. 그래서 그는 그런 기억들을 극단적으로 부정하거나 회피하려고 합니다. 실제로 트라우마 환자에게 가장 큰 두려움은 트라우마 기억 그 자체가 될 수밖에 없습니다. 끔찍한 기억일수록 생각하고 싶지 않고 무조건적으로 피하고 싶어지는 것입니다. 그렇다고 나쁜 기억이 저절로 사라지거나 지워지는 것은 아닙니다. 특히 극단적인 트라우마의 기억은 그 당시에 경험했던 생생한 감정이나 신체 감각의 잔재가 뇌 안의 신경 회로에 그대로 남아 있다가 일상생활에서 아주 사소한 자극에 의해 건드려지면 그대로 폭발되어 나옵니다. 때로는 과거가 눈앞에서 현실처럼 재현되는 플래시백flashback으로, 때로는 악몽으로, 때로는 사건 당시의 생생한 신체 감각으로 고스란히 살아나는 것입니다.

한순간에 가족을 잃어버린 찰리는 의사 생활을 접고 소위 폐인이 됩니다. 더 이상 일을 하지 않아도 될 정도로 거액의 보상금을 받았지만 모든 관계를 단절한 그의 곁에는 비디오 게임('완다와 거상'이라는 PS2 게임으로 영화 속에서 찰리는 오직 이 게임만 합니다)과 70~80년대 록 음악만이 남아 있을 뿐입니다. 헤드폰을 끼고 주위에서 다 들릴 정도로 큰소리로 음악을 들으면서도 주위의 다른 사람들에게는 시선조차 주지 않는 모습에서 그가 대인 관계를 극단적으로 회피한다는 사실을 알 수 있습니다. 처음에는 자신의 가족들을 아는 사람들을 피했지만 시간이 지나면서 세상과의 소통을 전면 거부한 것입니다. 찰리는 그렇게 더 이상의 사회적 성장을 멈춘 채로 세상과 단절하고 자기만의 울타리 속에 갇혀 우울한 나날들을 보냅니다. 그러다가 우연히 대학 룸메이트였던 앨런을 만나게 되고, 그러면서 이제까지 잊고 있던 삶의 소소한 재미들을 되찾게 됩니다.

처음에 찰리가 앨런을 거부하지 않았던 이유는 앨런이 자신의 외상적 기억을 자극하지 않는 안전한 대상이었기 때문입니다. 오래간만에 만난 대학 동창에게는 모든 것을 털어놓지 않아도 좋을 만큼의 적당한 거리감이 존재하니까요. 하지만 그러한 기대는 곧 깨지고 맙니다.

"넌 이제 싱글이니까, 인생을 새롭게 즐겨봐."

함께 간 클럽에서 앨런이 이런 말을 꺼냈기 때문입니다. 찰리의 상처를 위로하기 위해 농담처럼 꺼낸 이야기에 찰리는 크게 흥분합니다.

"난 가족이 없어. 놈들이 보냈어? 너 전문가야? 나한테 왜 이러는 거야? Leave me alone!"

찰리는 괴로워하며 앨런에게 물을 끼얹었습니다. 가볍게 던진 농담 한마디가 감춰져 있던 찰리의 상처를 건드린 것입니다. 조그만 자극에 흥분, 의심, 과도하게 민감해지는 이러한 반응을 의학 용어로는 과도각성hyper-arousal이라고 합니다. 찰리의 갑작스러운 태도 변화에 앨런은 마른하늘에 날벼락을 맞은 기분이었을 것입니다.

•• 최고의 트라우마, 가족의 죽음

다시 안 만날 것처럼 싸우고 헤어졌지만 무척이나 외로웠던 찰리는 앨런을 또 찾아오고 사람 좋은 앨런은 그런 친구를 받아들입니다. 두 사람은 서로 자극하지 않는 범위 내에서 만남을 이어갑니다. 비디오 게임을 같이 하고 새벽에 아무 생각 없이 웃고 즐길 수 있는 70년대 멜 브룩스의 코미디 영화를 함께 봅니다. 아침에 출근해서 일을 해야 하는 앨런은 부담스러웠지만, 그래도 찰리가 기뻐하는 모습을 보면서 자신도 즐기려고 합니다. 영화를 다 보고 집으로 돌아가려 할 즈음 앨런은 아내로부터 아버지가 갑자기 죽었다는 연락을 듣게 됩니다. 당황하여 황급히 집으로 가려는 앨런에게 찰리는 엉뚱하게 중국 음식을 먹으러 가자고 권유합니다. 앨런은 친구의 이런 반응에 할 말을 잃습니다.

정상적이라면 친구에게 위로의 말을 건네는 것이 당연한데, 죽음이라는 단어를 듣는 순간 찰리는 자신의 가족의 죽음이 떠올랐을 것입니다. 그래서 이를 회피하기 위해 찰리에게 전혀 엉뚱한 말을 한 것이죠. 아무리 사람 좋은 앨런이지만 이번에는 찰리에게 화를 내고 황급히 집으로 돌아갑니다.

며칠 후 찰리는 앨런의 치과 병원에 오게 됩니다. 찰리는 앨런과 화해하기 위해 찾아왔지만 치과 진료실을 둘러보다가 갑자기 얼굴이 굳어집니다. 그리고 복도에 걸려 있는 앨런의 치과 의사 자격증을 보게 됩니다. 찰리는 그 자격증을 뚫어져라 쳐다봅니다. 그런 찰리에게 앨런은 "치과에 오랜만에 와보지? 왜? 그리워?"라고 무심코 묻습니다. 하지만 앨런의 이 말 한마디는 또 한 번 찰리의 과거 기억을 자극합니다. 그는 극도로 흥분하면서 진료실을 난장판으로 만들고 맙니다. 앨런은 엉망이 된 진료실을 보면서 찰리의 심각함을 새삼 깨닫게 되고 그를 도와주어야겠다고 생각합니다. 더 늦기 전에 치료를 받도록 해야겠다고 결심한 것이지요. 두 사람은 함께 앨런이 알고 있는 여자 치료사를 찾아갑니다.

막상 상담실에 들어오자 치료사 앞에서 찰리는 다시 회피하기 시작합니다. 환자가 상처의 기억을 이야기할 수 있으려면 가장 중요한 것이 '안전감'과 '신뢰감'입니다. 하지만 낯선 치료사에게 아직 안전감과 신뢰감이 형성되지 않은 상황에서 찰리는 당연히 불안할 수밖에 없었겠지요. 정면으로 자신의 기억과 맞부딪치는 것에 대한 두려움 때문이었습니다. 이야기를 할까 말까 몇 번이나 망설이던 찰리는 상담을 포기하고 집으로 가려다가 대기실에서 기다리고 있던 앨런 옆에 앉습니다. 낯선 치료사보다는 차라리 그동안 자기 옆에서 일관되게 도와주려고 애쓰던 앨런에게 더 안정감과 신뢰감을 느꼈기 때문이겠지요. 찰리는 친구인 앨런에게 자신의 상처를 자세하게 털어놓습니다. 그에겐 과거의 기억을 떠올리는 것이 너무나 큰 고통이었죠.

"TV에서 그 소식을 듣는 순간 모든 것이 느껴졌어. 딸의 몸에 있는 큰 점이 떠올랐고, 불 속에서 그 점이 타는 게 느껴졌다니까."

이야기를 하면서 흐느끼는 찰리 앞에서 앨런도 치료사도 아무런 위로의 말도 해줄 수가 없었습니다.

•• 치유의 진정한 시작은 이해

막상 자신의 지난 과거 이야기를 털어놓기는 했지만 찰리의 마음의 짐이 덜어지지는 않았습니다. 오히려 아픈 기억에 직면하다 보니 찰리는 다시 극도의 고통과 절망에 압도당하고 맙니다. 아내와 딸들이 한순간에 죽었다는 현실, 즉 자신에게 일어난 상실을 인정하고 보니 그것이 너무나 큰 고통이라는 것을 새삼 느끼게 되었던 것이지요. 견딜 수 없

는 절망감에 괴로워하던 그는 다시 한 번 극단적인 행동을 하게 되는데, 바로 자살 시도였습니다. 경찰이 보는 앞에서 그는 지나가는 택시 운전사에게 일부러 빈 총으로 시비를 걸어 경찰이 자신을 향해 총을 쏘게 합니다. 그러나 아슬아슬하게 경찰은 그를 체포합니다.

자해 혹은 자살 시도는 트라우마 환자를 치료하는 도중에 발생할 수 있는 부작용 중 하나입니다. 자신의 상처 기억을 겉으로 드러내 말로 표현하는 것부터가 치유의 시작이기는 하지만 충분히 준비되지 않은 상태에서는 그러한 상처 기억을 다시 떠올리는 것만으로도 피해자는 극도의 고통을 생생하게 재경험하게 되기 때문이지요. 앨런은 친구로서 진심으로 찰리의 치유를 도우려 했던 것이지만 찰리는 아직 충분히 준비가 되지 않았던 것입니다. 결국 앨런은 경찰서에서 찰리에게 사과를 합니다.

"미안해, 찰리. 다 내 탓인 것 같아. 내가 너무 성급하게 몰아붙였지? 난 다만 네가 낫기를 바랐을 뿐인데……."

극단적인 트라우마로 고통을 받는 사람들에게는 섣불리 고통의 현실을 직면하라고 요구하는 원칙론적인 접근보다 먼저 그들이 한숨을 돌리고 심리적 안정을 찾도록 도와주는 것이 중요합니다. 마음의 안정을 느끼지 못한 상태에서 트라우마에 직면하는 것은 피해자 대부분을 고통스럽게 하는 불필요한 자극이 되기 쉽습니다. 트라우마의 희생자들은 자신들의 정서적 고통을 진심으로 이해하고 자신들의 부적응적인 행동까지도 포용해줄 수 있는 사람이 하나라도 있을 때 비로소 안정감과 연결감을 느낄 수 있게 된다고 합니다. 이런 안정감과 연결감을 느낄 수가 있어야 비로소 트라우마를 이야기할 수 있다고 합니다. 이해understanding야말로 치유healing의 진정한 시작인 것입니다.

외상 후 스트레스 장애란?

외상 후 스트레스 장애Post-Traumatic Stress Disorder; PTSD란 진단명은 1980년에 처음으로 미국 정신과 학회에서 질병으로 인정되었습니다. 이는 전쟁, 대참사, 재난 같은 '일반적인 인간 경험의 범주를 넘어서는' 충격적인 외상 사건을 경험한 후 그 후유증으로 발생하는 장애를 말합니다. 그러나 이러한 외상 사건의 기준에 대해 문제를 제기하는 여성 학자들도 많습니다. 예를 들면 심한 구타나 강간 같은 가정폭력, 학대, 성폭행 등은 여성이나 아동의 삶에서는 너무 일상적이어서 '일반적인 인간 경험의 범주를 넘어선 것'이라고 할 수 없다는 것이죠. 그래서 외상 사건을 경험하게 되는 당사자의 '일반적인 적응 능력을 압도하는 특별한 사건'으로 외상 사건을 정의하는 것이 더 옳다고 주장하는 학자들도 많습니다. 최근의 연구 결과들은 전쟁, 재난뿐만 아니라 자동차 사고, 강간, 성폭행, 중요한 사람의 죽음, 이별, 창피를 당한 경험, 심한 좌절의 경험, 심각한 질병이나 신체적 장애, 심한 불안의 경험, 고문, 유괴, 가족으로부터의 학대 등을 겪고 난 뒤에도 외상 후 스트레스 장애의 증상들이 얼마든지 일어날 수 있다고 보고하고 있습니다.

강렬한 두려움과 무력감을 동시에 경험하게 하는 외상 사건은 대개 신체적인 안녕이나 목숨을 위협하는 비인간적인 폭력성과 연관되어 있는 경우가 많습니다. 하지만 이에 그치지 않고 한순간에 사랑하는 연인이나 가족을 잃게 되는 상실이 트라우마와 연관되어 있는 경우도 적지 않습니다.

압도적인 트라우마를 경험하게 되는 사람들은 대개 전형적인 외상 후 스트레스 장애의 증상을 보이게 됩니다. 외상 후 스트레스 장애는 크게 세 가지 주요 증상으로 나뉩니다. 그 첫 번째는 과도한 각성 상태와 연관된 증상들입니다. 충격적인 사건 이후 언제 또 그런 일이 닥칠지 모른다는 불안과 두려움으로 위험에 대한 경계 상태가 지속됩니다. 사소한 자극에도 민감한 반응을 보이고 예상하지 못한 자극에 대해 심하게 놀라는 반응을 보이게 됩니다. 그러다 보니 늘 초조하고 불안하고 걱정이 많고 집중이 안 되며 죽음에 대한 공포도 매우 큽니다. 이러한 과도한 각성 상태는 수면을 방해하여 잠이 들기 어렵게 하고 작은 소리에도 깨어나게 합니다. 이러한 증상들은 대부분 교감신경계의 과도한 활성화로 인해 나타나는 것이라고 할 수 있습니다. 일반적으로 우리는 위험에 처했거나 놀랐거나 혹은 스트레스를 받을 때에 외부에 대응하기 위해 자동적으로 교감신경계가 활성화됩니다. 하지만 위험이 사라지거나 스트레스가 줄어들면 교감신경계가 다시 원래의 안정된 상태로 돌아와야 합니다. 그런데 외상 후 스트레스 장애는 몸과 마음이 너무 놀란 나머지 교감신경계가 원래의 상태로 돌아가지 않고 계속해서 활성화되어 있기 때문에 과도한 각성 상태를 유발하는 것이죠. 이런 상태가 계속 지속되다 보면 신경이 매우 날카로워져 주위 사람들에게 신경질적이고 공격적인 반응을 보이게 되고 때로는 심한 분노를 폭발하게 됩니다. 이러한 과도한 각성 상태는 외상 후 스트레스 장애 환자들이 가장 흔하게 호소하는 증상이라고 할 수 있습니다.

외상 후 스트레스 장애의 두 번째 증상은 바로 충격적인 외상 기억의 반복적인 재경험re-experience입니다. 외상 사건을 경험하고 한참 시간이 지났음에도 불구하고 피해자들은 마치 현재에서도 그 외상 사건이 계속해서 일어나고 있는 것처럼 강렬한 경험을 하게 됩니다. "자라 보고 놀란 가슴 솥뚜껑 보고 놀란다"는 속담은 이 재경험의 증상을 아주 잘 설명해주고 있죠. 대구 지하철 참사 사건에서 살아남은 분들이 아직까지도 지하철을 편하게 타지 못하는 것도 바로 이러한 재경험의 증상 때문입니다. 피해자들은 지하철역을 볼 때마다 그 당시의 지옥 같았던 기억이 생생하게 떠오르기 때문에 그때 참사 사건 때 느껴야 했던 똑같은 강도의 두려움과 공포심에 휩싸이게 됩니다. 깨어 있는 동안에는 어떤 이미지나 잔상이 반복되어 일어나는 플래시백의 형태로, 잠을 자는 동안에는 반복적인 악몽으로 계속되는 것입니다. 대개 이러한 재경험은 원래의 외상 기억과 비슷한 자극을 받을 때마다 반복해서 일어나게 됩니다. 비오는 날 폭행과 강간을 당한 피해자는 비오는 소리만 들어도 그때의 기억이 떠올라 괴로워하며 당시의 폭행 가해자와 비슷한 옷을 입은 남자만 보아도 공포에 질립니다. 외상 사건이 일어난 장소와 비슷한 곳에 가면 그때의 기억이 생생하게 떠올라 괴로워하기도 합니다. 주변에서 오는 별것도 아닌 자극을 원래의 외상 사건 때 받은 위협적인 자극과 똑같이 받아들이고 경험하게 되는 것이죠. 이러한 외상 기억의 재경험은 강렬한 정서적 고통을 유발하기 때문에 생존자나 피해자는 계속해서 공포심, 무력감, 분노감에 반복하여 시달리게 됩니다. 그래서 트라우마를 경험한 사람들은 이러한 고통을 피하고 자신을 보호하려는 시도를 하게 됩니다.

이러한 자기 보호의 시도는 외상 후 스트레스 장애의 세 번째 증상인 회피avoidance와 둔감화numbness라는 형태로 나타납니다. 압도적인 위협에 대해 완전히 무기력해지고 두려움에 휩싸이게 되면 우리는 실제 어떤 저항을 하기보다 차라리 의식의 상태를 변형시키는 방어를 하게 됩니다. 압도적인 위협 앞에서 완전히 얼어붙어 꿈을 꾸듯이 멍해지는 것입니다. 이렇게 되면 현실감각이 둔해지거나 상실되고 시간 감각마저 변형됩니다. 그래서 현실이 아련한 꿈같이 느껴지고 트라우마도 남의 일처럼 생각되는 것입니다. 때로는 자신의 몸에서 의식이 분리되어 자신의 몸을 관찰하는 상태를 경험하기도 합니다. 이렇게 되면 몸이 느끼는 아픔, 놀람, 두려움 등도 직접 느끼지 못하는 상태가 됩니다. 분리된 의식은 아무것도 느끼지 못하고 그저 멍하니 외상 사건이 일어나는 상황을 지켜보게 되는 것입니다. 때로는 아예 외상 사건 자체에 대한 기억을 못 하게 되기도 합니다. 기억의 둔감화가 아니라 아예 기억상실amnesia이 일어나는 것이죠. 이러한 둔감화 증상은 해리dissociation라고 하는 현상과 매우 밀접한 관련이 있습니다.

해리와 같은 의식의 변형 상태는 견딜 수 없을 만큼 고통스러운 두려움과 무력감으로부터 자신을 보호하기 위한 마지막 방어 메커니즘이라고 할 수 있습니다. 완전히 의식을 잃거나 미쳐버리게 되기 직전에 자동적으로 의식을 변형하여 주변 자극에 대해 둔감하게 만들어주는 것입니다. 어떤 면에서는 적응적인 방어 메커니즘이라고 할 수도 있을 것입니다. 문제는 트라우마의 위협이 사라지고 난 뒤에도 이러한 의식의 변형이 오랫동안 지속될 때입니다. 트라우마 환자들은 주변의 자극에 대해 되도록이면 정서적 동요를 느끼지 않으려 하고 외상과 연관된 어떠한 기억도 하지 않기 위해 자신의 삶의 거의 대부분의 영역에서 제한적이고 수동적으로 살아가게 됩니다. 그들은 삶의 주도성, 적극성, 계획성, 의미 부여 같은 것들을 포기하고 그저 최소화된 삶을 영위하려 합니다. 아무것도 얻으려 하지 않고 아무것도 느끼려 하지 않는 사람처럼 살아가게 되는 것이죠. 옆에서 보면 마치 마음속 일부분이 죽어 있는 사람처럼 보이기도 합니다. 외상 사건을 경험한 이후 시간이 흐르면 이러한 회피 증상이 두드러지게 됩니다.

외상 후 스트레스 장애의 전형적인 특징은 위에서 말한 극단적인 흥분 상태의 증상들(과도 각성, 재경험)과 극단적인 마비 상태의 증상들(회피와 둔감화)이 주기적으로 반복해서 나타난다는 점입니다. 이렇게 서로 반대가 되는 극단적 상태로의 전환은 시간이 지나면서 조금씩 변화하기도 하지만 쉽게 사라지지 않고 몇 년간 계속되기도 합니다. 오랜 시간 동안 스스로 자신의 상태를 조절할 수 없다는 무기력감helplessness이 점점 더 삶을 지배하게 되면서 피해자들은 우울증, 알코올 중독, 약물 중독, 폭식 등에 빠지기도 하고 심한 자살 사건을 벌이거나 사회생활을 단절하기도 합니다.

외상 후 스트레스 장애의 증상들이 나타나는 시기는 각 개인에 따라 다를 수 있습니다. 어떤 이는 외상 사건의 경험 이후 즉시 나타날 수도 있고 며칠, 몇 주, 몇 개월 또는 몇 년이 지나고 나서 증상이 나타나는 경우도 있습니다. 대부분의 사람들은 충격적인 사건을 경험하고 난 뒤 그 후유증으로 고통을 받게 되는데, 이러한 증상이 1개월 이상 지속될 때에 외상 후 스트레스 장애로 진단할 수 있습니다.

02
현실을 옥죄는 반복되는 악몽, 당신이라면 이래도 살겠어요?

밀양

영어 제목: 'Secret Sunshine', 2007년 5월 개봉, 한국, 이창동 감독, 전도연(이신애)·송강호(김종찬) 주연, 141분

우리가 사는 세상은 하루도 바람 잘 날 없이 험난합니다. 치열한 경쟁의 틈바구니 속에서 살아남기 위해 우리는 무엇이 필요할까요? 그것은 아마도 인간에 대한 신뢰일 것입니다. 바로 믿음이지요. 자신의 가치를 믿고, 주변 사람들을 믿고, 사회적 질서와 신의 섭리 등을 믿으면서 우리는 삶을 지탱할 수 있는 힘을 얻게 됩니다. 그 가운데에도 중요한 사람과의 관계 속에서 서로 의지하고 기대며 안정적으로 연결되어 있다는 믿음은 나라는 존재감sense of self을 긍정적으로 형성하는 데 가장 중요하다고 할 수 있습니다. 그런데 이토록 중요한 사람을 어느 한

순간에 잃게 된다면 어떨까요? 세상은 안전하고 믿을 만하다, 나는 가치가 있으며 이 세상에는 질서와 정의가 있다는 우리들의 근본적인 믿음 체계가 한순간에 산산이 부서지겠지요. 자동차 사고로 가족이 다 죽고 혼자 살아남았다든지, 자고 일어났더니 부모님들이 목을 매달고 자살을 했다든지, 흉악한 범죄자에게 사랑하는 아이가 납치를 당했다든지 하는 사건을 겪고 살아남은 사람들의 심정은 일반인들이 이해하기에는 너무도 큰 상처일 것입니다.

세상은 전혀 안전하지 않고 이 세상 누구도 믿을 수 없으며 내 삶 역시 아무런 가치가 없다고 여겨지겠지요. 이 세상에 정의나 질서 따위는 존재하지 않는다고 생각하게 될 것입니다. 자신이 아무 의미도 없으며 아무것도 할 수 없는, 그래서 벌레만도 못한 더럽고 하찮은 존재라고 절규하지 않을까요?

이창동 감독의 〈밀양〉은 이렇게 인간의 기본적인 가치 체계와 의미meaning 체계를 송두리째 무너뜨리는 트라우마에 대해 이야기하고 있습니다. 트라우마가 한 인간의 삶을 압도적으로 무너뜨리는 사건이라는 사실을 너무도 잘 보여주는 영화입니다.

●● 외면과 회피, 현실을 부정하는 트라우마

영화 속 주인공 신애(전도연 분)는 영화가 시작되기 전에 이미 한차례 트라우마를 받고 밀양으로 오게 됩니다. 다른 여자와 바람을 피운 남편이 교통사고로 사망한 것입니다. 신애는 슬픔과 고통을 잊기 위해 남편의 고향인 밀양으로 오게 됩니다. 상식적으로는 불륜을 저지른 남편의 고향으로, 그것도 서울에서 지방으로 낙향하기란 쉽지 않은 일일 것입니다. 하지만 그녀는 남편의 불륜과 죽음을 인정하지 못하고 밀양으로 갑니다. 이런 심정은 그녀를 위로하러 내려온 남동생과 티격태격하는 장면에서 그대로 드러납니다. 자신을 이해해주지 못하는 부모님과의 인연도 끊고 서울에서의 모든 인간관계를 끊으려고 했던 것입니다. 그녀의 행동은 일종의 회피로도 풀이될 수 있습니다. 주위로부터 오는 자극을 무조건적으로 피하기 위해 어린 아들 준과 함께 낯선 땅 밀양으로 왔기 때문이지요. 긍정적으로 보면 나름대로 새로운 출발을 시도한 것이라고 볼 수도 있습니다. 그러나 불행하게도 새로운 환경은 그녀에게 안전한 장소가 아니었습니다.

영화의 초반부는 그녀가 낯선 곳에서 위험한 상황을 맞게 되는 과정을 그리고 있습니다. 서울에서는 하지 않았던 피아노 학원을 차리고 땅을 보러 다니면서 서울서 내려온 돈 많은 과부라는 인상을 주변에 준 것이지요. 그곳 사람들은 그녀에게 모두 낯선 사람들이었습니다. 가끔 찾아오는 남동생이나 진심으로 위로를 해주고 걱정을 해주지 다른 사람들은 그녀가 미모의 과부라는 사실, 그녀에게 돈이 많아 보인다는 사실만이 관심사였습니다. 현실의 부정denial, 외면, 회피적 행동이 그녀를 좀 더 위험한 상황에 노출시키는 부적절한 결과를 가져온 것이지요. 결국 아들이 유괴되어 처참하게 죽음을 맞습니다. 범인은 아들이 다니던 웅변 학원 원장이었는데 인면수심의 유괴범이라고는 생각되지 않을 정도로 나긋나긋한 성격과 평범한 외모의 소유자였습니다. 속으로는 시커먼 생각을 하고 있으면서 평소 그녀와 그녀의 아들에게는 다정다감하게 대했던 이중적인 사람이었던 것입니다.

아들을 화장하는 곳에서 한 방울의 눈물도 흘리지 못하는 신애를 보며 시어머니가 한마디합니다.

"넌 어떻게 눈물 한 방울 안 흘리니? 너 때문에 아들, 손자가 다 죽었어."

그런 말을 할 수밖에 없는 시어머니의 심정도 이해는 됩니다. 하지만 카센터 사장 종찬(송강호 분)의 말처럼 죽음을 당한 아이 엄마보다 더 슬픈 사람이 있겠습니까? 자신의 마음을 전혀 헤아리지 못하는 주변으로부터의 반응은 그녀에게 이차적 상처가 되었을 겁니다. 그녀가 아들을 화장하는 곳에서 울지 못했던 것은 아마도 사건의 충격으로 인한 극도의 현실 부정, 해리 상태가 아니었을까요? 트라우마의 커다란 충격은 자신이 신애라는 사실, 준의 엄마라는 현실조차 잊게 만든 것입니다.

아들의 죽음이라는 비통한 심정을 견디지 못한 그녀는 지푸라기라도 잡고 싶은 심정으로 부흥회에 참석하게 됩니다. 그곳에서 그녀는 가슴을 쥐어짜고 통곡합니다. 그리고 결국 그녀는 신을 받아들이고 열심히 교회 생활에 빠져듭니다. 아들이 죽고 난 뒤 종교 생활을 권유받았을 때에는 "신이 있다면 왜 내 아들이 죽게 내버려 두었냐"고 절규했던 그녀가 갑자기, 너무나 갑자기 상반된 변신을 보여주니 의아할 뿐입니다. 아마도 모든 것에는 주님의 뜻이 있다는 강력한 믿음 체계가 모든 것을 잃고 무너져 내린 그녀에게 너무나 절실했기 때문인지도 모르겠습니다. 그녀의 상처받은 영혼은 절대자이고 창조자인 그분의 품 안에서 위안과 보살핌을 받고 싶었을 것입니다.

자신에 대한 화해와 용서

하나님을 믿고 그 믿음을 주위에 간증하면서 조금씩 삶의 생기를 찾게 된 신애는 자신의 아이를 유괴해 죽인 범인을 만나러 가겠다고 합니다. 직접 만나서 그를 용서하겠다는 것이었죠. 주변에서는 너무 이른 것 같다고 말렸지만 그래도 그녀는 빨리 범인을 용서하고 과거의 상처를 털어내고 싶었던 것 같습니다. 그런데 여기서 대단한 아이러니가 발생합니다. 신애는 놀랍니다. 범인의 얼굴이 생각보다 밝았기 때문이지요. 유괴범은 이미 하나님께 모든 죄를 용서받았다면서 두 다리 뻗고 잘 자고 있으니 너무 걱정하지 말라는 식으로 오히려 신애를 위로합니다.

'하나님이 가해자를 먼저 용서하고 평안을 주시다니!'

신애는 충격을 받습니다. 자신의 상처에 대해 자신은 아무것도 할 수 없고 어떤 위로도 받을 수 없다는 허탈감에 빠져듭니다. 그녀는 신에게 또다시 버림을 받았다고 느꼈을지도 모릅니다. 신은 피해자인 자신의 편이 아니라는 사실을 또 한 번 확인한 셈이니까요. 절망하고 분노한 신애는 그 이후 하나님을 부정하고 도전하는 행위를 합니다. 부

흥회에 가서 목사가 설교하는 도중에 김추자의 〈거짓말이야〉라는 노래를 틀고, 독실한 크리스천인 남자를 성적으로 유혹하기도 하며, 신도들이 모여 기도하는 방을 향해 밖에서 돌을 던지기도 합니다. 그리고 결국 그녀는 하나님을 원망하며 자신의 손목을 깊게 도려냅니다. 그녀의 자해는 세상 그리고 신과도 단절하려는 격렬한 몸짓이었던 셈이죠.

그녀는 정신과 병원에 입원하여 치료를 받게 됩니다. 하지만 안정을 찾고 퇴원하는 길에 우연히 들른 미용실에서 그녀는 자신의 아들을 죽인 살인범의 딸을 만나게 됩니다. 과거의 상처를 다시 건드리게 되자 화들짝 놀란 그녀는 미용실을 뛰쳐나와 집으로 돌아갑니다. 그리고 혼자 거울을 보면서 멍한 표정으로 머리를 자르지요. 신애의 잘린 머리카락이 하수구로 흘러 내려가면서 영화는 엔딩을 맞습니다. 이청준의 원작 소설 《벌레 이야기》에서는 주인공이 주님의 섭리와 인간의 존엄 사이에서 방황하다가 양쪽을 모두 거부하는 방편으로 자살을 선택합니다. 하지만 영화에서 감독은 그녀가 자신의 의지를 갖고 이 세상에서 할 수 있는 것은 겨우 자신의 머리를 자르는 정도의 일이라는 사실을 말하려고 한 듯합니다.

•• 신은 트라우마로부터 당신을 구원할 수 있는가

영화를 끝까지 보고 나면 이 영화가 '벌레 이야기'라는 원제에 충실했다는 생각을 하게 됩니다. 영화는 우리네 삶이 결국은 벌레 같은 인생 아니겠느냐는 물음을 던지고 있는 것처럼 느껴집니다. 영화를 통해서 한 상처받은 영혼이 치유되는 과정을 기대한다면 다소 실망스러울 수도 있습니다. 사실 상처받은 영혼이 자연스럽게 치유되는 경우도 세상에는 참 많을 텐데요. 꼭 이렇게까지 우리 삶이 보잘 것 없다는 것을 철저히 확인시켜주어야 하나 하는 생각도 듭니다.

이 영화를 보다가 연쇄 살인범에게 살해당한 한 희생자의 어머니가 떠올랐습니다. 그녀가 경험한 아픔과 고통과 절망감은 신애와 비슷했습니다. 흥미와 호기심 그리고 기삿거리만을 위해 다가오는 사람들뿐, 딸의 어처구니없는 죽음에 대해 같이 울어주고 안타까워해주고 아파해주는 사람은 없었다고 합니다. 죽은 딸에 대해 묻는 간단한 질문이 부모 마음을 후벼 팔 만큼 잔인한 질문이라는 것을 알고 있는 사람도 아무도 없었으니까요. 그런 주변 사람에 대해 실망하고 상처받은 어머니는 누구에게도 희생당한 딸의 이야기를 꺼내려 하지 않게 되었습니다. 어머니는 사람과 세상에 대한 신뢰감을 완전히 상실했습니다. 그리고 그녀는 사회에서 일어나는 폭력 전반에 대해 매우 민감한 반응을 보이게 되었습니다. 폭력이 빈발하는 부도덕한 사회에 대한 혐오감도 대단했습니다. 그리고 자신과 같은 피해자 가족에게 무관심한 세상에 대한 원망도 컸습니다. 살인범에 대한 용서를 권하는 종교에 대한 분노감도 있었습니다. 살인범을 죽이고 싶을 만큼의 증오심을 갖고 있는 그녀에게는 섣부른 용서를 권하는 것이 오히려 상처가 되었던 것이죠. 그녀는 신과 종교에 대해서도 원망하고 있었습니다. 강한 분노의 감정과 복수하고 싶은 갈망에 시달리면서 동시에 복수를 함으로써 자신의 삶이 더 고립되고 단절되고 황폐화될 것을 두려워하기도 했지요. 그래서 그녀가 선택한 삶은 세상과 등을 지는 것이었습니다. 그녀는 홀로 살아가는 고립을 택했습니다. 완전히 마음의 문을 걸어 잠근 채 그녀의 트라우마는 오랜 시간이 지나도록 그대로 남아 있었습니다.

얼마나 시간이 지나야 그녀의 마음의 상처가 다시 구원될까요? 어떻게 그녀는 다시 이 세상 사람들을 믿을 수 있게 될까요? 그래도 아직은 살아갈 가치가 있다고, 신이 우리를 보살펴주고 있다고 긍정적으로 믿을 수 있게 될까요? 만약 다시 그런 믿음을 가질 수 있으려면 우리에게는 무엇이 필요하고, 그것을 얻기 위해 얼마나 많은 시간이 걸릴지 고민해보아야 하겠습니다. 트라우마의 본질에 대해 알고 트라우마 치유에 충분한 시간과 안정이 필요하다는 것을 이해한다면 트라우마로 가득한 우리의 삶이 벌레만큼 보잘 것 없다는 부정적인 인식은 조금 나아지지 않을까요?

트라우마와 관련된
우리 뇌의 정보 처리 시스템

외부 자극이 위험한 것인지 아닌지를 평가하고 피할 것인지, 아니면 접근해 이익을 취할 것인지를 결정하는 과정은 인류가 이제까지 생존할 수 있도록 도와준 중요한 요소 중 하나입니다. 위험을 빠르고 정확하게 평가하지 못하고 적절하게 대처하지 못한다면 약육강식의 생태계 속에서 생존 그 자체가 어려울 테니까요. 그래서 우리 뇌에는 외부 자극에 대해 불안과 두려움을 느끼게 해주고 적절하게 대처하도록 하는 두 개의 정보 처리 시스템information processing system이 있습니다. 그 중 하나는 일종의 급행 열차fast circuit로 주로 편도체amygdala가 관여하고 있고, 또 다른 하나는 완행 열차slow circuit로 피질과 해마hippocampus가 관여하고 있습니다. 이 두 개의 신경 회로 시스템은 위험한 상황에 처했을 때 각기 다른 역할을 담당합니다.

   급행 열차의 신경 회로는 외부 자극을 시상thalamus에서 편도체로 전달, 반사적이고 즉각적인 신체 반응이나 행동을 유발하는 시스템입니다. 대개 무의식적으로 일어나는 정서 반응이나 행동 반응, 신체 반응과 연관이 있는 시스템이라 하겠습니다. 이에 반해 완행 열차의 신경 회로는 외부 자극을 시상에서 대뇌 피질과 해마로 전달하여 외부 자극을 주의 깊게 평가하도록 하는 시스템입니다. 이곳에서는 외부 자극을 과거의 유사 상황과 비교 검토하여 가장 적절하다고 판단되는 대응책을 의식적으로 실행하도록 합니다. 이 두 개의 신경 회로 시스템은 외부로부터 위협적인 자극이 들어올 때마다 서로 상호 보완적인 기능을 유지하면서 적절한 평가와 대처를 할 수 있도록 도와줍니다.

예를 들면 우리가 바로 눈앞에서 뱀이라고 생각되는 물체를 보았을 때 급행 열차의 신경 회로는 일순간에 거기에 집중하게 만들고 화들짝 놀라서 자동적으로 몸을 움츠리는 반응을 하게 합니다. 하지만 완행 열차의 신경 회로는 찬찬히 다시 보니 그것이 뱀이 아니라 지렁이라는 것을 알게 해주어 놀란 가슴을 진정시켜주는 것이죠.

그런데 외상적 사건, 트라우마를 경험하게 되면 우리 뇌의 정보 처리 시스템은 커다란 혼란을 겪게 됩니다. 즉 트라우마라는 압도적인 위협 자극이 위에서 말한 두 개의 신경 회로의 보완 기능에 분열을 일으키는 것입니다. 그 결과 급행 열차의 신경 회로만 일방적으로 활성화되고 완행 열차의 신경 회로는 억압됩니다. 매우 위협적이고 위험한 자극이 들어오게 되면 자극을 찬찬히 평가할 수 있는 여유가 없으므로 오로지 응급으로 빠르게 반응하는 시스템만 작동하게 되는 것이죠. 그래서 트라우마 상황에 대해서는 "말하지도 생각하지도 말고 오로지 반응하고 행동하라"는 명령을 내리는 신경 회로 시스템만 활성화되는 것입니다. 이는 매우 위험한 상황으로부터 살아남기 위한 적응적인 반응일 수 있습니다. 하지만 문제는 위험한 상황이 끝나고 난 뒤에도 이러한 시스템의 변화가 그대로 지속된다는 데에 있습니다.

이러한 정보 처리 시스템의 지속적인 변화에 절대적인 영향을 미치는 것은 바로 트라우마를 받게 될 때 뇌에서 분비가 증가되는 노르에피네프린norephinephrine이라는 신경전달물질입니다. 노르에피네프린은 불안과 공포 반응, 그리고 놀람 반응을 주로 관장하는 신경전달물질입니다. 앞에서 말한 급행 열차의 신경 회로가 활성화되고 완행 열차의 신경 회로가 억압되는 작업에 관여하고 있는 것이죠. 게다가 외상의 경험이 지나가고 난 뒤에도 뇌에서는 계속해서 노르에피네프린의 분비가 증가되어 있기 때문에 정보 처리 시스템은 원래의 기능을 회복하지 못하게 되는 것입니다. 오랜 시간 동안 급행 열차로 정보를 처리하는 시스템만 활성화되어 있기 때문에 트라우마와 비슷한 외부 자극만 와도 이 시스템이 경보를 요란하게 울리는 것이죠. 그리고 완행 열차의 시스템은 여전히 억압되어 있기 때문에 외부 자극을 원래의 트라우마와는 다른 것으로 평가하고 적절하게 대처할 수가 없는 것입니다. 대구 지하철 참사 사건에서 살아남은 생존자들이 지하철역을 볼 때마다 불안해하며 지하철을 타지 못하는 것은 바로 이러한 정보 처리 시스템의 혼란스러운 변화가 여전히 지속되고 있기 때문입니다. 뇌에서 증가된 노르에피네프린이 감소하지 않고 있기 때문이기도 하지요.

이 밖에도 트라우마를 겪게 되면 노르에피네프린뿐 아니라 도파민, 오피오이드opioid, 글루코코르티코이드glucocorticoid 같은 신경전달물질도 증가하게 됩니다. 반면 세로토닌은 감소하죠. 이러한 신경전달물질의 변화는 여러 가지 증상을 유발할 뿐 아니라 외상의 기억을 처리하고 통합하는 기능을 오랫동안 마비시킵니다.

트라우마는 일반적인 스트레스와는 아주 다릅니다. 트라우마는 기본적으로 1) 미리 예측할 수 없고, 2) 미리 대비할 수도 없으며, 3) 또한 도망가거나 회피할 수도 없다는 특성을 갖고 있습니다. 외부에서 오는 위협에 대항을 해볼 수도 없고 도망을 갈 수도 없다면 어떻게 될까요? 가장 기본적인 자기 방어 수단이 불가능할 때 우리는 강렬한 두려움, 공포, 무력감, 불안감을 경험하게 됩니다. 이렇듯 '너무나 무섭고 두려운데 피할 수도 없고 대처할 수도 없이 꼼짝없이 당하게 되는 압도적인 상황의 경험' 이 바로 트라우마의 본질이라고 할 수 있습니다.

이렇게 압도적인 트라우마를 경험하게 되면 우리의 뇌에서는 우리가 상상하는 것보다 훨씬 더 많은 변화가 일어납니다. 그냥 내버려 두고 잊어버리려는 노력을 한다고 이러한 변화가 다시 원래의 자리로 쉽게 돌아가지 않는다는 것이 문제입니다. 트라우마는 우리 인간의 뇌의 신경 회로를 압도적으로 무너뜨리는 사건입니다.

하지만 우리의 뇌는 피부의 상처가 저절로 아물듯이, 마음의 상처도 저절로 치유될 수 있는 메커니즘을 갖고 있습니다. 그런 의미에서 트라우마는 개인의 노력 여하에 따라 그 치유가 가능하다고 하겠습니다. 상처의 깊이와 무게에 따라 치유의 방법과 시간에 큰 차이를 보이겠지만 어쨌든 불가항력의 문제가 아니라는 점을 인식하는 것만으로도 트라우마의 치료는 큰 진전을 보이는 것입니다.

PART2 트라우마의 원인

인간의 일이라면 무엇이든 트라우마가 될 수 있다

트라우마의 원인은 무엇일까?
이 세상 모든 것들이 트라우마의 원인이 될 수 있다.
학창 시절 받은 작은 상처('붕대 클럽')에서부터
가장 가까운 사람의 죽음('라 비앙 로즈', '위 아 마샬')까지,
우리의 삶은 트라우마와 떼려야 뗄 수 없다.
'인형의 집으로 오세요'와 '사인'은
가족이 트라우마의 원인이 될 수도 있음을 보여준다.
반면 '21그램'과 '씨 인사이드'는 불치병과
트라우마의 관계를 보여준다.

01
아주 사소한 일상사도 누군가에게는 상처가 된다

붕대 클럽

영어 제목 : 'The Bandage Club', 2008년 1월 개봉, 일본,
쓰쓰미 유키히코 감독, 야기라 유야(디노) · 이시하라 사토미(와라) 주연, 117분

혹시 여러분은 어린 시절 나름대로 굉장히 심각하게 고민했던 걱정거리가 무엇이었는지 기억나십니까? 별 문제 없이 원만하게 잘 자라 그런 걱정거리가 없으셨나요? 아니면 시간이 지나 취직, 월급, 결혼 등의 현실적인 고민에 치여 모두 잊어버리셨습니까? 지금 현실이 너무 괴로워 차라리 어린 시절의 고민거리가 더 그립다고 하실 수도 있겠네요. 하지만 사실 아이 때에는 아이 나름대로 심각하게 고민했던 걱정거리가 있기 마련이죠. 예를 들어보자면, '왜 난 키가 안 자랄까?', '왜 얼굴이 못생겼지?', '왜 난 축구를 못 할까?', '내 짝꿍은 왜 내게 관심

이 없지?', '아빠, 엄마는 왜 만날 싸우지?' 등등. 여러분도 어릴 적 한 번쯤은 이런 고민을 해보시지 않았나요? 어른이 되어버린 지금 생각해보면 대부분 아무것도 아닌 사소한 일들이었다고 느껴지겠지만 그 당시에는 아마도 그렇지 않았을 것입니다.

어른들에게는 별거 아닌 사건이지만 어린아이들이나 청소년들에게는 이런 일들이 마음의 상처로 남는 경우가 많습니다. 물론 이런 사건들이 목숨을 위협받을 만큼 위험한 것은 아닙니다. 하지만 사소해 보이는 사건들이 평생에 걸쳐 자아 존재감에 부정적인 영향을 주는 중요한 사건으로 남을 수 있습니다. 왜냐하면 적어도 그 당시 그 사건을 당할 때 아이였던 당신은 무척 당황해했고, 무서워했고, 수치심을 느끼기도 했기 때문입니다. 시간이 지나면서 그때의 당황스러움, 수치심의 기억이 점점 옅어져가고 다른 좋은 기억도 많이 남게 되어 이런 사건의 기억을 거의 의식하지 않고 자라게 됩니다. 하지만 몇몇 기억들은 나중에 어른이 되고 난 뒤에도 자신이 모르고 있는 사이에 영향을 미치고 있을 수도 있습니다. 신경 회로 깊숙한 어딘가에 그 기억이 그대로 남아 별것도 아닌 일에 두려움이나 수치심, 분노감 같은 감정이 갑자기 재현되기도 하고 자신에 대한 부정적인 평가를 하기도 하는 식으로 말이죠.

●● 어린 시절의 체험이 남긴 지독한 트라우마

텐도 아라타의 동명 소설을 영화화한 〈붕대 클럽〉은 상처받은 사람들의 치유에 관한 영화입니다. 일본의 대표적인 미스터리 작가의 작품이지만 전작들과는 거리가 먼 따뜻한 성장 소설입니다. 발간 후 지금까지 30만 부가 넘게 팔린 스테디셀러인데 지금도 폭넓은 독자층으로부터 많은 사랑을 받고 있다고 합니다. 국내에서는 소리 소문도 없이 개봉하고 막을 내렸지만 개인적으로는 이 영화가 무척이나 참신하다고 느꼈습니다. 상처입은 마음에 붕대를 감아줌으로써 치유해준다고 하는 상징적이고도 독특한 발상이 돋보였기 때문이지요.

주인공인 와라(이시하라 사토미 분)는 부모님의 이혼으로 어머니, 남동생과 함께 살고 있는 평범한 고3 여학생입니다. 성적이 그다지 좋지 않은 와라는 고등학교를 졸업하고 취직을 하려는 생각을 합니다. 아버지가 다른 여자와 사랑에 빠지면서 자신과 자신의 동생을 버렸다는 것 때문에 그녀는 공부에 집중하지 못하고 무기력해진 것입니다. 부모의 이혼은 아이들에게 커다란 상처로 남을 수밖에 없습니다. 더구나 이혼 후 아이들의 삶이 외롭거나 고달프면 마음의 상처는 더욱더 오래 지속될 수밖에 없을 것입니다.

우연히 손목을 다쳐 병원을 찾은 와라는 옥상에서 디노(야기라 유야 분)라는 남학생을 만납니다. 병원 난간에 서 있는 와라를 본 디노는 그녀가 자살하려 한다고 생각하고 만류합니다. 손목의 상처를 라스트 컷으로 착각한 거지요. 하지만 번지수를 아주 잘못 찾은 것은 아니었습니다. 그녀와 이야기를 나누다가 그녀의 마음의 상처를 눈치 챈 디노는 옥상 난간에 붕대를 감아 그녀의 상처를 치유해줍니다. 그녀는 그런 디노의 엉뚱한 행동에서 새로운 아이디어를 얻게 됩니다. 단짝 친구인 시오와 새로 알게 된 재수생 친구 등과 함께 인터넷에 '붕대 클럽'이라는 홈페이지를 만들어 상처받은 사람들의 사연을 받고 상처받은 장소에 붕대를 감아주는 일을 시작한 것이지요. 어찌 보면 유치하다고 생각될 수도 있지만, 그러한 상징적인 행동으로 상처받은 사람이 조금이라도 행복해질 수 있다면 좋겠다는 소박한 취지를 갖고 그들은 활동을 시작합니다. 상처가 일어난 장소에 붕대를 감는 행위를 통해 적어도 상처받은 사람의 아픔을 이해해볼 수 있지 않을까 하는 참신한 발상이었죠.

•• 트라우마로 가득한 상처받은 영혼들의 세상

실제로 그랬습니다. 세상에는 상처받은 영혼들이 엄청 많았습니다. 그리고 자신의 상처에 붕대를 감아주기를 바라는 사람들로 넘쳐나고 있었죠. 그런데 그 상처란 것들이 다른 사람, 특히 기성세대가 보기에는 사소하게 보이는 것들이었습니다. 비록 다른 사람에게는 사소하게 보이는 문제일지라도 직접 경험한 각 개인에게는 쉽게 풀리지 않는 작은 트라우마에 해당되는 것입니다. 그들은 스스로 문제를 해결하고 상처를 극복할 수가 없었기 때문에 익명의 누군가라도 좋으니 도움을 주기를 바라고 있었던 것입니다. 붕대 클럽은 그들의 상처를 치유해주기 위해 다양한 활동을 시작하게 됩니다.

자살골을 넣고 창피함, 부끄러움, 자책감, 두려움 때문에 학교 생활을 하지 못하는 소년의 상처를 치유하기 위해 멤버들은 자살골을 넣은 골대에 붕대를 감습니다. 철봉을 넘지 못하는 뚱보 소년의 상처를 치유하기 위해서는 철봉에 붕대를 감지요. 실연당한 여고생을 위해서는 남자 친구와 헤어졌던 그네에 붕대를 감아줍니다. 붕대 클럽 멤버들은 상처받은 사람들로부터 의뢰를 받으면 현장으로 출동해 그 장소에 붕대를 감고 카메라로 찍은 뒤 의뢰인의 휴대폰전화로 전송하는 식으로 일을 합니다. 붕대 클럽의 활동은 많은 사람들에게서 호응을 얻기 시작합니다. 그런데 상처 치유를 의뢰하는 사람들이 늘어나면서 스몰 트라우마small T가 아니라 빅 트라우마big T를 의뢰하는 사람도 생기게 됩니다.

강간 피해를 입어 정신병원에 입원 중인 여학생이 붕대 클럽의 문을 두드립니다. 사실 이런 정도의 아픔을 안고 사는 사람에게는 붕대 클럽에서 하는 정도의 행동은 장난처럼 보일 수 있을 겁니다. 하지만 와라와 디노는 또 한 번 멋진 아이디어를 내놓습니다. 그녀가 강간당한 장소 가득히 붕대를 감는 것은 물론이고 그곳에 있던 의자, 책상, 문 같은 물건들까지 다 불로 태워버립니다. 그녀의 상처를 기억하고 있을 물건들을 불태워 상징적인 장례식을 치러준 것이지요.

그런 디노에게도 사실 큰 상처가 있었습니다. 영화에서는 어떤 다리 앞에서 갈등하는 디노의 모습을 계속해서 보여주면서 복선을 깝니다. 과연 어떤 의미가 있는 다리였을까요? 디노가 다리 앞에서 갈등을 했던 이유는 자기 대신 칼에 찔려 하반신 마비가 된 친구가 그 다리 건너편 집에 있었기 때문입니다. 미안함과 죄책감 때문에 위로하러 갈 용기가 나지 않았던 겁니다. 디노는 오사카에서 전학을 온 이 친구에 대한 죄책감 때문에 오사카 사투리를 쓰는 기행을 연출하기도 하지요. 결국 영화의 마지막 부분에서 와라와 디노가 서로의 다리에 붕대를 매고 이인삼각으로 다리를 건넙니다. 디노는 와라의 도움으로 하반신이 마비된 친구의 집 문을 두드립니다. 오랜만에 만나는 친구이기는 하지만 그래도 막상 만나려니 다시 머뭇거리게 되는 디노. 하지만 디노를 만난 친구는 자신이 가장 큰 피해자임에도 불구하고 오히려 태연하게 합니다.

"녀석, 오사카 사투리는 여전히 늘지 않았네."

친구는 붕대를 감아주려는 디노에게서 붕대를 뺏으며 자신은 스스로의 힘으로 붕대를 감을 수 있을 만큼 진보했다는 멋진 말을 합니다.

"스스로의 힘으로 붕대를 감을 수 있다"는 이 말은 사실 아주 중요한 의미를 함축하고 있습니다. 실제로 상처 치유에서 중요한 것은 자기 스스로 자신의 상처를 감싸 안으려는 노력이기 때문입니다. 이를 'self-soothing' 혹은 'auto-regulation'이라고 합니다. 물론 트라우마의 고통에 빠져 있는 피해자에게는 결코 쉽지 않은 일입니다. 그래서 다른 사람의 도움을 받아 상처 치유를 시작하는 경우가 대부분이지만(이를 'interpersonal support' 혹은 'interactive-regulation'이라고 합니다) 결국 나중에는 스스로 자신의 상처받은 마음을 다독일 수 있도록 성장해야 합니다. 하반신이 마비된 이 친구는 어린 나이에도 불구하고 스스로 자기 자신의 마음을 치유하고 있었던 것입니다. 그런 친구의 모습을 보며 디노의 마음도 한결 편해졌겠지요.

●● 자녀의 트라우마를 막는 부모의 지혜

어린아이들의 경우, 자신들의 부족함이나 창피한 부분이 노출되었을 때 훨씬 쉽게 부끄러움을 타고 당황해하는 경향이 있습니다. 이때 행여 주변에 있는 가족이나 친척 혹은 친구들이 그 부족함을 지적하면서 놀리거나 비난하거나 야단치거나 하면 그 아이의 수치심과 자책감 그리고 당혹스러움, 불안은 갑절로 커집니다. 이런 상태를 자주 겪다 보면 아이들의 마음속에는 "난 뭔가 결함이 있어", "난 뭔가 부족해", "난 별로 사랑받을 만한 자격이 없어" 등의 부정적인 자기인식이 생겨나게 됩니다. 이렇게 부정적 자기인식이 강해지면 성장 과정에서 자신이 해낸 긍정적인 경험들, 축구에서는 자살골을 넣었지만 야구에서는 홈런을 쳤다든지, 철봉은 못했지만 그림을 잘 그려 아이들에게 만화를 그려주었다든지, 영어·수학을 못 해 엄마 아빠에게는 혼났지만 오락 시간에 옛날이야기를 재미있게 하여 반 아이들에게 인기가 많았다든지 하는 식의 또 다른 작은 성취, 작은 승리의 경험을 잘 인식하지 못하는 경향이 생겨납니다. 부정적 자기인식이 가득한 그들의 뇌가 부정적인 자기인식에만 해당되는 안 좋은 경험, 부정적인 경험만 인식하기 때문입니다. 결국 이런 아이들에게는 어린 시절의 삶이 거의 대부분 스몰 트라우마의 경험으로 가득하게 됩니다.

A양의 경우도 그러했습니다. A양은 초등학교 1학년 때 친구네 집에서 평소 갖고 싶었던 장난감을 자기도 모르게 슬쩍 가지고 나오다가 친구 엄마에게 걸린 적이 있었습니다. 그 친구 엄마는 "그게 그렇게 갖고

싶었어? 그럼 이번에는 줄 테니까 다음부터는 절대 그러면 안 된다" 하고 친절하게 대해주었다고 합니다. 그런데 그 이후 그 집에서 친구 엄마의 반지가 없어지자 그 친구의 엄마는 A양을 의심하여 직접 집으로 찾아와 A양과 부모에게 따졌습니다. 물론 A양은 반지를 훔치지 않았지만 A양의 부모님들은 정말로 딸을 의심하면서 밤새 때렸다고 합니다. "바늘 도둑이 소 도둑이 된다"는 말이 있는데 A양이 그 전에도 장난감을 훔쳤으니 이번에 반지도 분명 A양이 훔쳤을 것이라고 부모님들이 쉽게 단정해버린 것이지요. A양은 그때 자신을 의심하며 때렸던 부모의 말과 표정을 30년이 지난 지금도 생생하게 기억합니다.

"뭐 저런 게 다 있나? 어린애가 어떻게 저럴 수가 있지? 얘가 아주 본성이 나쁜 거야."

어린아이가 밤새 엄청나게 맞았으니 맞은 곳이 무척 아프기도 했겠지만, A양은 무엇보다도 부모님이 자신을 창피해하고 본성이 나쁜 아이라고 한 말이 지워지지 않았다고 했습니다. 그 이후 A양은 자신은 천성이 나쁘고 교활한 아이라는 생각을 늘 마음속에 갖고 자랐다고 합니다. 오빠나 동생과 싸울 때마다 부모님으로부터 천성이 나빠 형제들과도 사이좋게 지내지 못한다는 말을 자주 듣고 자랐습니다. 성인이 된 현재 A양의 삶은 어떻게 되었을까요? A양은 30대 중반이지만 아직 미혼입니다. 좋아하는 남자들이 있었지만 자신은 천성이 나쁜 아이이기 때문에 결국은 남자들이 자기를 싫어하게 될 것이라는 두려움 때문에 깊게 사귈 수가 없었습니다. 천성이 나쁜 자신보다는 항상 부모님, 동생과 오빠의 일부터 늘 챙겨주고 주변에 있는 친구들에게 모든 것을 다 맞추어주는 삶을 살면서 부담스러움에 힘들고 버거워합니다. 그녀는 늘 자신의 행동을 자책하고 원죄의식에 가까운 죄책감을 갖고 있기에, 또한 자기는 천성이 나쁜 아이라는 비밀을 갖고 있기 때문에 이를 감추기 위해서라도 자신의 일보다는 다른 사람의 일부터 챙기는 것이 삶의 주된 관심사가 되어버렸습니다. 누구에게도 자기주장을 못 하기 때문에, 그녀는 거기서 오는 스트레스를 주로 폭식하는 것으로 풀고 있었습니다. 그녀의 과다 체중과 폭식의 이면에는 이렇듯 어린 시절 받은 스몰 트라우마로 인해 각인된 부정적 자기인식이 중요한 요인으로 자리 잡고 있었던 것이죠.

아이가 잘못을 저질렀거나 곤경에 처해 있을 때 부모님의 반응은 아이에게 매우 큰 영향을 미칩니다. 아이들이 경험하는 스몰 트라우마의 상당 부분은 어쩌면 부모로부터 오는 것일지도 모르겠습니다. 부모가 아이를 가장 사랑하는데 왜 트라우마를 주느냐고요? 사랑하기 때문에 그만큼 기대가 크다 보니 오히려 그만큼 실망이 더 큰가 봅니다. 부모님 자신의 실망감이 크기 때문에 당황해하고, 위축되고, 야단맞을 것 같아 두려워하고 있는 아이의 마음이 잘 보이지 않는 것이겠죠. 그래서 따뜻하게 위안을 해주는 말보다 실망감에 야단을 치게 되는 거죠. 야단을 치지는 않는다는 부모님들이 계신데, 그분들의 경우에는 "괜찮아! 다음에 잘하면 돼지?"라는 얼굴 표정 대신 "제가 도대체 왜 저 모양이지?"라는 표정을 먼저 짓게 되는 것을 스스로 인식하지 못하고 계신 경우가 많죠. 아이들에게도 세상은 참 스몰 트라우마를 받기 쉬운, 험난한 곳인가 봅니다.

빅 트라우마와 스몰 트라우마

넓은 의미에서 심리적 외상, 트라우마라고 하는 것은 자신이나 세상에 대해 부정적이고 비합리적인 잘못된 믿음이 생겨나도록 하는 모든 경험들이라고 할 수 있을 것입니다. 이렇게 우리가 살아가면서 경험하게 되는 트라우마들은 크게 두 가지로 나눌 수가 있는데, 첫 번째는 '빅 트라우마' 입니다. 이것은 전쟁, 재난, 천재지변, 불의의 사고, 강간, 아동기 성폭행 등과 같이 일상을 넘어서는 커다란 사건이 한 개인의 삶에 극적인 영향을 주는 경험을 말합니다. 이러한 경험들은 개인이 세상에 대해서 가지고 살아온 기본적인 가치와 관점을 뒤흔들어놓는 엄청난 충격을 주게 되지요. 따라서 많은 경우 악몽, 플래시백, 불안, 공포, 회피, 일상에서의 부적응과 같은 외상 후 스트레스 증상을 일으키게 됩니다. 어쩌면 요즘같이 세상이 너무 빨리 돌아가 언제 어디서 또 무슨 일이 터질지 모르는 위태로운 일상에서 이런 강렬한 트라우마를 경험하지 않고 산다면 그것만으로도 운이 좋은 것이라는 생각을 종종 해봅니다.

다음은 '스몰 트라우마' 입니다. 이것은 각 개인의 삶에서 자신감 혹은 자존감을 잃게 만드는 일상에서의 경험, 사건을 말합니다. 예를 들면 어린 시절 친구들로부터 반복적으로 놀림을 받은 경험, 너무 급한 나머지 교실에서 오줌을 싼 경험, 혹은 발표할 때 실수를 했거나 길을 잃어버렸던 경험, 패싸움을 옆에서 보면서 두려움에 떨었던 경험, 왕따 경험 등등이 여기에 속한다고 할 수 있습니다. 결국 이러한 경험들 역시 자신에 대해서 부정적이고 제한적인 믿음을 갖게 하여 자신의 잠재력을 충분히 발휘하지 못하고 위축되고 불만족스러운 삶을 살게 합니다. 여기서 '스몰small'이라는 단어를 사용한 것은 이러한 경험들이 일상생활 도처에 널려 있다는 것을 설명하기 위한 의미라고 생각됩니다. 결코 이러한 경험들로 인한 피해자의 고통이 '스몰'이라는 의미는 아닙니다.

한 예로 우울증으로 치료를 받으러 온 어느 여성은 어릴 적 상처받은 일들이 꽤 있었는데 그 중 자주 떠오르는 것 중 하나가 초등학교 때 학교를 마치고 집에 가는 길에 비가 오는 날이면 다른 친구들은 엄마가 우산을 가지고 데리러 오는데 자신은 한 번도 엄마가 데리러 온 적이 없었던 기억이라고 합니다. 비오는 날은 운 좋게 친구랑 함께 가거나 비 맞고 처량하게 집에 가던 기억이 너무도 많다고 했습니다. 그 일들을 생각하면 너무나 서운하고 내가 충분한 보살핌과 사랑을 받지 못했다는 생각과 함께 자신이 뭔가 부족하다는 생각에 늘 자신이 없다고 했습니다. 그녀의 우울증은 어린 시절의 이런 경험들과 연관되어 있었습니다. 치료 과정을 통해 자신에 대한 통찰이 생겼지만 여전히 그녀는 자신에 대한 부정적인 생각을 완전히 떨쳐내지 못했습니다.

스몰 트라우마인지, 빅 트라우마인지와는 상관없이 트라우마의 경험들은 그것을 경험했을 당시의 이미지, 신체 감각, 맛과 냄새, 소리, 그때의 생각들까지 그대로 저장하게 합니다. 시간이 지나도 그 상태로 그대로 얼어붙어 당시의 신경망에 갇혀 있는 것입니다. 예를 들어 어릴 적 술을 마시고 오면 자는 애들을 깨워 말을 시키고 대답을 잘 안 하면 빗자루나 손에 잡히는 것으로 심하게 때리던 알코올 중독자 아버지에 대한 기억이 있는 어느 여성은 결혼 후 남편이 술을 마시고 오는 날이면 초긴장 상태로 안절부절못하고 있다가 혹시라도 남편이 조금만 목소리를 높여 소리를 질러도 무조건 아이를 안고 맨발로 아파트 계단을 뛰어 내려가 도망을 가버렸습니다. 남편으로서는 도저히 이해할 수가 없는 답답하고 황당한 상황이며,

억울해할 수도 있습니다. 자신은 평소에 한 번도 아내를 때린 적이 없고 언성을 그렇게 크게 높이지도 않는데 자신이 술만 마시면 아내가 지나치게 과잉반응을 보인다는 것이지요. 어릴 적의 외상 사건과 관련한 모든 기억이 그녀의 신경망에 그때의 외상 경험 그대로 저장되어 있기 때문에 아무리 시간이 지나도 그 기억을 자극하는 반응이 오면 강렬한 정서 반응이 나타나는 것입니다.

우리가 살아가면서 일상적으로 하는 일들은 의식에 별다른 자국을 남기지 않고 흘러가는 것으로 보입니다. 그러나 트라우마의 사건들은 덫에 빠진 것처럼 영구적으로 차단되어 갇히게 됩니다. 그리고 마치 망가진 레코드 음반처럼 몇 번이고 반복해서 우리의 몸과 마음에 외상의 경험을 불러일으킵니다. 악몽을 꾸고 플래시백처럼 사건이 떠오르고 하는 과정들은 덫에 빠져 있는 정보를 어떻게 해서든 스스로 처리해나가고자 하는 우리 정신의 시도라고 생각할 수도 있을 것입니다.

이론적으로 좀 더 설명해보자면, 우리 신체는 상처가 생기면 병균에 감염되지 않도록 진물이 나오고 그러다가 딱지가 생기고 새 피부가 나오는 등 상처를 치유하기 위한 과정이 자동적으로 일어납니다. 그런데 만일 신체의 자연적인 상처 처리 과정이 차단된다면 상처는 곪아 치유가 늦어지겠지요. 이것과 마찬가지로 인간의 뇌도 정신 건강의 균형을 유지해주는 정보 처리 시스템을 가지고 있습니다. 그런데 차단된 몸의 처리와 마찬가지로 강렬한 감정을 일으키는 트라우마를 경험하고 그것이 여러 가지 이유로 치유의 과정이 일어나지 않아 신경계에 갇히게 되면 다양한 외상 후 스트레스 장애의 증상들을 일으키게 되는 것입니다. "스몰 트라우마란 작은 사건을 의미하는 것이 아니라, 우리들 삶 곳곳에 존재한다는 것을 의미한다"는 말이 정말 맞는 것 같습니다. 다시 한 번 질문하죠. 어릴 적 당신의 스몰 트라우마는 무엇이었습니까?

02
무관심과 방치는 성장기 아이들에게 치명적인 트라우마
인형의 집으로 오세요

원제 : 'Welcome to the Dollhouse', 1997년 10월 개봉, 미국, 토드 솔론즈 감독, 헤더 마타라조(돈 위너) 주연, 88분

영화 〈붕대 클럽〉에서도 살펴보았지만 아주 사소한 일이 어린아이에게는 마음의 상처로 남는 경우가 많은 것 같습니다. 친구와의 갈등, 성적 고민, 외모에 대한 열등감, 학교 생활 부적응 등이 그렇지요. 대부분 학교에서 발생하는 일인데, 물론 학교에서 이런 상처를 받는다고 해서 누구에게나 다 나중에까지 심각한 영향을 주는 트라우마가 되는 것은 아닙니다. 그 이유는 대개 아이의 가정이 일차로 바람막이 역할을 해 줄 수 있기 때문입니다. 돌아와 쉴 수 있고 의존할 수 있는 가정, 품 안겨 위로를 받을 수 있는 부모가 있다면 학교나 친구로부터 받는 상처

가 좀처럼 심각한 트라우마로 발전하지는 않을 것입니다. 하지만 자녀의 고민이나 갈등에 무관심하거나, 자녀를 사랑하되 편애를 하는 부모가 있다면 상황은 어떻게 될까요?

●● 만약 당신에게 트라우마를 치유해줄 가정이 없다면?

어린 시절 경험하게 되는 부모의 죽음이나 이혼, 가정폭력, 성폭력 같은 충격적인 사건들은 말할 것도 없이 회복하기 어려운 상처를 남깁니다. 하지만 이처럼 표면적으로 드러나는 사건이나 경험이 없었다고 하더라도 인간의 성장에 꼭 필요한 절대 양분과 같은 중요한 경험들이 성장기에 박탈되었다면 이러한 결핍도 성격 형성에 치명적인 영향을 미치는 트라우마가 될 수 있습니다. 1996년도 선댄스 영화제에서 그랑프리를 수상한 영화 〈인형의 집으로 오세요〉는 학교에서의 왕따와 부모의 편애, 형제와의 갈등 때문에 지옥 같은 삶을 사는 중학교 1학년 여학생의 이야기를 희극적이면서도 매우 사실적으로 연출한 작품입니다.

주인공 돈은 인형의 집(실제 주인공의 여동생과 주인공이 같이 쓰는 방은 인형으로 가득 차 있습니다)을 꿈꾸며 친구들을 자신의 집으로 초대하고 싶은 사춘기 소녀였지만 학교에서는 모든 사람으로부터 철저히 왕따를 당하고 있습니다. 도수 높은 안경을 끼고 작은 키에 통통한 체구를 지닌 그녀는 거의 모든 동급생으로부터 "못생겼다", "바보다", "레즈비언이다"라고 놀림을 받습니다. 심지어 식당에서 함께 앉아 밥을 먹을 친구조차 찾기 힘들 정도로 왕따를 당합니다.

•• 과연 부모는 모든 자식을 똑같이 사랑할까?

선생님들조차 그녀에게 별 관심이 없습니다. 돈이 무슨 잘못을 하면 그녀의 사정을 들으려 하지도 않고 무조건 반성문을 쓰게 하거나 부모님을 모시고 오라며 윽박지릅니다. 반 친구가 커닝을 해서 돈이 선생님에게 알리면 선생님은 커닝한 학생보다 오히려 커닝을 당한 돈에게 책임을 전가하는 식이었습니다. 그 아이에게 학교는 마치 트라우마의 온상과도 같은 곳이지요.

"왜 나를 미워하는 거야?"

"넌 못생겼잖아!"

그럼 집에서는 어떨까요? 집에서도 돈은 기댈 언덕이 없습니다. 학교에서 받은 상처를 나눌 가족이 있어야 하는데 돈에게는 집에서도 아무도 없었던 것이지요. 집에서 그녀는 공부를 잘하는 오빠와 발레를 잘하는 예쁜 여동생 사이에 끼어 사랑과 관심을 그다지 받지 못하는 '미운 오리 새끼'입니다. 엄마는 자매가 싸우면 고자질하는 여동생의 말만 듣고 돈에게만 벌을 주며 심지어 공개적으로 차별대우를 합니다. 돈의 성격은 꾸밈이 없고 솔직하며 섬세하여 상처를 쉽게 받는 편인데 돈의 부모는 그런 돈을 전혀 파악하지 못하고 있습니다. 여우 같은 여동생은 부모 앞에서는 언니를 사랑하니 어쩌느니 하면서 둘만 있을 때에는 전혀 다른 성격으로 돌변합니다. 하지만 순진한 돈은 그런 표정 연기를 할 수 있는 능력이 없다 보니 동생에게 당하기 일쑤입니다. "동생에게 사과해라", "동생에게 사랑한다는 말을 해라"라는 엄마의 요구에 돈은 거부를 하고 그때마다 그에 상응하는 벌을 받습니다. 문제는 그 벌이 때로는 돈에게 일방적으로 불리하게 형평성을 잃고 있다는 점입니다. 엄마 말을 듣지 않는다는 이유로 돈에게 줄 케이크를 다른 두 형제에게 나누어 주는 식으로 엄마는 돈의 자존심을 뭉개버리지요. 엄마는 학교에서 말썽만 일으키는 돈에 대해서 부끄러움을 느끼고 있었습니다.

돈이 조회 시간에 자신을 괴롭히는 애들에게 종잇조각을 빨대로 불다가 선생님의 눈을 명중시키자 선생님은 돈에게 부모님을 모시고 오라고 합니다. 교감선생과의 면담 자리에서 돈을 가리키며 엄마가 한 말은 충격적이죠. 자기 자식을 남의 자식처럼 대하면서 "얘는 친구가 없는 왕따"라고 빈정댑니다. 돈의 엄마는 돈이 잘못한 것에 대한 실망감, 그리고 학교에 불려 온 부끄러운 감정에 사로잡혀 딸인 돈의 마음을 헤아리고 다독이는 것은 전혀 하지 못합니다.

물론 돈의 가정 내에서 부모에 의한 육체적 폭력이나 학대는 없어 보입니다. 하지만 무관심과 방치 역시 심각한 문제입니다. 가족 중 어느 누구도 돈의 내면세계inner world가 어떤지 전혀 관심이 없습니다. 그리고 아이가 학교에서 어떤 일을 당하는지, 어떻게 지내는지 묻거나 들으려고도 하지 않습니다. 게다가 돈의 부모는 무관심과 방임으로도 부족해서 편애까지 합니다. 가족끼리 식탁에서 식사를 하는 도중에도 오빠와 여동생에게는 칭찬을 아끼지 않으면서 돈에 대해서는 부정적인 이야기를 대놓고 합니다.

"너는 태어나지 않았으면 좋았을 것을……."

돈에 대한 부모의 부정적인 태도는 돈의 자존심을 여지없이 무너뜨리는 악성 바이러스와 같은 것입니다. 돈에게 그보다 모멸감과 상처를 주는 것은 없었을 것입니다.

•• 집에서 떨어진 낯선 곳, 학교에서 발생하는 트라우마

어린아이들에게 학교는 안전한 집에서 떨어져 있는 낯선 장소입니다. 아이들에게 학교는 친구를 사귀고 새로운 것을 배울 수 있는 곳이기도 하지만 동시에 전혀 새로운 위기에 직면하게 될지도 모를 미지의 세계인 것입니다. 잘 적응하는 몇몇 우수한 아이들을 빼고는 대부분의 아이들은 누구나 한 번쯤 학교 다닐 적에 자신감 혹은 자존심을 잃게 만드는 작은 사건들을 경험합니다. 예를 들어 반 친구들로부터 놀림을 받은 경험, 많은 사람들 앞에서 실수를 하여 얼굴이 빨개지고 부끄러웠던 경험, 화장실에 가겠다는 말을 못 해 교실에서 오줌을 싼 경험 등등 얼굴이 빨개지는 부끄러움이나 수치심을 느끼게 하는 경험을 한 번도 하지 않고 청소년기를 보내기는 어려운 것 같습니다. 그러나 이러한 부끄러운 경험들이 모두 다 스몰 트라우마로 남아 성인이 되어서도 계속해서 부정적인 영향을 미치는 것은 아닙니다. 집과 가족은 외부세상에서 스트레스를 받고 온 아이들에게 안전함과 편안함을 제공하여야 합니다. 이때 특히 아이의 부모가 중요한 역할을 해야 하는 것은 말할 필요도 없겠지요.

부모의 역할은 자녀를 재워주고 입혀주고 먹여주고 또 학교에 보내주는 것과 같이 구체적이고 실질적인 양육rearing을 제공하는 것이기도 하지만, 이에 그치지 않고 세상을 배워가고 알아가는 아이의 내면세계에 대해 헤아려주고 적절한 반응을 보여주는 역할도 담당해야 합니다. 세상 속에서 놀라기도 하고 깔깔 웃기도 하고 무서워하기도, 슬퍼하기도 하는 아이의 내면세계에 대해 부모가 마치 거울처럼 반영해주고 공감해주어야 하는 것입니다. 이러한 부모의 반응을 흔히 밀러링mirroring이라고 합니다. 부모의 밀러링을 통해 아이는 자신에 대해 긍정적으로 생각할 수 있게 되고 또 스스로를 다독일 수 있는 능력을 키우게 되는 것입니다. 따라서 부모의 무관심과 방임은 아이의 정신적인 성장에 반드시 필요한 부분을 제공하지 않는 것입니다. 밀러링해주는 부모가 없다는 건 힘들어도 힘든 것을 알아주는 사람이 세상에 하나도 없다는 것을 의미하죠. 당연히 아이의 내면세계는 허전하고 쓸쓸하고 외로울 수밖에 없으며, 외부로부터 오는 스트레스에 취약할 수밖에 없습니다. 결국 아이들에게 스트레스를 주는 부끄러운 경험들은 중화되지 못하고 스몰 트라우마로 오랫동안 남게 되는 것입니다.

영화 〈인형의 집으로 오세요〉의 돈의 상처를 치료하려면 그녀의 부모들의 노력이 절실히 필요합니다. 그녀가 학교에서의 어려움을 극복하기 위해 얼마나 고군분투하고 있는지를 알아주고 지켜봐주어야 합니다. 부모의 관심과 애정이 돈의 상처를 치유하는 가장 큰 힘이 될 테니까요. 아이의 신체적 발육과 성장에 반드시 필수 영양소가 필요한 것처럼 아이가 정서적으로 건강하게 발달하기 위해서는 부모님의 밀러링이 반드시 필요합니다.

알고 보면 위험한
착한 아이 트라우마

앞에서 언급한 바와 같이 가정은 하나의 인격을 형성시키는 중요한 토대가 됩니다. 부모가 무관심, 무시, 방치로 아이에게 적절한 정서 반응을 보이지 않고 필요한 보살핌과 보호를 제공하지 않으면 꼭 있어야 하는 것이 없는 상태trauma of omission, 즉 보이지 않는 트라우마가 되는 것이지요. 이런 경우 아이는 부모가 제공해주지 못하는 보살핌과 보호를 스스로 알아서 자신에게 제공해야 합니다. 칭얼거림 없이 애달지 않게 스스로 알아서 자기 일을 다 하는 착한 아이로 성장하지만, 아이 입장에서는 스스로를 달래기 위해 필사적으로 모든 에너지를 다 쓰기 때문에 인격의 균형 있는 발달을 이루기 어렵습니다. 흔히 이런 아이를 둔 부모들은 "우리 아이는 있는 듯 없는 듯 키웠다", "어려서부터 투정 한번 안 부리고 제가 다 알아서 했다"고 자랑스럽게 말하는 경우가 있는데, 이런 이야기를 들을 때면 가슴 한편이 서늘해집니다. 왜냐하면 있는 듯 없는 듯 부모의 손길을 별로 필요로 하지 않고 스스로 자신을 달래면서 안정적으로 건강하게 자라는 것이 어린아이의 능력으로는 가능한 일이 아니기 때문입니다. 아이는 아이일 뿐이니까요. 그 부모님은 아이가 아이다운 게 얼마나 건강하고 중요한 것인지 모르고 있는 것일 수 있습니다.

물론 먹고 살기 바쁘고 지친 부모 입장에서는 나름대로 최선을 다하는 것인지도 모릅니다. 하지만 경제적인 어려움과 같은 현실적인 문제가 있거나 엄마가 우울감이 있고 무기력하여 정서적으로 불안정한 문제를 갖고 있을 때에는 반드시 모성의 결핍deficiency of motherhood이 일어나고, 이는 결국 알게 모르게 아이를 방치하고 무심하게 내버려 두는 결과를 초래합니다. 그러다 보면 부모는 아이들에게 충분한 안정감, 성장하는 데 반드시 필요한 보살핌과 보호, 그리고 적절한 반응을 제공하기가 어렵게 됩니다. 게다가 아이들은 대부분 자신의 요구를 전달하는 데 익숙지 않기 때문에 부모가 아이의 요구를 섬세하게 눈치 채지 못한다면 모성의 결핍은 오래 지속될 수 있습니다. 이러한 상태가 계속되면 아이의 내면세계는 명백한 학대를 경험한 것과 마찬가지로 심각하게 왜곡되어갈 수 있습니다.

아이를 양육하는 부모들은 흔히 아이들이 새로운 좋은 경험들을 가능한 한 많이 하도록 해주어야 한다는 강박관념에 휘둘릴 때가 있습니다. 그래서 어디든 데리고 가고 무엇이든 참여시켜 해보도록 하는 데 열을 올립니다. 하지만 많은 연구 결과들은 우리가 성장하는 동안에 환경으로부터 얼마나 많은 다양한 자극을 받았느냐 하는 것보다 중요한 사람(양육자인 부모)과 어떤 형태의 감정 교류를 했고 어떠한 상호작용이 있었느냐 하는 것이 뇌의 분화와 발달에 더 결정적 영향을 미친다는 것을 알려주고 있습니다. 아이에게 절대적인 대상일 수밖에 없는 엄마가 아이의 감정에 어떻게 반응을 보이고 조절해주는지에 따라 아이의 감정의 뇌가 분화되고 발달해나가는 것입니다. 만약 성장 과정에서 꼭 필요한 감정의 교류나 상호작용이 없었을 경우 아이의 감정의 뇌는 건강하게 분화하고 발달하는 데 필요한 영양분이 차단되어 절대적 허기와 혹독한 추위 속에 내버려진 꼴이 될 것입니다. 이는 아이를 무섭게 때리고 난 뒤 밥을 주지 않고 추운 밖으로 발가벗겨 내쫓는 것과 똑같은 학대가 되는 것입니다.

이렇게 무관심과 방임이라는 학대를 반복적으로 경험한 아이들은 부모를 회피하거나 혹은 회유하면서 스스로를 보호하려는 필사적인 시도를 하지만 결국 대부분의 시도는 실패하게 됩니다. 할 수 없이 아이들은 이러한 학대에서 벗어나는 방법을 찾지 못한 채 절박한 무기력감 속에서 차라리 완전히 굴복하는 법을 배웁니다. 부모의 마음에 들기 위해 지나치게 착한 아이 역할을 하려고 한다거나, 혹은 자신이 버림받은 현실을 정당화하기 위해 부모가 자신을 보호해주지 않는 것은 자신이 무가치하고 사랑받을 가치가 없기 때문이라는 왜곡된 생각을 갖게 됩니다. 그러면서도 충동적인 공격성, 감정 조절의 어려움, 자신에 대한 수치심과 경멸, 자기비하 등등의 부정적인 요소들이 성격을 이루며 성장해갑니다.

2007년 중앙아동보호전문기관의 〈전국 아동 학대 현황 보고서〉에 따르면 아동 학대 사례 유형별 건수 중 방임(37.7%)이 가장 높은 비율을 차지하고 있는데, 여기에서의 방임을 세분하면 정서적 학대(30.1%) · 신체적 학대(26.1%) · 성적 학대(5.1%) · 유기(1.1%)로 분류됩니다. 특히 정서적 학대는 그 객관적인 기준이 모호하고 신체적 증상으로 문제가 드러나는 것이 아니어서 정서적 학대를 하는 부모들이 자신들의 행위를 학대로 인식하지 못하는 경우가 많다고 합니다. 전체 아동 학대의 79.6%는 가정 내에서 발생하고 있으며 학대 행위자의 81%가 부모이고 학대 피해 아동의 52.7%가 초등학생이라고 보고하고 있습니다.

우리들 대부분이 별다른 준비 없이 아이를 낳고 부모가 되지만 아이를 정신적으로 건강하게 잘 키우는 것, 즐거움을 느끼고 행복한 성인으로 자라나도록 부모가 그 든든한 터전을 만들어주는 것이 얼마나 소중한 일인가를 다시 한 번 생각하게 됩니다. 여러분의 자녀, 여러분 주변의 아이들은 어떻게 자라고 있는지 한번 돌아봐주시지 않겠습니까?

03
사고, 죄, 질병, 예기치 못한 트라우마의 희생자들
21그램

원제 : '21Grams', 2004년 10월 개봉, 미국, 알레한드로 곤잘레스 이냐리투 감독,
숀 펜(폴 리버스) · 베니치오 델 토로(잭 조던) · 나오미 와츠(크리스티나 펙) 주연, 126분

트라우마는 인간에게 치명적이고 무거운 경험입니다. 견디기 힘들 만큼 고통스럽고 두려운 경험이기에 이러한 끔찍한 경험을 하고 나면 우리 인간은 누구라도 부정적으로 변하기 쉽습니다. 특히 자신에 대해서나 세상에 대해서 부정적이고 극단적인 생각을 떨쳐버리기가 어렵습니다. 트라우마를 경험한 사람들이 자신에 대해서 갖는 부정적인 생각은 주요하게 세 가지 유형으로 나눌 수 있습니다. 첫 번째는 '난 뭔가 잘못했다', '나에게 뭔가 문제가 있다', '나는 그렇게 하지 말았어야 했다'와 같은 책임감과 연관된 부정적 생각입니다. 그다음은 '난 모든

것을 잃었다', '난 위험에 처했다' 와 같은 안전에 관련된 부정적 생각들이고, 마지막 세 번째는 '난 아무것도 할 수 없다', '난 힘이 없어 무기력하다' 와 같은 조절감과 연관된 부정적인 생각들입니다. 모두가 정상적인 사회 활동을 무기력하게 만드는 심리적인 불안 상태라 할 것입니다.

●● 트라우마를 악화시키는 부정적 사고

트라우마를 경험한 사람들이 이러한 부정적인 생각들에 사로잡히게 되는 것은 어떤 면에서 보자면 어떻게든 사회에 적응해보고자 하는 노력의 한 표현입니다. 끔찍하고 두려운 사건의 환기를 통해 다시는 그런 경험을 하지 않도록 우리의 뇌에서 자동적으로 책임감, 안전감, 조절감과 연관된 부정적인 생각을 하도록 돕는 것이지요. 다시는 같은 트라우마를 반복하지 않도록 자기 자신에게 '너 또 그런 잘못 하면 안 돼', '안전한지 위험한지 잘 생각해봐야 해', '무리하지 말고 네가 감당할 수 없는 것은 피해야 해' 라고 미리 자기 암시를 거는 것이죠.

일반적인 실수나 실패의 경우에는 이러한 부정적인 생각들의 암시가 점차 완화되어가고 결국 나중에는 '난 최선을 다했고, 그 일을 통해 무언가 배울 수 있었다', '다 지난 일이다, 이제 난 새롭게 시작할 수 있다', '난 뭔가 할 수 있다' 등과 같은 긍정적인 생각들로 바뀌게 됩니다. 부정적 자기 인지에서 긍정적 자기 인지로의 발전을 통해 뭔가를 배우고 진정으로 극복할 수 있게 되는 것이죠. 그 결과 보다 적극적인 삶의 대처 방법을 배우게 됩니다. "실수를 두려워하지 마라. 실패로부터 많은 것을 배워라" 하는 말들은 그런 의미에서 맞는 말입니다.

그런데 트라우마가 너무 클 경우에는 이런 말들이 통하질 않습니다. 자신에 대한 부정적인 생각이 좀처럼 바뀌지 않기 때문이죠. 너무 고통스럽다 보니 긍정적인 생각은 아예 떠올릴 수조차 없게 됩니다. 배우자나 자녀의 죽음 같은 심각한 트라우마를 체험한 사람은 그때의 두려움과 상실감의 기억이 신경 회로에 남습니다. 세상이 안전하지 않다는 생각에 사로잡혀 오랜 시간이 지나고 난 뒤에도 끊임없이 자신을 자책하고 무기력한 세월을 보내게 되는 것입니다.

•• 내 영혼의 무게는 얼마일까?

영화 〈21그램〉은 어린 시절 끔찍한 트라우마를 겪은 세 명의 희생자들의 복잡한 인연을 통해 트라우마가 우리의 삶을 얼마나 왜곡시키는가를 보여줍니다. 〈21그램〉은 잘 알려진 대로 사람이 죽을 때 달라지는 몸무게의 변화를 뜻합니다. 일부에서는 이러한 변화가 수분이 빠진 결과일 뿐이라고 말하지만, 일부는 그것이 바로 인간만이 갖는 영혼의 무게라고 주장합니다. 제목 자체에서도 종교적인 색채가 진하게 느껴지는 작품입니다. 영화가 너무 진지하고, 시간 순서가 뒤죽박죽이기 때문에 일반 관객이 이해하기 조금 어렵기는 합니다만 배우들의 명연

기와 연출의 완성도가 대단한 작품이었습니다.

폴 리버스 교수(숀 펜 분)는 죽음을 기다리고 있는 심장병 환자입니다. 아내와의 사이가 원만치 않은 그는 영화 도입부에서 인공 수정을 통해 아이를 가지려는 아내(샬럿 갱스부르 분)와 갈등을 빚습니다. 물론 아내와의 갈등이 트라우마의 본질은 아닙니다. 그에게는 언제 심장이 멈출지 모르는 심장병 자체가 트라우마였습니다. 자신이 있는 병원 중환자실을 '죽음의 대기실', '예비 사망자 클럽'으로 묘사하는 것으로 보아 죽음에 대해 심한 두려움과 절망감을 느끼고 있는 것으로 보입니다. 죽음의 문턱에서 극적으로 심장 이식 수술을 받아 목숨이 연장되어 기뻐하는 것도 잠시, 무슨 운명의 장난인지는 몰라도 그는 다시 심장병이 재발하여 재수술을 하지 않으면 언제 죽을지 모를 상태에 빠집니다. 이쯤 되면 삶에 대한 조절감, 선택감을 완전히 상실하여 아무것도 할 수 없다는 극단적인 무기력감과 절망감에 빠질 수밖에 없습니다. 암 치료를 받다가 더 이상 치료를 계속할 수 없다는 치료 포기 선언을 받은 사람도 비슷한 심정일 것입니다.

한편 한때 마약 중독에 빠졌다가 결혼해 아이 둘과 남편을 두고 정상적인 생활을 하던 여주인공 크리스티나 펙(나오미 와츠 분)은 교통사고로 한순간에 남편과 두 딸을 잃게 됩니다. 평화롭고 안전했던 인생에 절대적인 위기가 오면서 극단적인 상실감이 찾아온 것이지요. 그녀는 딸과 남편이 죽은 거리에 가보거나 남편과의 마지막 통화를 반복적으로 들으며 오열합니다. 가족의 죽음을 받아들이기가 너무나 고통스러운 나머지 딸아이 방에는 들어가지도 못합니다. 너무나 외롭고 절망스러운 크리스티나는 다시 마약과 술로 도망가려고 합니다. 그러다가 그녀는 가해자를 죽이려고 마음을 먹습니다. 큰딸과 남편은 현장에서 즉사했지만 막내딸은 가해자가 도망만 가지 않았어도 살 수가 있는 상황이었으니까요. 그에 대한 분노감은 그녀에게 복수의 칼날을 갈게 만듭니다.

또 한 명의 주인공 잭 조던(베네치오 델 토로 분)은 15살 때부터 교도소를 들락거리던 건달이었습니다. 그러다 기독교에 귀의해 개과천선하려고 노력하지요. 누구 말대로 신을 믿고 확실히 변했습니다. 모든 것이 신의 뜻이라며 하나님 앞에서의 죄책감을 강조하고 하나님의 말을 극단적으로 따르는 사람이 되었죠. 어린 아들에게도 너무나 엄격한 사람으로 변했습니다. 그러다가 한순간에 돌이킬 수 없는 사고를 치게 됩니다. 몸에 문신이 있다는 이유로 직장에서 해고되어 기분이 울적해 술을 한잔 하고 집으로 돌아오는 길에 크리스티나의 가족을 치어 죽인 것이지요. 그리고 얼떨결에 뺑소니를 칩니다. 순간적으로 자신이 음주운전을 했다는 사실, 그리고 전과자라는 사실이 머릿속에 떠올랐기 때문에 뺑소니를 칠 수밖에 없었던 것으로 보입니다. 죄책감에 괴로워하는 그에게 아내는 아무도 본 사람이 없으니 제발 가족을 위해 자수하지 말아달라고 간절히 매달립니다. 그러나 그는 경찰서에 제 발로 찾아가 자수를 합니다. 아내의 품에 안겨 그는 "죽어가는 아이가 날 쳐다보다가 뭔가 말하려 했는데 난 도망가버렸어"라며 고통스럽게 웁니다. 그 사건은 그에게 견디기 힘들 만큼의 무거운 죄책감을 심어준 것입니다. 아내의 도움으로 결국 가석방되어 나오지만 그래도 그는 다시 가족을 버리고 집을 떠납니다. 그는 자신에게 좀 더 벌을 주기 위해 험한 노동을 자청합니다. 트라우마 이후 그를 사로잡은 부정적인 생각은 '난 뭔가 잘못했다', '나는 그렇게 하지 말았어야 했다', '난 벌을 받아야 한다' 등과 같이 죄책감과 연관된 것들이었습니다.

●● 세월을 뛰어넘는 트라우마의 고통

제삼자의 입장에서 보면 트라우마의 희생자들이 지나치게 비합리적이고 부정적인 생각에 매여 있는 것처럼 보입니다. 친구나 가족들은 "제발 다 지난 일이니 잊어버려라", "죽은 사람은 죽은 거고 산 사람은 살아야지 않니?" 등의 충고와 조언을 하게 되지요. 하지만 섣부른 충고와 조언은 트라우마의 피해자들에게 도움이 되지 않는 경우가 많습니다. 오히려 그렇게 긍정적으로 생각하지 못하는 자신들을 비난하는 것으로 받아들일 수가 있습니다.

단순히 세월이 흘러간다고 트라우마를 경험한 사람들이 자신에 대한 긍정적인 생각을 저절로 갖게 되는 것은 아닙니다. 왜냐하면 시간이 흘렀음에도 불구하고 그들에게는 여전히 트라우마의 고통이 강렬하게 남아 있기 때문입니다. 초등학교 4학년 아들을 뇌종양으로 잃은 어느 부부는 아들이 좋아했던 음식을 먹을 때마다 아들 생각이 나서 눈물을 흘립니다. 아들이 좋아했던 축구화, 아들이 즐겨 마셨던 음료수를 볼 때마다 아들 생각이 난다고 합니다. 지나가다가 놀이터에서 놀고 있는 아들과 비슷한 또래의 아이를 보면 눈시울이 붉어지는 것은 예사지요. 트라우마로 인한 정서적 고통이 남아 있는 한 대부분의 피해자들은 긍정적인 생각을 하기가 어렵습니다.

이러한 피해자들에게 필요한 것은 정서적 고통을 이해받고 나눌 수 있는 가까운 사람과의 연결 고리일 것입니다. 죽은 아들 이야기가 나왔을 때 같이 울어줄 수 있는 사람이 옆에 있어야 하는 것이죠. 아들이 죽기 전에는 부부 싸움도 잦고 그리 원만하지 못했는데 아들이 죽고 나서 이 부부 사이는 더 가까워졌습니다. 아들의 기억을 공유하고 있는 서로가 서로에게 너무나 절실했으니까요. 바쁘다는 핑계로 10년 동안 부부가 여행 한 번 다녀온 적 없었지만 아들이 죽고 나서는 정기적으로 여행을 떠나고 서로를 달래주며 지냅니다. 부부가 서로 아들을 잃어버린 상실감을 치유해주는 것이죠. 이러한 치유적 관계를 통해 안전감과 연결감을 확인하는 것이 상실의 고통을 완화시켜가는 첫 번째 단계입니다.

이 부부가 아들의 죽음이라는 상처를 딛고 일어서기까지는 어느 정도의 시간이 걸릴지 모릅니다. 어쩌면 평생 안고 살아가야 할 트라우마가 될 수도 있습니다. 그들은 매일매일의 삶 속에서 트라우마의 아픔을 경험할 것입니다. 하지만 두 사람 사이에서 서로를 보듬는 치유적 관계가 지속되는 한 '내 삶에서 돌이키기 힘든 무언가가 파괴되었다'고 하는 부정적인 믿음의 상처는 서서히 옅어져갈 것입니다. 물론 하루아침에 부정적인 사고를 깨끗이 지우고 긍정적인 믿음으로 새롭게 교체할 수는 없습니다. 일상생활에서 누군가와 언제든지 상처를 공유할 수 있고 이해받을 수 있을 때 트라우마로 인해 생겨난 부정적 믿음이 주는 영향력이 줄어들 것입니다.

뇌의 두 가지 기억 시스템

우리가 하는 모든 경험은 뇌 속의 신경 세포들과 정보를 나누어 기억의 형태로 저장됩니다. 이렇게 기억을 저장하고 있는 신경 세포 간의 연결, 즉 기억의 신경 회로는 뇌 전반에 걸쳐 퍼져 있는데, 어디에 어떤 기억이 저장되느냐 하는 것은 기억의 종류에 따라 달라집니다.

인간의 기억 시스템은 내재적 기억implicit memory과 외현적 기억explicit memory 이라고 하는 두 개의 기억 시스템으로 나눌 수 있습니다. 이것은 프로이트가 말한 무의식, 의식과 비슷하기는 하나 정확히 똑같은 의미는 아닙니다.

내재적 기억은 무의식의 기억으로서 생후 바로 활성화되어 발달하는 기억 시스템입니다. 주로 편도체가 관여하고 있으며 정서적 기억, 신체 감각적 기억, 행동 기억 등과 같은 비언어적 기억이 이에 속합니다. 이러한 기억들은 시간 개념이 없기 때문에 과거, 현재, 미래의 구분이 어려우며 언제 어디서 경험했는지에 대한 정보도 없습니다. 특별히 집중하지 않았는데도 그냥 저절로 입력이 된 기억들입니다. 그래서 또한 노력하지 않아도 저절로 출력되어 나오는 기억이기도 하죠. 이 내재적 기억은 비록 의식적으로 자각하지 못하고 논리적인 말로도 표현하기 어렵지만 일생을 통해 지속되기 때문에 여전히 현재의 어떤 행동이나 감정 그리고 신념이나 가치관에도 커다란 영향을 줍니다.

외현적 기억은 약 3세 이후 말을 할 수 있게 되면서부터 발달하는 기억 시스템으로 주로 해마가 이에 관여합니다. 말로 이야기할 수 있는 기억narrative memory, 자신이 살아온 삶에 대한 기억autobiographical memory, 자신이 경험한 것에 대한 기억, 단어의 의미에 대한 기억 등과 같이 주로 언어적 기억이 여기에 속합니다. 외현적 기억 시스템에는 시간 개념이 있어서 과거, 현재, 미래에 대한 뚜렷한 구분이 가능합니다. 그 속에는 또한 경험을 평가하고 분류하고 전후의 관계를 파악하는 기능이 있습니다. 외현적 기억을 하기 위해서는 의식적인 자각과 집중하는 주의력이 필요합니다. 과거의 어떤 일들을 회상할 때 그 경험의 세세한 것들을 의도적으로 떠올리려고 하면 언제였는지, 어디에 있었는지, 누구와 무엇을 하였는지 등과 같은 전반적인 맥락이 함께 떠오르는 것이 바로 외현적 기억입니다. 그래서 외현적 기억은 '나는 누구인가' 하는 자기 정체성에 커다란 영향을 미칩니다.

태어나서 세 살 정도까지는 해마가 완전히 발달되지 않았기 때문에 이때의 기억은 우측 뇌의 편도체라는 곳에 내재적 기억의 형태로 저장되어 남게 되고, 외현적 기억으로는 저장되지 않습니다. 그래서 우리는 이 유아기의 기억을 이야기로 기억해내지 못하고 주로 신체 반응, 정서 반응과 같은 내재적 기억의 형태로만 떠올리는 것이지요. 예를 들자면 유아기에 경험한 엄마의 좋은 향이나 모유의 냄새는 그것과 연관된 세세한 기억을 떠오르게 하지는 않지만 안정되고 평안한 느낌을 불러일으킵니다. 어떤 사람은 이유 없이 괜히 미워지고 거리를 두고 싶고, 어떤 사람에게는 자신도 모르게 친밀감을 표현하며 다가가게 되는 것도 바로 이러한 내재적 기억의 영향일 수 있습니다.

나이가 들면서 이러한 내재적 기억 시스템과 외현적 기억 시스템이 서로 상호 보완적인 조절 기능을 발휘할 수 있게 되었을 때 인간은 보다 더 성숙하고 배려심 깊고 합리적인 판단과 행동을 할 수 있게 되는 것입니다. 기억의 신경과학적 입장에서 보면 무의식을 의식화하도록 돕는 대부분의 정신 치료는 바로 이 내재적 기억과 외현적 기억 사이에 더 많은 신경 회로가 연결되도록 하는 것이라고 할 수 있습니다.

최근 10년간 뇌 과학의 발달은 어린 시절 경험한 많은 트라우마 경험들이 인간의 뇌와 행동에 어떻게 영향을 주는지에 대한 이해의 폭을 넓혀주었습니다. 트라우마의 경험은 뇌의 정보 처리 시스템에 마비를 일으켜 일상의 기억이 저장되는 해마의 기능을 억제하고 부정적 기억들과 감정이 저장되어 있는 편도체를 활성화시킵니다. 이렇게 되면 트라우마의 기억은 주로 우측 뇌의 편도체에 내재적 기억의 형태로 저장됩니다. 즉 트라우마의 기억은 강렬한 신체 감각들과 이미지 그리고 정서의 상태로 조각조각 분리되어 통합적인 이야기 기억으로 전환되지 않은 채 저장이 되는 것이죠. 트라우마 기억이 시간이 지나가도 생생하게 느껴지는 것은 이것이 시간의 개념이 없는 내재적 기억의 형태로 저장되어 있기 때문입니다. 이처럼 강렬한 감정으로 느껴지는 트라우마 기억은 이야기 기억으로 전환되기 어려운 탓에 많은 트라우마 피해자들이 자신의 고통을 다른 사람에게 전달하는 데 애를 먹습니다. 또한 트라우마의 기억은 아주 조그마한 단서에 의해서 기억이 생생하게 떠오르지만 무엇이 기억을 자극하였는지 알기 어려울 때가 많습니다.

이러한 트라우마의 기억을 치료하는 것은 신체 감각, 감정, 이미지 등등으로 분리되어 있는 내재적 기억을 외현적 기억으로 전환시키는 것이라고 할 수 있습니다. 정서적 기억, 신체 감각의 기억을 새로운 이야기 기억으로 통합시켜나가는 것이죠. 기억은 살아가면서 계속해서 새롭게 써나가는 이야기인 것입니다.

04
상처를 위로하며 트라우마를 함께 극복하다
위 아 마셜

원제 : 'We Are Marshal', 2006(국내 미개봉), 미국,
맥지 감독, 매튜 맥커너히(잭 렌겔) 주연, 124분

트라우마의 특징은 미리 예측할 수 없고 미리 대비할 수도 없고 회피할 수도 없다는 데 있습니다. 그래서 그때 느껴지는 두려움, 무기력감, 공포감, 절망감은 더욱 큽니다. 삶에서 두 번 다시 겪고 싶지 않은 끔찍한 경험이지요. 트라우마의 희생자들은 이러한 끔찍한 트라우마의 순간을 떠올리는 촉발 요소를 피하려고 합니다. 몸과 마음에서 자동적으로 생겨난 방어 메커니즘은 시간이 갈수록 점점 더 강화됩니다. 하지만 방어 메커니즘이 아무리 강화되어도 100% 성공적일 수는 없습니다. 아주 사소한 자극도 결국 나중에는 예리한 트리거trigger; 유발 인자, 촉발

인자, 즉 트라우마의 촉발 인자가 될 수 있기 때문입니다. 언제까지고 이런 자극들을 피할 수만은 없습니다. 결국 자라가 아니고 솥뚜껑이라는 것을 알기 위해서는 정면으로 솥뚜껑을 바라볼 수밖에 없는 것입니다.

●● 참았던 분노를 폭발시키는 기폭제, 트라우마 트리거

우리 속담에 "자라 보고 놀란 가슴 솥뚜껑 보고 놀란다"는 말이 있지요. 뭔가에 한번 엄청 놀란 사람은 나중에 그와 비슷한 자극에도 소스라치게 놀라게 된다는 뜻입니다. 트라우마를 받은 사람도 마찬가지입니다. 트라우마를 경험한 후 한참 동안 시간이 흐르고 난 뒤에도 처음에 트라우마를 받았던 사건과 비슷한 경험을 하면 격렬한 반응을 보입니다. 대구 지하철 참사 사건에서 살아남은 사람들이 지하철 입구만 보아도 놀라서 피하는 것, 종군 위안부 할머니들이 여름에 하얀 반팔 교복을 입은 중학생들을 보고 놀라서 일본군이라고 소리 지르는 것, 버스에 치여서 거의 죽을 뻔했던 교통사고를 당한 사람이 자전거 소리에도 소스라치게 놀라 주저앉는 것, 성폭행을 당한 여성이 텔레비전에서 야한 장면을 보고 몹시 기분 나빠져 술을 마시게 되는 것 등등이 이에 해당됩니다. 이것들은 모두 오리지널 트라우마와 유사한 자극을 받고 놀라고 긴장하고 두려워하는 반응을 보인 사례인데, 이러한 유사 자극을 트라우마의 트리거라고 합니다. 'trigger'는 사전적 의미로

'방아쇠가 발사되다', '폭발하다', '유발되다' 등의 뜻을 가지고 있습니다.

◆◆ 트라우마의 고통을 이기는 공동체의 힘

〈위 아 마셜〉이란 영화는 〈미녀 삼총사〉 시리즈로 유명한 맥지 감독이 메가폰을 잡고 제2의 폴 뉴먼이라 불리는 인기 배우 매튜 맥커너히가 주연한 스포츠 영화입니다. 웨스트 버지니아 주 헌팅턴의 마셜 대학은 1970년 비극적인 비행기 사고로 미식축구 팀원 대부분을 잃고 팀이 와해되는 재난을 겪습니다. 도시 전체가 상실의 고통에 미식축구 자체를 외면하려 하는데 외부에서 온 젊은 풋볼 코치가 트라우마를 극복하고 팀을 재건하는 데 성공한다는 내용의 영화입니다. 이 영화는 실화를 바탕으로 했다고 전해져 감동이 더욱 컸던 작품이지요.

영화의 도입부에는 도시 전체가 트라우마에 빠진 상황이 묘사됩니다. "시계는 움직였지만 시간은 흐르지 않았다. 해는 뜨고 졌지만 그림자는 사라지지 않았다. 과거에는 소리가 있었다면 이제는 침묵뿐이다. 한때 완전했던 것이 이제는 산산이 부서졌다."

예전에 한국에서 고등학교 야구가 지금의 프로 야구처럼 인기가 있었을 때 작은 도시의 야구 팀이 전국 대회에서 우승하면 도시 전체가 축제 분위기였습니다. 지금 롯데 자이언츠 야구 팀이 부산 시민에게 차지하는 영향력 이상으로 그들은 삶의 큰 즐거움이었습니다. 이처럼 당시 미국 사람들 대부분이 헌팅턴이 어디에 있는 도시인지는 몰라도 마셜 대학의 축구 팀 '선더링 허드Thundering Herd'는 누구나 알 정도 였다고 하니, 주민들에게 이들은 큰 자랑이었을 것입니다. 그런 존재 였던 미식축구 팀이 하룻밤 사이에 갑자기 사라진 사건은 그야말로 완벽하게 트라우마였던 것입니다. 대학교의 모든 학생, 교수 그리고 주민들의 마음속에 상처의 고통이 짙게 새겨집니다. 그 후부터 이 도시에서는 미식축구는 물론이고 그와 연관된 어떤 이야기도 금기가 되어버립니다. 마을의 유지는 "미식축구 경기는 우리가 잃은 이들을 기억나게 할 뿐"이라는 말로 고통스러움을 표현합니다. 미식축구란 단어 자체가 트라우마의 트리거, 촉발 인자였던 것이지요.

비행기 사고의 가장 큰 트라우마는 희생자들의 유족들이 입었겠지만, 이 정도면 공동체 전체가 트라우마를 겪었다는 표현이 적절할 것입니다. 이 영화의 미덕은 트라우마의 고통과 치유 과정을 개인화하지 않고 공동체적 관점에서 묘사했다는 점입니다. 영화는 트라우마의 아픔을 외면하려는 자, 정면으로 돌파하자고 하는 자, 목표 없는 분노를 표현하는 자 등등 공동체 안의 다양한 입장을 가진 사람들이 서로 갈등을 일으키고 화합하는 모습을 보여줍니다. 그리고 결국 도시 공동체 전체가 살아남은 자로서 회복을 위한 시도와 노력을 해나가는 모습을 감동적으로 보여줍니다.

비행기 사고로 사랑하는 아들을 잃은 대학 이사장은 학교에 있는 축구장을 바라보고 싶지도 않았을 것이고 축구 유니폼, 축구화조차 쳐다보고 싶지 않았을 것입니다. 그러면 그럴수록 도시 전체가 극단적인 슬픔에 빠져들어 마치 죽음의 도시처럼 분위기가 한없이 가라앉게 됩니다. 대학 총장은 차라리 다시 축구 팀 선더링 허드를 재건하자는 의견을 내놓습니다. 피할 수 없다면 차라리 정면으로 부딪쳐보자는 생각이었죠. 축구 팀을 재건하지 않고 폐지한다면 그 상실감은 정말 끝까지 계속될 터이니 처음에는 힘들더라도 자랑스러운 축구 팀이 만들어져 죽은 자들 몫까지 싸워준다면 그것이 상실감을 극복할 수 있는 더 큰 힘이 될 수도 있다고 생각한 것입니다. 이성적으로 생각하면 맞는 말이지만 이사장은 반대합니다. 마을 사람들 역시 냉소적인 태도를 보입니다. 이들은 미식축구에 관한 뉴스를 봐도, 타지 사람들이 두런두런 나누는 미식축구 이야기를 옆에서 듣기만 해도 비행기 추락과 죽은 아이들이 생각났기 때문입니다. 이렇게 생활 속에서도 작은 계기들이 시도 때도 없이 그들을 괴롭히는데 축구 팀을 재건하는 것은 가장 커다란 촉발 인자를 만들어 옆에 두는 꼴이니 받아들이기가 쉽지 않았던 것이죠.

●● 긍정적인 마인드로 집단 트라우마를 극복하다

총장은 유일하게 살아남은 코치에게 수석 코치 자리를 제안하지만, 살아남은 자로서 갖는 부채 의식 때문에 그는 수석 코치 자리를 고사합니다. 수석 코치 자리가 그에게는 죄책감을 자극하는 강력한 트리거였기 때문입니다. 축구 팀의 수석 코치를 맡겠다는 사람은 쉽게 나타나지 않습니다. 그 자리에서 느껴야 할 부담감과 죄책감을 이겨낼 사람을 구하는 것이 어려운 일이기 때문이죠. 결국 축구 팀 재건 작업은 처음부터 난항에 부딪힙니다. 할 수 없이 총장은 가능한 한 부채 의식이 없는 외부 인사를 수석 코치로 영입하려 합니다. 그리고 낙천적인 사고를 가진 타 대학 출신의 잭 렌겔이 선택됩니다.

  직접적인 상실감이 없는 그는 긍정적인 리더십을 발휘하며 축구 팀의 재건에 열을 올립니다. 첫출발은 좋았습니다. 그는 인간에 대한 친화력을 발휘하여 총장이 실패했던 코치의 영입에 성공합니다. 하지만 선수들을 모으는 과정에서 모두의 상처를 건드리면서 시행착오를 겪게 됩니다. 우선 살아남은 원래 축구 팀의 선수들을 모으는 것부터 강한 저항에 부딪힙니다. 선수 대부분이 그날 사고로 죽었지만 그날 늦잠을 자거나 피치 못할 사정으로 비행기를 타지 않아 살아남은 일부 선수들은 죄책감을 느끼며 미식축구를 포기하려고 합니다. 그들에게 축구를 다시 하자고 하는 것은 트라우마의 고통을 다시 느껴보라고 하는 고통스러운 자극일 뿐이었죠. 선수들은 물론이고 그들의 부모들에게도 마찬가지였습니다. 축구 팀을 재건하기 위한 노력은 많은 사람들에게 축구 팀 '선더링 허드'에 대한 기억을 되살리는 촉발 자극이 되었습니다. 하지만 긍정적인 마인드의 소유자인 잭 코치는 좌절해 있던 사람들의 마음을 움직여 결국 미식축구 팀 선더링 허드의 재건을 극적으로 이루어냅니다.

●● 중요한 것은 바로 지금, 서로에게 용기를 주는 것

선더링 허드를 부활시키려는 노력은 죽은 이들을 위한 것일까요, 살아남은 이들을 위한 것일까요? 가장 바람직한 것은 죽은 자를 위로하면서 동시에 살아남은 자들의 생활을 원래대로 돌려놓는 것입니다. 축구를 다시 시작하는 것이 죽은 자의 넋을 기리고 살아남은 자들이 상실감을 이겨낼 수 있도록 하는, 상징적인 의미를 나타내야 한다는 것이지요.

사람들이 미식축구에 열광하는 한 어차피 미식축구는 헌팅턴 마셜 대학의 모든 사람들에게 트라우마의 촉발 인자로 계속 남아 있을 것이기 때문에 그것으로부터 완전히 자유로울 수는 없을 것입니다. 그렇다면 비록 처음에는 고통스러워도 그러한 자극에 직면하여 어쩔 수 없이 생겨나는 고통을 줄이려는 노력을 하는 것이 최선인 것이죠. 미식축구를 계속 하면서 새로운 역사, 새로운 이야기를 만들어가는 것이 결국 축구로 인해 생겨난 트라우마의 아픔을 치유하는 방법인 셈입니다.

새로 재건된 미식축구 팀 선더링 허드는 잭 코치의 열정적인 리더십에도 불구하고 그 해에 단 두 번밖에 이기지 못합니다. 그러나 그건 그것대로 의미가 있는 시도이자 도전이었습니다. 그로부터 20년이 지나고 나서야 비로소 선더링 허드는 우승까지 하는 명문 팀으로 거듭났다고 합니다. 이제 더 이상 선더링 허드는 헌팅턴 사람들에게 트라우마의 아픔을 유발하는 촉발 인자가 아닌 것입니다. 오히려 트라우마의 아픔을 이겨내도록 힘과 용기를 주는 긍정적인 자원resource이 된 것입니다.

●● 트라우마와 정면 승부하라

끝으로 촉발 인자, 트리거에 대해 조금 더 이야기해보겠습니다. 트리거는 사실 무엇이든 될 수가 있습니다. 오리지널 트라우마를 연상시키는 시각적 자극은 물론이고 소리, 냄새, 맛, 열기, 신체 감각이나 움직임 등도 모두 다 촉발 인자가 될 수 있지요. 특정 장소, 비슷한 연령대의 사람, 어떤 말투, 억양, 비슷한 체격이나 키, 신체 동작, 어둠, 밀폐된 장소, 혼자 남겨지는 상황 등등이 오리지널 트라우마의 경험을 자극하는 촉발 요인, 트리거가 됩니다. 그래서 삶이 계속되는 한 촉발 요인을 성공적으로 피하기는 어렵습니다. 고통스러운 자극을 끝까지 피하려고 하는 것은 결국 이길 수 없는 게임을 하는 것입니다. 확률 제로의 불가능한 게임이라 할 것입니다. 만약 여러분이 귀신에 대한 두려움으로 가득 차 있다면 어떤 그림자만 보아도 무서울 것입니다. 무서움을 극복하려면 검은 물체가 결국 그림자일 뿐이라는 것을 두 눈으로 확인해야만 합니다. 트라우마의 고통을 극복하려면 고통스러운 자극을 다루어나가려 하는 용기를 갖는 것이 중요합니다. 혼자의 노력만으로 힘들다면 누군가와 함께 손을 잡고 연대해서 그 고통을 이겨내야 합니다.

해마와 편도체

우리의 뇌 안쪽에 자리 잡고 있는 변연계limbic system에는 해마와 편도체라는 부위가 있는데, 이 둘은 앞에서 말한 기억 시스템과 밀접한 연관이 있습니다.

먼저 해마는 한마디로 기억의 제조 공장이라고 할 수 있는 부위입니다. 해마에서는 외부로부터 들어온 정보를 필요한 정보와 불필요한 정보로 분류하여 버릴 것은 버리고 필요한 것만 골라내어 대뇌 피질로 보내 저장합니다. 그러니까 이곳 해마는 우리의 이야기 기억을 만드는 곳이라고 생각하면 됩니다. 만약 해마가 완전하게 파괴된다면 이야기 기억을 만들어내지 못하게 되기 때문에 어떤 일이 있고 난 뒤 잠시 후면 그 일을 전혀 말로 기억해내지 못하게 됩니다. 영화 〈메멘토〉에 나오는 주인공처럼 말이죠.

편도체는 정서 기억과 관련된 신경 덩어리라고 할 수 있는데 외부로부터 들어온 정보가 위험한 것인지, 아니면 안전하고 친숙한 것인지를 재빠르게 평가하는 기능을 갖고 있습니다. 그리고 이러한 평가를 통해 즉각적으로 정서적 반응과 신체 반응을 일으킵니다. 결국 외부 자극이 안전하니까 안심하고 다가갈 것인지, 아니면 위험하니 도망을 갈 것인지, 혹은 싸울 것인지를 정하는 곳이니 우리 생존에 가장 필수적인 부분이라고 할 수 있죠.

진화론적으로 해마와 편도체가 동시에 같이 작용하는 것이 어려울 수밖에 없습니다. 위기 상황에서는 위협이나 공격에 대해 즉각적으로 반응할 수 있어야 생존

할 수 있기 때문에 편도체가 위협을 지각하게 될 때에는 해마의 기억 저장 시스템과 기억 인출 시스템이 닫히게 됩니다. 즉 강렬한 트라우마를 경험하게 되면 편도체는 활성화되고 해마는 얼어붙게 되는 것이죠. 이러한 기억 시스템의 붕괴로 인해 트라우마의 피해자들은 정서적인 고통이나 신체적인 아픔은 반복적으로 생생하게 느끼지만 트라우마의 기억을 새로운 이야기 기억으로 만들어내지 못합니다. 그래서 오랜 시간 고통 속에 정체되어 있는 것이죠.

영화 〈위 아 마셜〉에서 비행기 사고로 미식축구 팀을 잃은 가족, 친구, 마을 사람들은 무기력하게 슬퍼하고 때때로 화내고 하면서 고통스러운 시간을 보냅니다. 살아남은 사람 그 누구도 새로운 출발을 하자고 이야기를 꺼내지 못합니다. 마을 사람들의 편도체는 극도로 활성화되어 있고 해마는 위축되어 있다고 할 수 있습니다. 그러나 외부로부터 온 수석 코치는 새롭게 팀을 만들어 새로운 팀의 역사를 만들어가자며 마을 사람들을 격려합니다. 팀원들과 응원단이 하나가 되어 경기를 해 나갈 때마다 편도체는 차츰 식어가고 해마는 다시 활성화되어갔을 것입니다. 그리고 마침내 비행기 사고가 생기고 20년이 지난 뒤, 사람들의 해마는 새로운 이야기 기억을 만들어냈던 것이죠.

05
실연의 상처는 가장 큰 트라우마

라비앙 로즈

원제: 'The Passionate Life of Edith Piaf, La Mome', 2007년 11월 개봉, 프랑스, 올리비에 다한 감독, 마리옹 코티아르(에디트 피아프) 주연, 128분

갑작스러운 사고로 사랑하는 사람을 잃어버린다는 것은 견디기 힘들 만큼 고통스러운 일일 것입니다. 엉뚱한 질문 같지만, 서른 살에 사랑하는 사람을 잃어버리는 사건과 다섯 살 때 사랑하는 엄마와 헤어지는 사건은 어느 쪽이 더 깊은 상처를 남길까요? 물론 객관적으로 비교할 수 있는 문제는 아니지만, 아이들의 경우에는 슬픔의 고통은 물론이고 지켜주는 엄마가 곁에 없다는 두려움·절망감·무기력감 같은 감정에 압도될 것입니다. 게다가 그는 살아가면서 누군가를 절실하게 필요로 해도 아무도 날 돌봐주지 않는다는 경험을 반복할 가능성이 높습니다.

결국 아이는 엄마를 잃은 트라우마로부터 벗어나지 못한 채 이 세상에 혼자 남겨졌다는 두려움과 외로움을 쉽게 극복하지는 못할 것입니다. 아이들의 이러한 트라우마를 애착의 상처attachment injury라고 합니다. 어린 시절 이러한 애착의 상처를 받은 사람은 성인이 되고 난 뒤에 사랑하는 사람과의 헤어짐과 상실을 두려워하고 때로는 사람에게 집착하게 되지요. 사랑하는 사람이 무관심해지는 것에도 예민하게 반응하며 수시로 관심과 애정을 요구하기도 하죠. 이들은 혼자 남겨지는 상황에 대해 매우 취약하기 때문입니다. 만약 사랑하는 사람과 헤어지게 된다든지, 사랑하는 사람이 갑자기 죽게 된다든지, 사랑하는 사람이 다른 이성에게 가게 된다든지 하는 상황이 벌어지면 어린 시절 경험했던 애착의 상처가 다시 되살아나 이 세상에 혼자 남겨졌다는 절대적인 절망감, 허무함, 두려움에 압도당합니다.

이 세상에 혼자가 되었다는 느낌은 꼼짝할 수 없는 신체적 무기력 상태와 전반적인 무관심, 음식에 대한 혐오감, 누구와도 접촉하기 싫은 고립 충동 등의 증상이 함께합니다. 한마디로 무기력감인 것이지요. 감정뿐 아니라 신체적 리듬도 완전히 혼란 상태에 빠집니다. 그래서 심리적 고통을 잊기 위해 술이나 마약을 선택하기도 하고, 일에 중독되기도 하고, 때로는 전혀 사랑하지 않는 사람과의 섹스에 몰두하기도 합니다. 그러나 아무리 무언가를 탐닉해도 그 바닥에 있는 혼자라는, 누구도 날 사랑하지 않는다는, 내가 필요로 하는 사람이 내 옆에 없다는 외로움, 무기력감, 절망감, 버려진 기분은 쉽게 사라지지 않습니다.

●● 죽음보다 고통스러운 이별

〈라 비앙 로즈〉는 프랑스의 국민 샹송 가수인 에디트 피아프의 일대기를 다룬 전기 영화입니다. 피아프는 어려서부터 트라우마를 연속적으로 경험하게 됩니다. 대부분 사랑하는 이와의 갑작스런 이별이었죠. 어머니에게서 버림받고 아버지는 그런 피아프를 데려와 창녀들에게 맡깁니다. 창녀들 사이에서 보살핌을 받으면서 안정감을 찾아갈 즈음 다시 돌아온 아버지는 창녀들로부터 억지로 피아프를 빼앗아 유랑 생활을 시작합니다. 반복되는 상실, 유대를 나누었던 사람들과의 갑작스러운 단절이 너무 많아 그녀는 죽음보다 더 두려운 외로움을 느낍니다. 어린 시절, 너무나 외롭고 두려웠던 피아프는 신이 자신을 지켜준다는 환상에 빠져 스스로를 달래보기도 하지만 그 효과는 잠시 뿐이었습니다. 덕분에 어린 시절의 그녀는 늘 어둡고 긴장되어 보일 수밖에 없습니다. 그녀의 일생을 두 덩어리로 나눈다면 어린 시절과 말년의 초췌함, 성인기 전성시대의 화려함이 될 터인데 감독은 주로 그녀의 화려했던 면보다는 외롭고 쓸쓸했던 어두운 면에 초점을 맞추고 있습니다.

뒷골목의 부랑아 신세였던 그녀를 세계 최고의 가수로 성장시킨 것은 그녀의 천재적인 재능이었습니다. 어렸을 적 아버지와 구경꾼들 앞에서 노래를 불렀을 때 사람들로부터 받은 관심과 칭찬이 고단한 삶을 지탱하는 힘이 되어줍니다. 문란한 사생활과 술에 찌든 생활을 계속하면서도 그녀는 자신의 유일한 재능인 노래만은 포기하지 않습니다.

•• 트라우마의 고통을 노래에 담다

어느 날 길거리에서 노래를 부르던 그녀는 노련한 매니저(제라르 드파르디유 분)의 눈에 띄면서 청중들 앞에서 본격적으로 노래를 부를 수 있는 기회를 얻게 되지요. 결국 그녀는 노래를 통해 명성을 얻고 유명해집니다. 그녀에게 노래는 자신의 아픔과 상처를 달래주는 유일한 존재 self-soothing method였습니다. 노래를 통해 자신의 근본적인 외로움과 두려움을 다독일 수가 있었던 것입니다.

그러나 노래를 통해 대중적인 성공을 얻었다 하더라도 여전히 외로움과 두려움, 불안과 변덕스러움은 그녀의 삶을 지배합니다. 충동적이고 변덕스럽고 요구가 많고 이기적인 그녀 주위에는 끊임없이 사람들이 모이고 머지 않아 모두들 떠나갑니다. 시끌벅적하던 순간이 지나 혼자가 되면 외로움은 더욱더 심해졌습니다. 계속 사랑을 하지만 그녀는 언제나 다시 혼자가 되었고 외로울 수밖에 없었죠. 게다가 운명도 그녀 편이 아니었습니다.

그녀의 재능을 보고 충실한 파트너 역할을 해주었던 매니저 루이 레플리는 그녀와의 관계를 오해한 전 남편에게 살해당합니다. 언제나 사랑에 목말라했던 그녀는 권투 선수인 막셀 세르당(장 피에르 마틴 분)을 만나 사랑에 빠집니다. 유부남이었던 그는 피아프를 진심으로 아끼고 사랑해줍니다. 그가 세계 챔피언이 되고 나서 그녀는 그에게 보고 싶다고, 어서 와달라고 달콤하게 전화로 속삭이고 기다립니다. 그러나 비행기를 타고 대서양을 건너오던 도중 그는 그만 비행기 사고로 사망하게 됩니다. 어머니, 아버지, 외할머니, 엄마처럼 돌보아주던 창녀들, 매니저 그리고 진짜 사랑하는 남자까지 그녀가 사랑했던 사람들은 모두 그녀를 떠났습니다. 언제나 혼자 남겨져야만 했던 그녀는 사랑과 이별을 반복하면서 지독한 트라우마에 시달립니다. 결국 그녀의 불행한 인생은 트라우마 가득한 노래 속에 담겨 오늘날까지 전해지게 되지요.

●● 애착 관계를 통한 트라우마의 발생과 소멸

최근에는 부모가 돈을 벌기 위해 맞벌이를 한다든지 혹은 이혼을 한다든지 하여 엄마와 안정적인 관계를 갖지 못한 아이들이 점점 더 늘어나고 있습니다. 부모들이 무관심할 때 이들은 애착의 상처를 받을 가능성이 매우 높아집니다.

B양은 네 살 때 부모님이 이혼하여 엄마와 함께 살아왔다고 합니다. 경제적으로 힘든 엄마는 B양을 시골 외할머니 댁에 맡겼습니다. 그런데 외할머니가 몸이 아프시다 보니 자주 병원에 입원하게 되어 그녀는 외삼촌의 집들을 오가기도 하고, 때로는 교회에서 머물기도 하며 뜨내기 같은 생활을 하게 되었습니다. 다행히도 그녀는 일곱 살 때 재혼한 엄마와 함께 살 수 있게 되었습니다. 그런데 엄마는 재혼을 하고 나서도 일을 하러 가야 했기 때문에 이웃집에 B양을 맡기면서 "저녁 7시에 집에 불이 켜지면 내가 온 줄 알고 집으로 찾아와"라고 말했다고 합니

다. 이웃집에 맡겨진 그녀는 아이들과 놀다가도 저녁 5시부터는 집에 불이 켜졌나 안 켜졌나 불안하게 지켜보았습니다. 7시가 넘어도 집에 불이 안 켜질 때가 많아서 그녀는 견딜 수 없을 만큼 불안하고 무서웠지만 엄마에게 절대로 울거나 투정부리는 모습을 보이지 않았습니다. 엄마가 다시 자기를 버릴 것 같아서였죠. 그녀는 초등학교 내내 그렇게 이웃집에 맡겨져 지냈다고 합니다.

    그 이후 다행히 그녀는 무사히 대학을 졸업하고 직장 생활을 하다가 사랑하는 사람을 만나 결혼을 했습니다. 그런데 결혼한 지 1년도 채 지나지 않아 행복했던 그녀의 결혼 생활에 갈등이 생겨나기 시작했습니다. 그녀가 남편에게 지나치게 집착했기 때문이죠. 남편이 휴대전화를 받지 않는다든지, 귀가 시간이 늦어진다든지, 술을 마신다든지 하면 그녀는 불안해서 잠을 자지 못했고 나중에는 남편이 휴대전화를 받을 때까지 수십 번이라도 전화를 걸었습니다. 그리고 미안하다고 사과하는 남편에게 계속해서 화를 내고 비난하였죠. 처음에는 그런 아내를 받아주던 남편도 서서히 지쳐가기 시작했습니다. 자신이 아내에게 그리 좋은 남편이 아니라는 생각에 남편도 우울해졌죠. 어쩌면 그녀가 원하는 남편은 평생 될 수 없을지도 모릅니다. 남편은 서서히 지쳐 아내와 거리를 두려 했습니다. 하지만 그럴수록 그녀의 불안과 두려움은 점점 더 커져갔습니다. 아이라도 가져보려고 임신을 하겠다고 했지만 남편은 아직 때가 아닌 것 같다며 미뤘습니다. 그러자 그녀의 감정 상태는 극도로 불안정해졌지요. 그녀는 이제 남편이 언제라도 떠날 수 있는 남자라는 생각에 불안해서 잠시도 가만히 있지 못하는 상태가 되었습니다. 잊고 있었던 어린 시절의 애착의 상처가 완전히 재발한 것입니다.

    어린 시절 애착의 상처로 인해 생긴 정서적 불안정감은 사실 혼자만의 힘으로 회복하기 어렵습니다. 정서적 안정감의 기본은 애착 관계 attachment relationship를 바탕으로 일어나는 상호 작용에 의해 얻어집니다. 가장 중요한 사람, 가장 사랑하는 사람과의 관계 속에서 일어나는 정서적 공명을 경험하게 될 때 애착의 상처는 비로소 조금씩 치유되기 시작합니다. 애착 관계를 통해 트라우마가 생기기도 하고 반대로 치유가 될 수도 있다고 하는 것은 우리 인간의 마음이 닫힌 고리가 아니라 열린 고리라는 것을 알려줍니다. 당신의 애착 관계는 서로 상처를 주고받고 있습니까, 아니면 서로를 치유하고 있습니까?

애착의 단절

어린아이는 혼자서 자신의 신체 리듬을 조절해나가지 못합니다. 아이들은 안정감을 느끼며 신체적, 정서적으로 최적의 상태를 유지하고 성장해가는 데에 다른 누군가의 도움이 반드시 필요합니다. 물론 어른도 삶에서 힘들고 지치고 두려움을 느낄 때는 그러한 불안정한 정서 상태를 안정시키기 위해 되도록 자신에게 안정감을 주는 대상과 함께 있고자 합니다. 이러한 욕구를 애착의 욕구라고 합니다. 이러한 애착 욕구는 태어날 때부터 갖고 있는 기본적인 욕구로서, 생존을 유지하는 데 매우 중요한 욕구라고 할 수 있습니다.

애착의 욕구가 충분히 표현되고 받아들여지는 것은 대개 아이와 엄마와의 관계입니다. 하지만 사실 우리 인간은 일생을 통해서 다양한 애착 관계를 경험하면서 살아가게 됩니다. 어린 시절은 부모와의 관계에서, 성인이 되어서는 주로 연인이나 배우자와의 관계에서, 그리고 마지막으로 자신의 자식과의 관계에서 중요한 애착 관계를 경험하게 되는 것이죠. 나이를 불문하고 안정적인 애착의 대상이 존재한다고 하는 것은 인생의 든든한 안식처를 가지고 있는 것과 같습니다. 우리는 안정적인 애착 관계로부터 신체적 편안함과 정신적인 안정감을 얻을 수 있기 때문에 주변 환경에서 오는 여러 가지 스트레스에도 적절하게 대처하고 문제를 해결해나갈 수 있습니다.

하지만 반대로 이러한 애착의 관계가 갑자기 끊기는 사건, 예를 들면 누군가와 이별하거나 사별하거나 혹은 거부당하고 배신당하고 버림받는 사건은 한 사람의 존재감을 뒤흔들 만큼 커다란 영향을 주는, 일종의 트라우마라고 할 수 있습니다. 이는 가장 안전하고 편안한 안식처에서 눈 내리는 허허벌판으로 벌거벗겨진 채 혼자 내버려진 것과 같은 상태가 되는 것입니다. 그러니까 애착의 상처는 기본적인 생명 유지 체계를 위협할 만큼 치명적인 것이라 할 수 있겠지요.

애착 이론의 창시자인 볼비는 이러한 애착 관계의 단절로 인한 스트레스와 이에 따른 고립감이 성격 형성에 절대적인 영향을 주며, 일생 동안 스트레스를 처리하는 개인의 능력에도 커다란 영향을 미친다고 하였습니다. 애착의 단절은 신체 리듬을 혼란스럽게 하고 정서적인 조절 능력에도 어려움을 초래하며 극단의 절망감과 무기력감을 경험하게 합니다. 애착이 다시 회복되지 않고 단절된 상태가 계속된다면 그 고통을 이기지 못해 알코올이나 약물 중독에 빠지기도 하고 서서히 인격의 황폐화까지 오게 되는 것이지요. 애착의 단절은 인간이 견디기 힘든 불안, 우울, 외로움, 고립감 그리고 상실감을 안겨주는 매우 강력한 트라우마라 할 것입니다.

06
불치병에 걸린 트라우마 환자에게 죽음은 어떤 의미인가?
씨 인사이드

원제 : 'Mar Adentro', 2007년 3월 개봉, 스페인, 알레한드로 아메나바르 감독,
하비에르 바르뎀(라몬 삼페드로) · 벨렌 루에다(줄리아) 주연, 125분

트라우마의 후유증으로 고생하는 많은 사람들과 상담을 하다 보면 그들 주변에 가까이 있는 가족들이 자신들의 아픔과 고통을 이해하지 못하는 것을 아주 힘들어한다는 사실을 알 수 있습니다.

"이제 지나간 일이니 깨끗이 잊어버려라", "이젠 좀 훌훌 털고 일어나자", "운동도 좀 하고 사람도 만나고 해야지, 그렇게 집에 웅크리고 들어 앉아 있으면 되겠니?" 가족들은 피해자에게 이런 의사를 계속해서 전달합니다. 요컨대 주변의 가족들은 피해자가 현재 상황에서 조금 더 긍정적으로 행동하고 생각하지 못하는 것에 대해 안타까워하는 것이지요. 하지만 피해자의 심정을 대변하자면 그들 역시 긍정적으로 생각하고 싶은 마음이 간절합니다. 하지만 여전히 트라우마의 고통에서 벗어날 수 없어서 긍정적인 생각이나 행동을 하기 힘든 것입니다. 자신의 고통을 이해받지 못하는 괴로움으로 그들 역시 힘든 시간을 보내고 있는 것입니다.

●● 다양한 형태의 트라우마 후유증

트라우마는 신체적으로든 정신적으로든 여러 가지 형태의 후유증을 남깁니다. 원인을 알 수 없는 통증, 반복되는 불면과 악몽, 식욕 부진, 불안, 공포, 우울, 기억상실, 집중력의 감퇴, 무기력감, 이명, 대인 기피 등등은 마음이 약해서라기보다는 대부분 트라우마로 인해 생겨난 증상들입니다. 문제는 이러한 후유증에 대해 의학적으로 고통을 줄여줄 수 없는 경우가 여전히 많다는 거지요. 진통제, 항불안제, 항우울제 등은 트라우마로 생겨난 증상에 제대로 효과를 내지 못합니다. 이런 경우 피해자들은 트라우마의 후유증에 오랜 시간 시달리면서 그 후유증의 증상 자체가 그들에게 다시 트라우마가 될 수 있습니다. 물론 세상에는 모든 난관과 고통을 극복하고 희망적인 삶을 사는 트라우마 피해자들도 많습니다. 팔다리가 없어도 정상인과 대등하게 레슬링을 하는 사람, 한쪽 팔이 없는데 야구를 하는 사람, 암을 극복하고 자전거를 타는 사람 등이 그러합니다. 그들의 삶은 바로 인간 승리의 기록들이죠.

그런데 의문은 남습니다. 그러한 모범적인 삶이 모든 트라우마 환자에게 정답이 될 수 있을까요?

●● 불치병과 싸워야 하는 잔인한 트라우마

얼마 전 감상한 영화 〈씨 인사이드〉는 2005년도 골든 글로브 영화제와 아카데미 영화제에서 외국어영화상을 수상했습니다. 작품의 완성도, 주제 의식, 연출, 연기, 음악 등 모든 면에서 작품상을 받을 만한 작품이었죠.

　40대 중반의 남자 주인공 라몬 삼페드로(하비에르 바르뎀 분)는 26년 전 바다로 다이빙을 하다가 목을 다친 후부터 전신마비인 채로 침대에 누워 살게 됩니다. 선원으로 전 세계를 돌아다니던 10대 후반의 그의 모습을 보면 운동선수 뺨칠 정도로 근육질에 혈기왕성한 젊은이였습니다. 활동적인 그에게 전신마비란 고통은 죽음보다 더한 것이었습니다. 얼굴 밑으로는 전혀 움직일 수가 없고 통증을 비롯해 아무런 감각도 느끼지 못하는 육체, 그래서 3시간마다 돌아누워야만 욕창을 방지할 수 있습니다. 대소변 문제, 목욕 문제, 식사 문제와 같은 사소한 일상생활을 그는 형, 형수 그리고 조카에게 완전히 의지한 채 26년 동안을 살아온 겁니다. 사소한 일상생활이라고 했지만 그를 돌봐야 하는 가족들, 특히 피 한 방울 안 섞인 형수가 겪는 고통은 이루 말할 수가 없겠지요.

26년을 그렇게 살아온 라몬이 원하는 것은 단 한 가지였습니다. 더 이상 이런 식의 가치 없는 삶을 살지 않고 싶다는 것입니다. 주어지는 것에 감사하면서 살아야 하는 삶, 스스로의 의지로 할 수 있는 것이 아무것도 없는 삶, 사랑스런 가족들을 너무나 고통스럽게 만드는 삶을 마무리하는 것이었지요. 그는 자유 의지로 안락사를 원하고 있었습니다. 그가 안락사를 원하는 것은 트라우마의 후유증이 주는 고통에 못 이겨 회피하고자 죽고 싶어하는 것과는 다릅니다. 통증, 불안, 두려움, 우울증 때문이 아니라 온전한 정신에서 모든 정황을 다 고려하고 자신의 의지에 따라 죽음을 선택하려 하는 것이니까요. 암세포와 끝까지 싸우려고 투병 생활을 하는 것이 의지라면, 두려움 없이 암세포가 퍼져가는 것을 받아들이고 평화롭게 죽음을 준비하는 것도 의지라고 할 수 있을 것입니다.

•• 가치 있는 삶, 가치 있는 죽음

그를 찾아온 사람들 그리고 그의 죽고자 하는 의지를 알게 된 사람들은 그에게 왜 죽으려 하느냐, 삶은 더 가치 있는 것이다, 희망을 포기하지 말라는 식의 권유부터 합니다. 죽음을 터부시하는 보통 사람들의 일반적이고도 자동반사적인 생각과 의견이지요. 그러나 그럴 때마다 그는 상처를 받습니다. 그러면서 분명하게 자기주장을 합니다.

"난 내 자신을 위해 죽고 싶은 것이다."

자신을 설득하기 위해 찾아온 전신마비 신부에게도 그는 당당히 맞서 자신의 의견을 펼칩니다. 삶과 죽음은 오직 신만이 결정할 수 있다며 자신을 설득하려 한 신부에게 그는 "사과와 배를 왜 섞어놓으려 합니까? 자유가 없는 삶은 삶이 아닙니다"라고 당당하게 소리칩니다. 내 삶은 신의 소유가 아니라 인간인 나의 소유라고 당당하게 주장하는 것 같았습니다. 화면으로 그의 죽음 과정을 지켜보면서 그에 대해 안쓰럽고 불쌍하다는 느낌보다는 우리가 좀 더 열심히 살아야 하겠다는 생각이 강하게 드는 것은 왜일까요? 라몬은 삶은 의무가 아니라 권리라고 믿으면서 용기를 갖고 자신의 죽음을 선택합니다. 그의 죽음은 우리의 삶이 결코 수동적인 것이 아니라 적극적인 선택이라는 것을 대변해주고 있습니다.

'삶이 의무가 아니라 권리'라고 하는 것은 우리의 삶이 도덕적인 규범에 의해 구속되는 것이 아니라 인간의 자유 의지에 의해 당당히 선택되는 것임을 의미합니다. 반대로 '삶이 권리가 아니라 의무'라고 하는 것은 우리의 삶이 인간의 자유 의지에 의해 결정되는 것이 아니라 도덕적이고 종교적인 규범에 의해 결정된 대로 받아들이는 것이라는 의미입니다. 우리는 행복하게 살 의무가 있는 것일까요, 아니면 행복하게 살 권리가 있는 것일까요?

현실을 받아들이는 생각의 패턴, 심리도식

겉으로 보이는 부적응적인 행동이나 여러 가지 증상, 문제들은 대부분 그것들이 생겨난 이유가 있을 것입니다. 생물학적인 취약함의 이유도 있을 것이고 심리적인 면에서 보면 그런 증상들 자체가 나름대로는 자신의 고통에 대한 방어, 고통을 견디기 위한 정신의 작용이라고 이해할 수도 있을 것입니다.

심리도식schema이라는 말은 일반적으로 심리학에서 많이 쓰이는 용어인데 개인이 현실과 경험을 받아들이는 생각의 패턴이라고 설명할 수 있습니다. 심리적 도식은 대개 생애 초기에 처한 환경이나 경험들을 기초로 하여 형성되는데 이후의 삶 전반에 걸쳐 정교화되면서 기억, 감정, 인지, 신체 감각으로 구성됩니다. 이러한 심리도식은 한 개인의 행동, 생각, 느낌 및 대인 관계에 중요한 영향을 미친다고 합니다. 그리고 한번 형성이 되면 자신과 세상을 바라보는 시각이 왜곡되었다고 하더라도 쉽게 변화하지 않습니다.

심리도식에는 크게 긍정적인 것과 부정적인 것이 있는데 우리가 관심을 두는 쪽은 부정적인 심리도식입니다. 이것은 어린 시절 기본적으로 경험되어야 하는 중요한 정서적 욕구가 박탈되거나 충족되지 않았을 때 생겨날 수 있습니다. 중요한 정서적 욕구는 다른 사람과 안정감을 느끼고 돌봄을 받는 애착의 느낌을 경험하는 것, 자율성과 정체감을 형성하는 것, 인간으로서의 기본 욕구와 감정을 표현하는 것, 현실적인 한계와 자기 통제를 경험하는 것들이라고 할 수 있습니다.

부정적 도식이 생겨나는 첫 번째 요인은, 욕구의 심각한 좌절입니다. 이런 경우 정서적 결핍, 유기 도식을 발전시키게 되는 것이지요. 아무도 자신을 보호해주거나 사랑하지 않으며 버림받았다는 생각을 갖게 되는 것입니다. 두 번째는 어린 시절 경험하는 상처 경험 등입니다. 이 경우 불신과 학대, 결함과 수치심 등의 부정적 도식이 발달하게 되지요. 세 번째는 어린 시절 지나친 과잉보호 속에서 제멋대로 길러진 경우 의존과 무능감, 특권의식과 같은 부정적인 도식이 생길 수 있습니다. 다른 사람의 도움이 없으면 어떤 것도 잘해낼 수 없다는 생각을 가지게 되는 것이지요. 네 번째는 중요하게 영향을 미치는 타인, 주로 부모의 생각·느낌·행동들을 선택적으로 동일시하거나 내면화하여 이것이 심리도식으로 발전하는 경우입니다.

이러한 심리도식의 개념은 만성적인 성격 문제를 가진 내담자를 치료하기 위해 개발, 발전되었습니다. 만성적인 성격 문제를 가진 내담자의 치료는 많은 시간과 노력이 필요한데 이러한 심리도식의 개념은 내담자가 가지고 있는 고통과 문제의 근본을 이해하는 데 큰 도움이 됩니다. 치료의 목적은 내담자가 자신의 심리도식이 무엇이고 그것이 왜 생겨났는지 이해하는 것에서 출발합니다. 현재의 문제를 심리도식과 연결시켜 파악하고 거기에서 자신의 문제를 보다 깊게 이해해 현실에서 적응할 수 있도록 도와주는 역할을 하는 것이지요.

07
아버지라는 이름의 트라우마
샤인

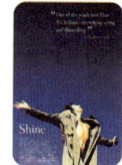

원제 : 'Shine', 1997년 1월 개봉, 미국, 스콧 힉스 감독,
제프리 러시(성인 데이비드 헬프갓) · 아민 뮬러-스탈(데이비드 헬프갓의 아버지) 주연, 105분

남녀 차이를 두는 것은 아니지만, 일반적으로 아이들에 대한 아버지와 어머니의 애정 표현 방식은 다릅니다. 자상하게 돌봐주고 챙겨주고 반응을 보여주는 것이 어머니의 애정 표현이라면 평소 다정다감하게 애정을 잘 표현하지는 못하지만 묵묵히 자신의 일을 하며 가족을 지키는 것이 대부분의 아버지들의 애정 표현이라 할 것입니다. 아버지는 아이들에게 든든한 울타리 같은 존재입니다. 아이들은 그런 아버지에 대해 감사하고 고마워합니다. 그리고 삶의 무게에 피곤해하는 아버지의 모습에 안쓰러움을 느끼기도 하지요. 하지만 때로는 아버지의 사랑이 지

나친 집착으로 변해 가족들을 괴롭히는 경우가 있습니다.

•• 독이 되는 사랑의 집착

아이에 대한 기대가 지나치게 크거나 아이의 앞날에 대한 걱정이 늘게 되면 아버지의 잔소리와 구속이 점차 심해지는데 이것은 어머니의 걱정과는 성격이 조금 다릅니다. 아버지의 걱정과 실망, 분노는 아이들을 심하게 구속합니다. 가족 가운데 가장 큰 권력을 쥐고 있는 사람이 대부분 아버지이기 때문입니다. 사랑이 지나치면 독이 된다는 말은 아버지 사랑에 참 잘 맞는 말인 것 같습니다. 그런데 문제가 되는 것은 대부분의 아버지들이 자신이 아이에게 집착하고 있다는 사실을 스스로 알아차리기가 결코 쉽지 않다는 것입니다. 왜냐하면 아버지 입장에서는 아이를 사랑하는 마음, 그 본질은 변함이 없기 때문이지요. 하지만 아이 입장에서는 아버지의 존재가 엄청난 부담으로 느껴지게 됩니다. 아이는 자신을 보호해주던 울타리가 점점 좁아져서 자신을 옴짝달싹도 못 하게 하는 굴레처럼 느끼기 때문이지요.

 물론 아이의 마음 한편에는 아버지를 깊이 사랑하고 그런 아버지와 잘 지내고 싶은 마음도 있습니다. 그러나 아버지에게 심하게 야단맞거나 비난을 당하는 일이 점점 늘어나면 아이는 억울한 느낌과 화는 물론이고 때에 따라서는 아버지로부터 심리적 위협을 느낄 수 있습니다. 이 위협감의 유무는 매우 중요한데 우리가 보통 어머니에게 야단을 맞을 때는 위협감을 느끼지 않습니다. 하지만 이성을 잃은 아버지에게 신체적인 체벌을 심하게 받게 되면 아이들은 아버지에 대해 위협감을 느끼게 됩니다. 특히 술에 취한 아버지로부터 일방적인 폭언이나 폭행을 당하는 경우 아이들은 극도의 위협감과 공포심을 경험합니다. 이렇게 되면 아이에게는 평상시 아버지의 목소리, 말 한마디, 얼굴 표정, 몸짓 등이 모두 다 두려움을 일으키는 촉발 인자가 되어버리고 맙니다. 즉 아버지의 존재 자체가 아이를 학대하는 가해자가 되어버리는 것입니다. 그 결과 아이는 자신을 방어하기 위해 필사적으로 아버지를 거부하고 밀어내려 합니다. 아버지 입장에서는 그런 아이의 모습에 황당할 수도 있습니다. 자신은 그냥 아이를 사랑할 뿐인데 아이가 기겁을 하고 거부반응을 보이니 기가 막힐 노릇이지요. 그러나 아이는 아버지가 기가 막혀하는 그 모습조차 두려울 뿐입니다.

●● 아버지의 엄격한 사랑, 그리고 트라우마

1997년도 아카데미 영화제와 골든 글로브 영화제에서 남우주연상을 수상한 영화 〈샤인〉은 정신병에 걸렸던 호주 출신 천재 피아니스트 데이비드 헬프갓의 일대기를 다룬 작품입니다.

　엄격하고 독선적인 아버지 피터(아민 뮬러-스탈 분)는 피아노에 재능을 보이는 아들 데이비드(어린 시절 데이비드 역은 알렉스 라파로위즈가 맡았지요)에 대해 엄청난 기대를 겁니다. 그래서 항상 아들에게 피아노를 열심히 치라고 닦달을 하지요. 잘해도 야단치고 못 해도 야단치고, 아버지는 아들이 조금만 게으름을 피우면 매를 드는 식으로 아들을 몰아세웁니다. 사실 아버지에게도 나름의 이유가 있었지요. 아버지도 자신의 아버지에게 받은 마음의 상처가 있었던 겁니다. 이러한 아버지 자신의 트라우마로 인해 아들 데이비드에 대한 사랑은 집착으로 변질되어 결국은 아들의 성장을 방해하게 됩니다.

●● 무기력하고 순응적인 아들이 겪는 혼란과 상처

데이비드는 이렇게 강력한 아버지 앞에서 한없이 무기력하고 수동적인 존재였습니다. 영화에서 보면 아버지는 문을 걸어 잠그고 다른 가족들이 들어오지 못하게 한 뒤 모욕적인 언사를 가하면서 옷을 벗겨 몸에 상처가 날 정도로 심하게 때리는 장면이 나옵니다. 데이비드는 한마디 반항도 하지 못하고 벌벌 떨면서 매를 맞습니다. 그것은 절대적인 힘을 행사하는 가해자의 폭력 앞에서 꼼짝없이 얼어붙어버린 무기력한 피해자의 모습 그 자체입니다. 이런 상황에서 대부분의 힘없는 피해자들은 가해자의 생각이나 가치관을 거절하지 못하고 고스란히 받아들이는 경향이 있습니다. 게다가 그 가해자가 아버지인 경우에는 이런 경향은 더욱더 강해집니다. 그래서 만약 가해자가 피해자에게 "넌 본질부터 게으르고 나쁜 아이다", "아버지 말을 거역하면 정말 몹쓸 아이이니 벌을 받을 것이다"라고 규정지으면 피해자는 정말 자신에 대해 그렇게 믿게 됩니다. 놀랍게도 가해자에게 철저히 세뇌당하는 것이지요. 데이비드도 아버지에게 세뇌된 이런 믿음들 때문에 영국 유학을 선뜻 결정하지 못하고 망설이면서 시간만 축내고 지내게 됩니다. 하지만 그의 주변에는 그의 재능을 아껴주며 그를 이해해주는 사람이 많습니다. 데이비드는 당시 자신을 이해해주던 한 나이 든 여류 작가와 교류하면서, 그녀의 아버지 이야기를 듣고 새로운 자극을 받게 됩니다. 세상 모든 아버지가 자신의 아버지 같은 줄 알았는데, 어떤 아버지들은 자식에게 한없이 자상하며 자녀를 이해해주고 쓰다듬어준다는 이야기에 데이비드는 충격을 받습니다. 아버지에게 화를 표현하고 자기가 하고 싶은 것을 해도 아이의 그런 행동을 용인해주는 아버지가 있다는 것을 데이비드는 알게 된 것입니다.

용기를 얻은 데이비드는 "지금 가족을 떠난다면 영원히 너는 우리 가족이 아니다"라고 소리치는 아버지의 협박에도 불구하고 결국 영국 유학을 감행합니다. 영국에서 데이비드는 자신의 재능과 인성을 이해해주는 정신적 멘토 세실 팍스 교수(존 길거드 분)를 만나게 됩니다. 세실 교수는 외팔이였는데 그 역시 데이비드 못지않은 기인이었습니다. 그래서 그는 데이비드를 이해하고 데이비드가 자신의 재능을 마음껏 발휘하도록 돕습니다. 자신을 인정해주는 사람들을 만나자 데이비드의 실력은 점점 더 일취월장합니다. 연주가 어려워 '악마의 교향곡'이라고 하는 라흐마니노프 3번을 메이저 콘서트홀에서 연주하는 영광도 얻게 되지요. 이 곡은 그의 아버지가 데이비드가 연주하기를 그토록 원하던 곡이었습니다. 데이비드는 자신의 노력으로 마침내 성공적인 연주를 할 수 있게 됩니다. 그런데 참으로 아이러니컬하게도 이 절정의 순간에 데이비드의 마음은 무언가를 견디지 못하고 파열하기 시작합니다. 연주를 마치고 모든 청중이 환호하는 가운데 데이비드는 정신을 잃고 쓰러집니다.

●● 아버지를 극복하고 새롭게 태어나다

어떻게 생각하면 아버지를 떠나 자신의 노력으로 그 힘든 연주를 성공적으로 마쳤으니 진정으로 아버지로부터 정신적인 독립을 하였다고 볼 수도 있을 것입니다. 그는 왜 그 절정의 순간에 쓰러진 것일까요? 게다가 안타깝게도 그 이후에는 온전한 정신을 유지하지 못하고 10년이란 세월을 그는 정신병원에서 지냅니다. 도대체 어떤 정신적 충격이 그를 그렇게 황폐하게 만든 걸까요?

어린 시절 데이비드에게 아버지는 일상생활에서 크고 작은 트라우마를 주는 존재이며 동시에 안정적인 보금자리인 가족을 지켜주는 존재였습니다. 그런 아버지가 어릴 적부터 반복하여 세뇌시킨 믿음, 즉 "아버지 말을 거역하면 정말 몹쓸 아이이니 벌을 받을 것이다"라는 위협적인 말을 데이비드는 도저히 자신의 머릿속에서 지울 수가 없었습니다. 그래서 아버지의 도움을 받지 않고 스스로의 힘으로 가장 성공적인 연주를 하는 순간 오히려 그는 아버지의 말을 거역한 데 대한 극심한 두려움과 공포심을 느꼈던 것입니다. 어린 시절부터 아버지로부터 반복적인 학대를 받으며 들었던 위협과 협박의 말들이 성인이 된 데이비드의 여린 마음에 계속해서 압도적인 영향을 주고 있었던 것이죠. 더 이상 두려움을 견디지 못한 그는 결국 팽팽히 정상을 유지하려 했던 정신의 끈을 놓게 된 것입니다. 그리고 그 후 10년의 세월 동안 아버지의 말을 거역한 벌로 심한 처벌을 받을지도 모른다는 두려움에 시달리며 정신 이상 증세를 보이게 됩니다.

퇴원 후 여전히 기이하고 독특한 생활을 하던 데이비드는 어느 비오는 날 레스토랑에서 본능적으로 피아노를 치게 됩니다. 10년의 세월 동안 그의 정신은 황폐해질 대로 황폐해졌지만 그의 재능은 그대로 남아 있었습니다. 정신이 황폐해졌기 때문에 오히려 아버지의 위협으로부터 그의 정신세계가 조금 더 자유로워졌는지도 모르겠습니다. 그는 어린아이처럼 마음대로 행동하였으니까요. 그래도 그는 피아노 연주를 즐겼고, 그래서 그의 연주는 모든 사람을 감동시켰습니다. 그는 다시 레스토랑의 피아니스트로서 유명해집니다. 그는 이때부터 '헬프갓' 대신 '샤인'이라는 새로운 성을 사용합니다. 과거로부터 벗어나 새로운 삶이 시작되는 순간인 것입니다.

•• 아버지를 때린 딸의 공포

이 영화를 보던 중에 상담하는 환자 중 아버지를 때린 여자 환자가 떠올랐습니다. 여러분은 부모를 때린 패륜아가 무슨 고민으로 상담을 했나 의아해하시겠지요. 처음에 그녀는 늘 불안해하고 밤이면 잠을 못 자는 증상으로 병원을 찾아왔었습니다. 항불안제와 수면제를 처방해도 그녀의 불안과 불면증은 좀처럼 사라지지 않았습니다. 그렇다고 그녀의 증상을 자극하는 뚜렷한 스트레스가 있는 것도 아니었습니다. 언제부터 잠을 못 자게 되었는지 물어보니 친오빠가 군대를 가 부모님과 셋이서 살게 되고부터 그렇게 되었다고 합니다.

친오빠가 군대를 가 따로 살게 된 것이 왜 그녀의 불안과 불면을 자극한 걸까요? 자세히 그녀 집안의 내력을 듣게 되었습니다. 그녀의 아버지는 시장에서 장사로 큰돈을 벌어 경제적으로는 넉넉하고 안정적으로 살고 있었지만 아버지의 다른 모든 형제들은 의사, 변호사 등의 전문직이었습니다. 어려서부터 집에서 내놓은 아이 취급을 받으며 서럽게 자란 그녀의 아버지는 늘 형제들에 대한 열등의식에 사로잡혀 있었지요. 그러다가 경제적으로 안정이 되자 자신의 공부 못 한 한을 아들과 딸이 대신 풀어주었으면 하는 기대를 하게 됩니다. 그래서 늘 아들과 딸에게 제대로 인간이 되려면 공부를 열심히 해서 최고 대학에 들어가 의사가 되어야 한다고 귀가 따갑도록 이야기를 하였습니다. 초등학교 때부터 아이들은 아버지의 요구로 거의 매일 밤 12시 정도까지 과외 지도를 받아야 했지요.

조금 산만했던 아들은 이러한 아버지의 특별한 관심에도 불구하고 성적이 늘 안 좋았습니다. 아버지는 기대에 부응하지 못하는 아들에게 실망하여 자주 때렸고 결국 중학교 3학년부터 학교를 가지 않게 되었습니다. 다행히 공부를 잘해 성적이 좋았던 그녀는 엄마 대신 아버지의 폭언

이나 폭행에 제동을 걸 수 있는 유일한 사람이었습니다. 그러나 딸도 사실은 아버지의 강요와 폭력에 대한 두려움과 공포 때문에 늘 긴장하고 살 수밖에 없었죠. 그녀가 성적을 잘 받으려고 노력한 것은 아버지에게 맞지 않으려는 생존 전략이었으며 또한 아버지의 성난 마음을 달래 집안을 화목하게 하려 했던 필사적인 노력이었습니다.

하지만 아슬아슬했던 그녀의 노력도 결국은 한계에 부딪힙니다. 그녀가 고등학교 1학년 때 결국 사건이 터지고 만 것입니다. 술을 마시고 늦게 들어온 아버지는 학교에 안 가고 집에서만 지내는 그녀의 오빠에게 욕을 하다가 갑자기 그녀의 어머니에게 화를 내더니 폭력을 휘두르기 시작하였습니다. 그녀가 필사적으로 아버지를 말려보았지만 역부족이었죠. 그런데 그때 갑자기 그녀의 오빠가 욕을 하며 뛰어나오면서 아버지에게 강하게 대들기 시작하였습니다. 아버지도 깜짝 놀랐고, 두 사람은 서로 실랑이를 벌이다가 결국 오빠는 엄마와 함께 집을 나가버렸다고 합니다. 그녀도 따라 나갈까 하다가 무섭지만 아버지를 지켜봐야 한다는 생각에 집에 남아 있었습니다. 술에 취해 잠들었던 아버지가 한 시간쯤 뒤에 깨어났다고 합니다. 그리고 갑자기 그녀에게 오빠하고 엄마를 빨리 데려오라고 소리쳤다고 합니다. 지금은 너무 늦었으니 아침까지 기다려보자는 그녀에게 아버지는 "너도 내 말을 우습게 아냐"고 하며 그녀를 갑자기 때리기 시작하였습니다. 맞는 것이 아프기도 했지만, 점점 그녀는 통증보다는 공포감에 더 휩싸이게 되었다고 합니다. 집에 아무도 없는데, 아무도 아버지를 말려줄 사람이 없는데 술에 취한 아버지의 폭력은 점점 더 강도가 심해져갔으니까요. '이대로 죽는구나' 하는 생각이 드는 순간 그녀는 정신을 잃었다고 합니다. 그리고 다음 날 아침 눈을 떠보니 병원이었다고 합니다.

그 일이 있고 난 뒤 아버지도 스스로 놀랐는지 화를 자제하고 술을 마시는 횟수도 줄였습니다. 그녀에게도 무척이나 미안해했습니다. 오빠와 엄마도 다시 돌아오고 그녀도 퇴원 후 집에서 지냈습니다. 그녀는 그날 이후부터 오직 공부에만 매달렸다고 합니다. 가끔 아버지의 한숨과 짜증 섞인 소리가 들려오기는 했지만 모른 척하고 공부만 하였습니다. 공부는 잘되느냐며 관심을 보이는 아버지에게 그녀는 아무런 반응도 보일 수가 없었다고 합니다. 그렇게 관심을 가져줄 때조차도 그녀는 아버지에게 공포심을 느꼈던 것입니다. 그녀는 되도록이면 공포감을 주는 집에 있지 않으려 했지요. 새벽에 집에서 나오고 독서실에서 제일 늦게까지 공부하다가 집에 돌아갔다고 합니다. 원하는 대학에 들어가면 자취 생활을 하는 것이 유일한 목표였으니까요. 그런데 운이 없었는지 자신이 원하던 대학에 실패하고 그녀는 재수를 하게 되었습니다. 그리고 그런 상황에서 오빠는 군대를 가게 된 것이죠.

그녀의 불안과 불면증은 이때부터 심해졌다고 합니다. 공부를 하다가 아무리 늦게 집에 들어가도 그녀는 아버지가 있는 안방을 예민하게 의식하고 긴장감을 풀 수가 없었다고 합니다. 가끔 아버지가 술을 마시고 돌아온 것 같은 날에는 밤새도록 잠을 한숨도 잘 수가 없었습니다. 마치 참호에서 적의 공격을 탐색하는 군인처럼 그녀는 이불 안에서 몽둥이를 쥐고 안방의 아버지 인기척 소리에 모든 신경을 곤두세웠습니다.

그러던 어느 날 결국 다시 일이 터지고 말았습니다. 모처럼 모의고사가 끝나고 집에 일찍 와서 쉬는 날, 아버지는 술에 취해 들어와 엄마에게 잔소리를 하면서 부부 싸움을 시작하더니 급기야는 엄마를 때리기 시작하였습니다. 엄마의 비명소리에 놀라 안방으로 들어간 그녀와 아버지 사이에서 몸싸움이 일어났고, 아버지는 말리는 그녀까지도 때리려 손을 들었습니다. 그 순간 그녀는 이대로 가만히 있으면 또 죽도록 맞을 것이라는 생각이 들었다고 합니다. 그리고 이번에는 정말 죽을지도 모른다는 공포심도 들었을 것입니다. 그런 절망적인 생각과 죽음의 공포심에 사로잡히자 그녀의 몸이 먼저 반응을 보였습니다. 그녀는 술에 취해 몸을 잘 가누지 못하는 아버지를 강하게 밀치면서 그녀를 붙잡으려는 아버지의 손을 자신의 주먹으로 내리쳤습니다. 그런데 힘이 너무 들어간 그녀의 주먹은 아버지 손만 내리친 것이 아니라 아버지의 얼굴까지도 가격하게 되었습니다. 코를 맞은 아버지가 웅크리는 순간, 그녀는 그대로 집 밖으로 달아났습니다. 다음 날, 술에서 깨 제정신이 돌아온 아버지는 어머니에게 딸을 데리고 들어오라고 부탁했습니다. 어머니는 이모 집에 가 있던 딸을 찾아와 집으로 들어가자고 설득했지만 그녀는 아버지가 집에 있는 한 절대로 못 들어가겠다고 완강히 거부했습니다. 하는 수 없이 아버지가 직접 찾아와 "내가 다시는 술을 마시지 않을 테니 일단 집에 돌아와서 수험 공부를 해라"라고 설득해도 그녀는 아버지에게 당장 내 앞에서 사라지라고 소리소리 지를 뿐이었습니다. 아버지가 집을 나가야만 자신이 집으로 들어가겠다고 하면서 아버지를 아예 집에서 내쫓으려고까지 하였죠. 아버지에게 소리칠 때의 그녀는 완전히 딴사람이 된 것처럼 과격하게 흥분하는 모습을 보였습니다. 뒤늦게 후회한 아버지는 결국 자신이 집을 나가 오피스텔에서 초라하게 지내게 되었습니다. 간혹 옷을 가지러 집에 들러도 그녀는 발작하다시피 아버지에게 소리를 질렀습니다. 결국 한 가정이 그렇게 풍비박산이 나버린 것입니다. 그녀의 이런 과격한 행동을 패륜아의 행동이라고 하겠습니까, 아니면 폭력의 희생자가 보이는 공포 발작이라고 하겠습니까?

•• 아버지와 자식 사이에서 어머니의 역할

아이에 대한 아버지의 영향력은 어쩌면 아버지 자신이 생각하는 것보다 훨씬 더 클 수 있습니다. 아버지는 아이 내면의 가치 체계에 가장 강한 영향을 미치는 존재입니다. 아버지의 사랑이 아이의 욕구와 적절한 조화를 이루게 되면 아버지의 사랑은 아이에게 가장 중요한 자원이 되어 아이의 내면에 긍정적인 믿음 체계가 생겨나게 합니다. 나중에 세상을 살아가면서 어떤 위기에 부딪혀도 이러한 아이에게는 아버지와의 관계에서 형성된 믿음 체계—자신에 대한 그리고 세상에 대한 긍정적인 믿음—가 탄탄히 유지되기 때문에 스스로의 힘으로 자신을 둘러싼 어려움을 극복해나갈 수가 있는 것입니다.

하지만 아버지 자신이 본인의 아버지로부터 사랑을 못 받았다든지, 심한 상처를 경험했다든지 해서 자신의 한을 보상받기 위해 자녀에게 집착하는 경우 아버지의 사랑은 아이와 적절한 조화를 이루기 힘들어집니다. 왜냐하면 아버지 자신의 실망감과 분노 때문에 아버지는 아이의 욕구에 반응하기보다는 아이의 욕구를 무시하고 자신의 생각과 믿음을 강요하게 되기 때문이지요. 아버지의 일방적인 강요는 아이에게 두려움과 긴장감을 유발합니다. 거기에 더해 폭언과 체벌이 가해지면 이는 아이에게 위협감을 주는 사건으로 발전하기도 합니다. 그래서 때때로 아이 입장에서는 이러한 아버지의 체벌이 어쩌면 자신의 목숨을 위협하는, 혹은 존재 가치를 위협하는 트라우마로 자리 잡을 수 있습니다.

이렇게 되면 아버지가 자녀에게 가졌던 기대와 바람은 정반대의 결과를 가져옵니다. 물론 중간에서 어머니가 아버지의 실망감과 분노를 진정시킬 수 있도록 도와주고 아이의 두려움을 잘 달래주면서 적절하게 완충 지대 역할을 할 경우에는 최악의 경우가 발생하지 않을 수 있습니다. 그러나 영화 〈샤인〉에서처럼 대부분의 어머니들 역시 무기력한 피해자로 자녀에게 어떤 힘도 되어주지 못합니다. 그럴 때 아버지와 자녀의 관계는 브레이크 없는 자동차처럼 파국으로 치닫기 쉽습니다. 영화 속에서 데이비드는 오랜 방황 끝에 헬프갓이라는 성을 버리고 샤인이라는 새로운 성을 얻어 새 사람으로 거듭남으로써 아버지라는 트라우마로부터 벗어납니다. 아버지가 자신의 집착을 깨닫고 아이와 화해하지 않는 한 아이가 아버지라는 트라우마를 극복하는 데는 참으로 많은 고통과 오랜 시간이 필요합니다.

복합성 외상 후 스트레스 장애

요즘은 '외상 후 스트레스 장애' 혹은 'PTSD'라는 진단명이 매스컴에 자주 나타나는 것 같습니다. 일본에서도 얼마 전에 자전거를 타고 가던 중학생이 경찰로부터 불심검문을 받고 난 뒤 학교를 잘 가지 못하게 된 사건이 있었는데, 그 학생의 부모가 자신의 아이가 경찰의 불신검문에 의해 PTSD에 걸렸다면서 경찰을 상대로 소송을 내고 있다는 기사가 난 적이 있습니다. PTSD, 즉 외상 후 스트레스 장애라는 진단명은 예측할 수 없는 사건, 사고가 많은 현대 사회에서 앞으로도 자주 등장하게 될 것 같습니다.

그런데 이 외상 후 스트레스 장애의 진단 기준은 하나의 트라우마를 경험한 피해자들이 보이는 증상들을 근거로 합니다. 전형적으로 자연재해, 재난사고, 전쟁, 유괴, 교통사고, 강간 등의 충격적인 하나의 사건을 경험하고 난 뒤에 나타나는 증상들을 근거로 진단을 하게 되는 것이죠. 그러나 지속적이고 반복적인 트라우마의 생존자에게 나타나는 증상들은 훨씬 더 복잡하고 광범위한 양상을 보입니다. 따라서 이러한 반복적인 트라우마에서 비롯된 다양한 증상군과 그로 인해 생겨난 뿌리 깊은 인격 형성의 왜곡을 '외상 후 스트레스 장애'라는 진단으로 설명하기에는 한계가 있습니다.

복합성 외상 후 스트레스 장애complex PTSD는 아직 학계에서 정식으로 인정받은 진단명은 아니지만, 최근 많은 트라우마 전문가들 사이에서 통용되고 있습니다. 반복적인 트라우마로 인해 여러 가지 복잡한 심리적인 문제를 가진 사람들이 공통적으로 겪는 증후군을 말합니다. 복합성 외상 후 스트레스 장애는 대개는 어린 시절부터 반복적이고 지속적인 학대를 경험한 희생자들에게서 많이 나타납니다. 여기서 '학대'는 어린아이가 부모로부터 정서적·신체적·언어적 학대를 당하는 것에서부터 낯선 사람에게 성폭력을 당하는 것, 그리고 아동기·청년기에 걸쳐 근친상간을 당하는 것까지를 전부 포함합니다. 이러한 반복적인 학대는 어린아이의 뇌에 커다란 영향을 미치기 때문에 아이는 성장 과정에서 매우 다양한 증상들을 보이게 되며, 성인이 되었을 때에는 그러한 증상들이 아주 견고해져 마치 인격적 특성처럼 보이기도 합니다.

이러한 복합적 외상 후 스트레스 장애에서 나타날 수 있는 특징적인 증상의 범주는 다음의 여섯 가지입니다. 첫 번째는 정서 조절의 변화입니다. 만성적인 트라우마를 받은 희생자들은 지속적으로 침울해하거나 우울해하면서 만성적으로 자살을 생각하고 빈번하게 자해 시도를 합니다. 또한 지나치게 감정을 억제하다가 때때로 강한 분노감을 폭발하는 양상을 보입니다. 두 번째는 의식 상태의 변화입니다. 희생자들은 외상 사건에 대해 잘 기억하지 못하고 일시적으로 해리 상태를 보이기도 합니다. 이들은 현실이 현실 같지 않다는 비현실감이나 자신이 자신 같지 않다는 이인증을 자주 호소합니다. 세 번째는 자신과 가해자에 대한 지각의 변화입니다. 복합성 외상 후 스트레스 장애를 겪는 희생자들은 스스로에 대해 무력감, 수치심, 죄책감을 자주 느끼고 자기 비난이 심하며 자신들은 남들과 완전히 다르다고 하는 고립감에 빠져 살아갑니다. 또한 가해자에 대한 지각에도 변화가 오는데 삶에 대한 모든 관심이 가해자에게 복수하는 것에만 집중되어 있어 거기에만 몰두하며 살아가기도 하고, 때로는 반대로 가해자를 이상화하면서 그와 자신을 동일시하고 수용하는 모습을 보이기도 합니다. 특히 가해자가 부모인 경우에는 복수와 수용의 감정이 번갈아 나타나기도 합니다. 네 번째는 인간관계의 변화입니다.

희생자들은 타인에 대한 깊은 불신감을 갖고 있기 때문에 친밀한 관계를 형성하는 데 어려움이 많아 사회적으로 고립됩니다. 겉으로는 많은 사람들 속에서 지내는 것처럼 보이면서도 속으로는 쉽게 마음의 문을 열지 못하고 혼자 외롭게 살아가는 경우가 많습니다. 다섯 번째는 신체 증상의 변화입니다. 이들은 원인을 딱히 설명할 수 없는 모호한 신체 증상을 자주 호소합니다. 두통, 소화불량, 폭식, 불면 등이 가장 많이 호소되는 증상들입니다. 마지막 여섯 번째는 의미 체계의 변화입니다. 복합적 외상 후 스트레스 장애 환자들은 삶의 신념이나 가치관이 부정적으로 변화합니다. 그래서 신념을 상실하고 허무주의와 냉소주의에 가득 찬 가치관을 갖고 절망감 속에 살아가게 됩니다.

물론 이러한 변화들은 대부분 트라우마로 인해 생겨난 것들이지만 막상 당사자들은 이러한 변화가 언제부터 생겼고, 왜 생겨났는지에 대해 잘 모르고 있는 경우가 많습니다. 트라우마 때문이 아니라 원래 자신의 체질이나 속성에 결함이 있어서 그렇다고 믿는 것이죠. 전문가들조차 이러한 변화가 트라우마로 인한 것인지 알아차리기가 쉽지 않습니다. 그래서 증상에 따라 우울증, 불안증, 조울증, 경계성 인격 장애 등의 진단을 내리고 거기에 대한 부분적인 치료만 하는 경우가 대부분이었습니다. 그러나 이렇게 되면 피해자가 받은 트라우마 자체에 초점을 둔 치료보다는 결국 피해자가 갖고 있는 문제점을 다루는 것에 중점을 둔 치료를 하게 됩니다. 이때의 문제는 치료자까지도 피해자들이 가진 대부분의 증상이나 문제들이 반복적인 트라우마 자체의 영향력이라기보다는 그들의 취약성이나 결함에 의해 생긴 것이라고 인식하게 된다는 것입니다. 그래서 피해자들이 지속적으로 받은 트라우마는 점점 지나가버린 사건으로 치부되고 피해자의 현재 상황에서의 부적응만 크게 부각됩니다. 반복적인 학대의 영향력이 얼마나 큰지에 대한 관심과 이해가 부족할 때 우리 마음속에는 저절로 "다 지나간 일인데 왜 훌훌 털어버리지 못하나? 왜 그렇게 마음이 약한가?", "이제 적당히 좀 하지?" 하는 생각이 떠오르게 되고 이런 생각들은 반복적인 트라우마의 피해자들에게 누구도 자신을 이해해주지 못한다는 고립감과 절망감만을 안겨줍니다.

다행스럽게도 최근의 많은 연구 결과들은 아무리 건강한 사람이라도 지속적인 학대 상황에서는 정신적인 건강을 지켜내는 것이 가능하지 않으며, 결국 트라우마의 영향 때문에 여러 가지 정신과적 증상이 생겨난다고 밝혀냈습니다.

또한 최근에는 복합성 외상 후 스트레스 장애 증후군에 대한 인식이 폭넓어지면서 이에 대한 다른 명칭으로 '달리 구분되지 않는 극심한 스트레스 장애disorder of extreme stress not otherwise specified'라는 이름이 붙여졌습니다. 여전히 논란이 있기는 하지만 이러한 포괄적인 진단 기준과 새로운 개념의 필요성이 널리 인식되고 있는 것만으로도 매우 다행스러운 일이라고 할 수 있습니다. 피해자들이 보이는 현재의 증상과 과거 반복되어온 트라우마의 연결 고리를 폭넓고 깊이 있게 이해하는 것, 나아가 이를 바탕으로 과학적인 진단을 내리고 피해자들의 상태를 존중하며 이해하려는 것이야말로 진정한 치유의 첫 단계라 할 것입니다.

PART3 트라우마의 증상

무기력, 무감각, 자기 부정에서 해리 장애까지

트라우마에 걸린 사람들은 어떻게 변할까?
'여자 정혜'처럼 무기력해진다.
'브레이브 원'처럼 갑자기 성격이 달라지거나
'람보'처럼 극도의 폭력성을 보여 줄 수도 있다.
'나비 효과'의 주인공처럼 현실을 부정하기도 한다.
또 '미스틱 리버'처럼 평생 트라우마 속에서
갇혀 지낼 수도 있다.
누구에게나 그 삶은 지옥일 수밖에 없다.

01
성폭행 후유증으로
무기력하게 변해버린 일상
여자, 정혜

영어 제목 : 'This Charming Girl', 2005년 5월 개봉, 한국, 이윤기 감독,
김지수(정혜) · 황정민(작가) 주연, 98분

앞서 소개했던 영화 〈밀양〉에서는 인간을 압도적으로 무너뜨리는 사건을 트라우마의 본질이라고 정의했습니다. 압도적인 트라우마에 대한 인간의 반응도 과도한 흥분, 통제되지 않는 불안정한 기분과 같은 압도적인 감정으로 나타납니다. 즉 반복되는 외상 기억의 침투 증상(플래시백), 그로 인한 불안, 공포, 두려움, 흥분 같은 감정들이지요.

그런데 생각해보십시오. 과도하게 흥분되고 불안정한 감정을 지속적으로 느껴야 한다면 우리 정신은 더 이상 버틸 수가 없을 겁니다. 과부하가 걸리면 아예 정신을 잃거나 미쳐버릴 수도 있거든요. 인간은 과도하게 흥분된 감정 상태를 장시간 견딜 수가 없기 때문에 우리의 뇌는 나름대로 자동적으로 감정을 마비시키는 방어기전을 쓸 수밖에 없습니다. 감정을 평평하게 만들고, 아예 감정을 억눌러 무의식이라는 지하실로 내려보내기도 합니다. 그런 흥분된 감정이 마치 없었던 것처럼 하려는 노력인 셈입니다. 영화 〈여자, 정혜〉는 주인공의 그런 심리가 담담하게 잘 표현된 작품입니다.

◆◆ 갇힌 영혼이 세상에 던지는 SOS

트라우마 환자들은 감정을 흥분시킬 만한 어떤 자극과도 부딪히지 않으려고 항상 주변 상황과 자신을 유리시킴으로써 최소한의 스트레스도 피하려 합니다. 사회생활을 위해 반드시 필요한 대인 관계마저도 외면하고 은둔자의 삶을 자처하기도 합니다. 이 모든 것이 나름의 살아남기 전략입니다. 피해자들은 자신의 삶을 아주 무미건조하게 만들어 기억으로 인한 고통을 마비시키는 것이 목적이기 때문입니다.

감정의 마비라는 방어기전이 성공적으로 작동하게 되면 나중에 그들은 불안과 공포 같은 감정은 물론이고 신체적인 통증조차도 제대로 느끼지 못하게 됩니다. 더 나아가 내 자신이 내가 아닌 것처럼 느껴지는 이인증, 현실이 현실처럼 느껴지지 않는 비현실감이 생겨납니다. 조금이라도 과거의 기억을 자극하는 일과 부딪히면 자동적으로 이러한 방어기전이 작동되는 것입니다. 물론 이러한 방어기전도 항상 완벽

할 수는 없습니다. 그렇게 되면 그다음에는 술이나 마약의 힘을 빌려 정신을 몽롱하게 만들어 자극에 둔감해지려 합니다.

물론 이러한 감정의 마비라는 방어기전이 반드시 부정적인 건 아닙니다. 이렇게 함으로써 적어도 압도되는 듯한 두려움과 공포의 감정을 통제할 수 있다는 자신감을 갖게 되기도 하니까요. 정서의 마비라는 방어기전이 성공적으로 작동하면 적어도 겉으로 보기에는 제법 평온한 삶을 유지하는 것처럼 보일 수 있습니다.

그러나 그들을 주의 깊게 지켜보면 그들이 그렇게 평온하지만은 않다는 사실을 알 수 있습니다. 마치 백조가 물 위에 우아하게 떠 있기 위해 물밑에서 필사적으로 물을 헤집듯이 사실은 모든 감정을 마비시키기 위해 진땀을 흘리고 있음을 느낄 수 있죠. 그들의 무미건조한 삶의 모습은 결코 자연스러울 리 없으니까요. 뭔가 부적절하고, 이해가 될 듯하다가도 아리송해지고, 어쩐지 아슬아슬하다고 느껴지기도 합니다. 언제 물에 가라앉을지 모르는, 언제 터질지 모르는 그런 아슬아슬함이라고 해야 할까요? 게다가 행여 주변에서 이런 불안정함을 간파하고 있다는 느낌이 들면 피해자들은 자신의 불안정한 상태를 보이고 싶지 않아 더욱더 삶을 마비시키려 애씁니다. 마치 통증이 다시 살아날 것 같아 두려워 끝없이 모르핀 주사를 투여하는 것처럼요. 따라서 감정이 마비되어버린 무미건조한 삶으로는 결코 진정한 평온함을 누릴 수 없게 됩니다.

•• 트라우마의 고통을
　　피해 삶의 희로애락을 포기하다

　이윤기 감독의 영화 〈여자, 정혜〉 이야기를 하기 위해 다소 장황한 시작이 되었습니다. 이 영화는 98분이라는 짧은 러닝타임에도 서론이 정말 깁니다. 감독의 연출력보다는 주연 배우의 연기력이 돋보이는 영화라 할 것입니다. 김지수는 어린 시절 마음의 상처를 겪고 난 뒤 성인이 되어 무기력한 일상을 보내는 여자 주인공 정혜 역할을 정말 잘 해냈습니다.

　정혜의 삶은 단조로운 일상 그 자체입니다. 우체국에서 일하고 집에 돌아와 혼자 텔레비전 보며 밥을 먹는 그녀의 얼굴 표정은 근육이 마비된 것처럼 변화가 없습니다. 식사 역시 라면 아니면 김밥, TV 프로그램은 홈쇼핑 채널로 고정되어 있습니다. 늘 조용한 그녀가 적극적인 액션을 취하는 유일한 순간은 홈쇼핑에서 물건을 구매할 때뿐입니다. 그것도 물론 '지름신'이고 충동 구매에 가깝습니다. 그녀가 몰입하는 게 몇 가지 더 있기는 합니다. 외로움을 잊기 위해서인지 집안 청소와 화초를 가꾸는 일에 몰두합니다. 그리고 길에서 주워 기르는 고양이에게 맛난 음식을 만들어주는 시간은 그녀가 유일하게 타자와 감정을 나누는 행복한 순간입니다. 하지만 그때 역시 그녀의 표정에는 변화가 없습니다. 실제로 성폭행으로 인해 외부와 단절된 삶을 사는 피해자들 중에는 고양이나 개 등 애완동물에게 집착하고 그들과의 연결감을 갈구하는 경우가 많습니다. 사람을 못 믿으니 동물이라도 믿어보고자 하는 시도일 것입니다. 일상 속의 그녀에게는 행복하다든지, 슬프다든지, 화가 난다든지, 즐겁다든지 하는 감정의 변화가 전혀 없습니다. 아예 그런 감정을 느낄 수 없는 사람처럼 보입니다.

물론 무료하게 반복되는 똑같은 일상 속에서도 아픈 기억을 건드리는 자극이 있기는 합니다. 여러 개의 열쇠가 잠긴 것을 확인하고 겨우 잠이 드는 모습에서 이 여자에게 큰 상처가 있다는 사실을 어렴풋이 짐작할 수 있습니다.

정혜의 직접적인 상처는 엄마의 죽음과 결혼 실패입니다. 하지만 그 근원적인 상처는 청소년기에 친척으로부터 강간을 당한 기억이죠. 발을 핥는 고양이는 엄마가 발톱을 깎아주던 정겨운 오후를 생각나게 하는 그리운 자극이고 병원이라는 공간은 그녀에게 유일한 의지였던 엄마가 죽음을 맞던 때를 떠올리게 만드는 가슴 아픈 자극입니다. 재혼을 알려온 전 남편과의 어색한 만남은 일방적인 성관계로 인해 신혼여행이 이별 여행이 되어버린 기억을 떠올리게 하는 쓰라린 자극이죠. 기분 좋은 자극도, 기분 나쁜 자극도 그녀는 담담하게 회상해냅니다. 얼굴 근육의 미세한 움직임과 불안한 눈망울만 살짝 흔들릴 뿐 대체로 그녀는 덤덤합니다. 말 한 마디, 감정 한 토막도 내비치지 않습니다. 감정을 조금이라도 드러내면 통제할 자신이 없어 아예 감정을 마비시켜 버렸기 때문입니다.

•• 과거의 상처가
또다시 새로운 상처를 낳는 트라우마

정혜의 마비된 듯한 일상에만 초점을 맞추다 보니 영화 속에 궁금한 부분이 많이 생략되어 있다는 느낌을 받게 됩니다. 엄마의 죽음은 그녀에게 어떤 상실의 의미인지, 아버지는 어디에 있고 다른 형제는 왜 없는지 도통 알 수가 없습니다. 15살에 겪은 그녀의 성폭행이 얼마나 지속되었는지, 그로 인해 그녀가 얼마나 괴로웠는지에 대한 구체적인 설명도 없어 그녀의 상처가 어느 정도인지 짐작하기 어렵습니다. 성폭행의 후유증이 남편과의 성관계에 어떤 영향을 주었고, 그래서 신혼 첫날밤의 실랑이로 인해 마치 장난처럼 남편을 떠나갈 수밖에 없었던 그녀의 내면세계에 대한 묘사가 전혀 없습니다. 마초적인 남편이 아내의 입장은 전혀 고려하지 않은 채 즐기려는 듯 다가왔기 때문에 그녀가 도망갈 수밖에 없었던 것처럼 그려졌습니다만, 이는 너무 상투적인 접근이라는 생각이 듭니다. 그녀의 두려움과 고통을 이해하는 데 반드시 필요한 설명이 빠진 탓에 영화는 현재의 그녀가 과거의 상처 때문에 너무나 건조한 삶을 살고 있다는 것만 보여줄 따름입니다.

영화 후반부에 이르러 전개 속도가 빨라지면서 정혜는 갑자기 이해할 수 없는 행동들을 보입니다. 우체국을 자주 드나드는 괜찮은 느낌의 남자에게 다가가 고양이를 보여주겠다며 집으로 식사 초대를 합니다. 그녀는 설레는 맘으로 시장을 보고 밥상을 차려놓고 마치 남편을 기다리듯이 낯선 남자를 기다립니다. 그리고 그 남자가 나타나지 않자 술집으로 향해 전혀 알지 못하는 술 취한 남자를 따라가 함께 모텔에서 이야기를 나누는 그녀의 행동은 정말 이해하기 힘든 모습입니다. 그 남자를 위해 맥주를 더 시키고, 사과를 깎자 손 다칠지도 모른다고 걱정해주고, 울고 있는 그를 안아주고 쓰다듬어주면서 자살할까 걱정이 되어 칼을 치우고 나오는 그녀의 배려는 트라우마 환자가 보여주는 불안정한 태도라고 보기에도 다소 무리가 있습니다. 하지만 그녀의 심리를 아주 이해할 수 없는 것도 아닙니다. 무미건조한 삶을 사는 것 같던 그녀의 내면에도 사실은 인간을, 사랑을, 공감을 절실하게 원하는 또 다른 모습이 숨어 있다는 것을 확인할 수 있으니까요.

정혜의 근원적인 트라우마는 친척에게 당한 어린 시절의 성폭행입니다. 그녀는 이른 새벽에 고양이를 풀어주고는 자신의 삶을 무미건조하게 만든 원초적 가해자, 자기를 성폭행한 친척을 찾아갑니다. 운동을 하던 친척 옆에 한마디 말도 못 하고 앉아 있더니 가방 안에 숨겨둔 칼을 꺼낼까 말까 고민하다가 결국 포기하고 집으로 돌아옵니다. 그 과정에서 그녀는 칼에 손을 베입니다. 지금까지 감정을 거의 드러내지 않던 그녀가 화장실에서 피를 닦으며 거울을 보고 흐느끼는 장면은 이 영화의 클라이맥스라 할 것입니다. 무미건조해 보이던 그녀, 정혜 속의 살아 있는 피, 살아 있는 감정의 끈을 보여주는 장면이니까요.

정혜는 버린 고양이를 다시 찾으러 갔다가 자신을 찾아온 청년(황정민 분)을 만나고 그날 깜빡 잠드는 바람에 약속을 지키지 못했다는 변명을 듣습니다. 괜찮다면 다시 만나자는 청년을 보며 정혜는 혼란스러운 듯 모호한 표정을 짓습니다. 영화는 그렇게 끝이 납니다.

●● 트라우마 후유증으로 삶의 주도권을 포기하다

　트라우마의 피해자들은 감정을 마비시킴으로써 자신들의 삶을 한없이 단조롭고 무미건조하게 만듭니다. 자극이 될지 모를 상황을 피하기 위해 자신의 삶을 철저히 제한하고 똑같은 일상을 반복합니다. 극단적으로 수동적이 되는 것이지요. 미래에 대한 계획이나 삶에서의 주도권을 포기하고 아무 생각 없는 사람처럼 세상을 살아갑니다. 그러나 그러한 수동적이고 무미건조한 삶의 지루한 반복이 결코 그들의 삶을 만족스럽게, 즐겁게, 행복하게 해주지는 못할 겁니다. 아무런 의미를 찾을 수 없고 아무런 행복도 느낄 수 없는 답답한 자신의 삶에 대한 염증도 느끼게 될 것이고, 그럼에도 불구하고 거기서 벗어나지 못하는 자신의 수동성에 대한 혐오감도 점차 더해질 테니까요.
　무미건조한 삶은 트라우마에 대한 해결책이 될 수 없습니다. 트라우마의 영향력을 완화시켜줄 수 있는 긍정적인 경험의 기회, 삶의 새로운 즐거움·기쁨·성취감의 기회를 제한시키기 때문이지요. 다양한 긍정적인 경험들이야말로 트라우마의 진정한 해결책입니다. '감정의 마비'라는 방어기전은 외상 후 스트레스 장애를 겪는 환자에게 일시적인 안정감은 줄 수 있지만 그만큼 트라우마의 영향력을 더 길게 지속시킨다는 점에서 '양날의 칼'인 셈입니다.
　2008년 우리나라 여성부 실태 조사에 의하면 성폭력 피해자들의 신고율은 고작 2.3%라고 합니다. 여전히 성폭력의 피해자인 여성이나 아동들은 자신들이 받은 트라우마를 다른 사람에게 알려 도움을 받고 가해자를 잡을 수 있다는 것을 믿지 못하고 있습니다. 오히려 그 과정에서 또 다른 상처를 받아 더욱더 위축될 수 있기에 그들은 자신들이 겪은 트라우마를 가슴속에 담아두려 합니다. 그러나 사실 이는 가해자가 가장 원하는 일입니다. 잊고 없었던 일인 척해주면 가해자는 처벌을 받지 않아도 되니까요. 피해자들이 가만히 있어준다면 "뭐, 죽지도 않았고 크게 다치지도 않았는데……"라고 생각하기가 훨씬 쉬울 것입니다. 그 결과 성폭력의 피해와 고통은 별게 아닌 것처럼 인식되어버립니다.

하지만 폭력에 의해 강제적으로 성행위가 이루어진다고 하는 트라우마는 그 어떤 트라우마보다도 인간의 존재감이나 인격에 치명적인 영향을 줄 수 있다는 것을 알아야 합니다. 성폭력은 신체의 경계를 일방적인 폭력에 의해 침범당하는 것을 의미하니까요. 다른 외상 사건의 피해자들과 마찬가지로 많은 성폭력 피해자들은 정서적으로 우울하고 늘 불안해하며 자주 악몽을 꾸고 불면증을 호소합니다. 자신의 몸이 더럽혀졌고 무가치한 존재라고 느껴서 더 이상 살 희망이 없다고 생각하면서 심한 무기력 상태에 빠지게 됩니다. 한동안은 남자를 극도로 두려워하여 이성 친구 사귀는 것을 피하게 되고, 성적인 피해 장면을 연상시키는 사건이나 장면에 놀라거나 불쾌해하는 민감한 반응을 보이기도 합니다. 하루에도 몇 번씩 자신의 몸을 씻는 강박적 행동을 보이며 피해자임에도 불구하고 죄의식과 자책감에 시달립니다. 심지어는 자신이 부주의해서 그런 일을 당했다고 생각하고 수치스럽게 여기기도 합니다. 그러다 보니 자신이 당한 일을 가까운 사람에게도 말하지 못하고 숨기는 경우가 많습니다. 용기를 내어 자신이 당한 일을 말하였다가 오히려 주변 사람들에게 야단을 맞거나 비난을 받아 이차적으로 더 심각한 상처를 받기도 하지요. 특히 어린 시절에 성폭력을 당한 경우는 그 피해가 훨씬 더 심하고 장기적인 영향을 미치게 됩니다. 이를 해결하기 위해서는 스스로 위축될 수 있는 환경을 피하고 건강하며 긍정적인 활동을 많이 해야 합니다. 주변 사람들과의 건전한 접촉을 두려워하지 말고 대인 관계에서 폐쇄적인 태도를 버리는 것도 중요합니다.

성폭행 피해자의
트라우마 증상

성폭행으로 인한 외상 후 스트레스 장애의 가장 큰 특징은 과도각성hyper-arousal; 정상보다 민감하게 반응하여 불안, 분노, 공포 감정에 압도되고 심장박동과 호흡이 빨라지는 현상과 과소각성hypo-arousal; 정상적으로 있어야 할 반응이 없어지거나 둔감해지는 것으로 감정의 기복이 없고 심장박동이나 호흡도 밋밋한 현상의 교차와 반복입니다. 한마디로 감정의 기복이 심하다는 이야기지요. 어떤 환자 분 표현을 빌자면 낮에는 멍하게 밋밋하게 지내는데 성폭행을 당한 저녁 9시가 가까워오면 가슴이 뛰고 불안해지고 쉽게 흥분하게 된다고 합니다. 아주 신경이 예민해져서 늦게까지 잠도 못 자고, 겨우 자게 되면 악몽에 시달리다가 아침에 일어나서는 다시 아주 멍한 상태가 된다고 합니다. 낮과 밤의 감정의 상태가 아주 극단적으로 변화하지요.

다음은 성폭력 피해자들이 갖게 되는 전형적인 왜곡된 생각들인데 이러한 생각들에서 벗어나지 못해 자신의 고통을 더욱 크게 만드는 경우가 많습니다.

'성적인 피해를 당한 것은 내 책임이다.'
'가해자가 나를 사랑했기에 성관계를 가졌지 나를 성폭행한 것이 아니다.'
'모든 남성은 도둑놈들이다. 남자들을 믿을 수 없다.'
'나는 순결을 잃었으니 살 만한 가치가 없다.'
'이 세상에는 아무도 나를 도와주는 사람이 없다.'

또한 성폭력의 피해자들은 결혼을 하고 난 뒤에도 성 혐오 반응과 기피 행동을 보이거나 불감증, 성행위에서의 심한 고통을 호소하는 등 여러 가지 문제가 많이 나타납니다. 그들은 고통스러운 감정을 달래기 위해 충동적으로 폭식을 하거나 알코올 중독에 빠지고 약물을 남용하는 경우도 많이 있습니다. 성폭력의 피해자들은 누구에게도 자신의 고통을 알리지 못한 채 스스로 증상을 떠안고 절망과 우울 속에 살아갑니다. 우리 사회가 그들의 고통을 외면하는 것은 결국 가해자가 자신의 죄를 은폐하고자 하는 것과 다를 바가 없습니다. 편견을 버리고 성폭행 범죄의 피해자들에 대한 사회적인 인식을 바꾸어나가는 것이 무엇보다 중요한 일이라 할 것입니다.

02
트라우마는 사람의 성격을 근본적으로 변화시킨다

브레이브 원

원제 : 'Brave One', 2007년 10월 개봉, 미국, 닐 조던 감독,
조디 포스터(에리카 베인)·테렌스 하워드(숀 형사) 주연, 122분

어렸을 적 우리는 엄마 품에서 엄마의 미소를 보며 세상은 안전하고 믿을 만하다는 생각, 사랑받고 보호받고 있다는 느낌, 나는 가치 있는 존재라는 긍정적인 자아감을 습득하게 됩니다. 이렇게 생애 초기에 습득한 기본적인 신뢰감은 평생을 통해 유지되며 이것이 사랑, 우정, 공동체 의식, 정의, 질서, 신을 믿는 마음 같은 기본적인 감정들의 바탕이 되지요. 이런 가치들이 쌓이면 인간과 세상 그리고 삶의 의미에 대한 긍정적인 믿음이 생겨납니다. 또한 커다란 스트레스나 위기에 직면하게 되었을 때 이러한 신뢰감은 그것을 극복할 수 있는 원동력이 되지

요. 이처럼 유년 시기에 형성된 기본적인 신뢰감은 전 생애에 걸쳐 한 사람의 성격 형성 과정에 커다란 영향을 미칩니다.

●● 건강한 자아도 끔찍한 트라우마를 겪으면 손상된다

강력한 트라우마는 세상이 안전하고 믿을 만하며 올바른 질서와 의미가 존재한다고 하는 기본적인 신뢰감을 한순간에 철저히 파괴합니다. 이는 그 외상 사건 자체가 특별하기 때문입니다. 여기서 특별하다는 말은 드물게 발생하기 때문에 특별하다는 것이 아니라 평범한 인간이 적응할 수 있는 능력을 압도한다는 점에서 특별하다는 뜻입니다.

아무리 과거에 부모와 좋은 관계를 가졌고 세상에 대한 근본적인 신뢰감을 갖고 있던 사람이라 할지라도 트라우마에 의해 기본적인 신뢰감이 무너지면 인격에 급격한 변화를 겪게 되면서 정신적 방황과 극도의 혼란을 경험하게 됩니다. 원래의 자신과 단절되고, 믿어왔던 세상과 단절되고, 자연과 신의 질서와도 단절이 됩니다. 가족, 우정, 사랑, 공동체에 대한 애착이 차례로 깨지면서 최종적으로는 기본적인 가치관과 도덕관마저 붕괴됩니다. 이러한 가치관이나 믿음의 변화는 결국 피해자의 성격을 변화시킵니다. 무엇보다 끔찍한 사실은 트라우마로 인해 손상된 성격은 원래로 돌아가기가 어렵다는 점입니다.

•• 사고와 폭력으로 가득한 일상 속의 트라우마

이번에 소개할 영화는 2007년 가을, 미국 개봉 시 우리 영화 〈디 워〉와 맞짱을 떴던 영화 〈브레이브 원〉입니다. 〈크라잉 게임〉의 감독 닐 조던과 할리우드의 대표적인 지성파 여배우 조디 포스터가 만나 화제가 되었던 작품으로서 당시 흥행에서는 〈디 워〉를 압도했지요. 이 영화는 트라우마로 인해 손상된 한 사람의 자아가 어떻게 변질되고 황폐화되어 가는지를 잘 보여주고 있습니다. 사회적으로 안정된 삶을 살던 한 여인이 일순간에 겪은 트라우마로 인해 세상에 대한 믿음을 상실하고 고통으로 인해 서서히 인격이 바뀌어가는 모습을 리얼하게 그리고 있습니다.

에리카 베인(조디 포스터 분)은 뉴욕의 인기 라디오 방송 진행자입니다. 사회적으로도 성공하고 사랑하는 사람과의 결혼을 앞둔 행복한 여자 주인공의 삶은 그러나 한순간에 산산조각이 납니다. 행복한 결혼 생활을 꿈꾸며 남자 친구와 공원을 산책하다가 깡패를 만나 아주 잔인한 폭행을 당한 것이지요. 본인도 폭행을 당해 정신을 잃고 쓰러졌는데 혼수상태에서 깨어나 보니 이미 3주의 시간이 흘러 있었고, 남자 친구는 그 폭행 사건으로 어처구니없이 죽음을 당해 화장까지 마친 상태였습니다. 너무도 끔찍한 트라우마가 그녀의 삶을 송두리째 뒤흔들어 놓은 것이죠. 이후 그녀는 전형적인 '외상 후 스트레스 장애' 증상들을 겪습니다.

남자 친구와의 달콤했던 과거를 그리워했다가, 폭행당했던 공포스러웠던 순간의 플래시백에 시달리기도 하고, 폐쇄된 공간에서는 가슴이 두근거리는 두려움을 느낍니다. 또 길을 걸을 때는 뒤에서 누군가 쫓아오는 것 같은 피해의식에 시달리고, 그래서 밖에 나가지도 못하고 집안에서만 지내다가 불면증에 시달립니다. 누가 집안으로 침입하지는 않을까 하는 걱정에 다시 과도하게 예민해집니다. 너무 고통스러워 찾아간 경찰서에서 경찰들은 너무나 사무적이고 무책임한 태도로 그녀를 대합니다. 뉴욕이라는 도시에서는 폭력과 살인이 일상화되어 있기 때문이지요. 뉴욕뿐 아니라 현대의 대도시에서는 누구도 신문 지상을 장식하는 사건, 사고에 관심이 없습니다. 그녀가 겪은 끔찍한 사건은 매일 벌어지는 수많은 사건과 사고 중의 하나일 뿐, 그 누구의 관심사도 아닌 거지요. 당연히 누구도 그녀의 고통에 관심을 가져주지 않고, 해결해주려고 하지도 않습니다. 경찰의 무성의한 태도에 화가 난 그녀는 그냥 경찰서를 나와버립니다. 이 세상에서 완전히 혼자가 된 듯한 절대적인 고독감과 단절감을 느낀 그녀는 무작정 거리를 헤맵니다. 그러다가 무슨 이유인지 갑자기 총을 구입합니다.

•• 선과 악의 경계를 넘나드는 다중인격

그녀는 밤에 우연히 들어간 슈퍼마켓에서 흥분한 남자가 홧김에 자신의 아내를 총으로 쏴 죽이는 장면을 목격합니다. 그리고 목격자가 있다는 것을 안 그가 다가오자 엉겁결에 먼저 총을 쏘아 그 남자를 쓰러

뜨립니다. 살인을 한 것입니다. 평소의 그녀라면 상상조차 할 수 없는 일을 저지르고 만 것이죠. 사람을 죽였다는 죄책감과 두려움에 시달리면서도 그녀의 내면에서는 다음과 같은 목소리가 들립니다.

"참으로 놀라운 일이다. 무감각하면서도 명확하다. 내 안에 다른 누군가가 있는 것 같다. 잠시도 쉬지 않고 그 누군가가 계속 걷고, 계속 먹고, 계속 살아 있다. 다른 내가 계속 살아 있는 것이다."

그녀의 내면에서는 도대체 어떤 변화가 일어난 것일까요? 그녀가 겪은 끔찍한 트라우마는 그녀의 자아를 분열시킨 것 같습니다. 주변을 두려워하고 상실을 아파하는 자아, 세상에 대한 분노로 가득 차 세상을 응징하려는 자아, 이렇게 두 개의 자아로 말이죠. 낮에는 평상시처럼 라디오 프로그램을 진행하고 밤에는 총을 들고 나가 범죄자들을 처단하고, 그녀의 삶은 완전히 상반된 모습으로 흘러갑니다. 착하게 살던 예전의 인격으로 있으면 트라우마로 인한 상실감과 공포심이 너무나 컸기 때문에 그런 나약한 인격 대신 악이 들끓는 세상을 향해 복수를 해줄 새로운 인격이 그녀에게는 필요했던 것입니다. 일상생활을 하는 인격, 잔혹한 살인을 하는 인격. 이처럼 해리된 두 개의 인격은 시간과 상황에 따라 각각의 역할을 하지만, 통합된 것이 아니므로 여전히 불안정합니다. 그래서 내가 내가 아닌 것 같은 이인감과 현실이 현실 같지 않은 비현실감이 늘 그녀를 따라다닙니다.

이러한 해리 현상은 끔찍한 트라우마로 인해 생긴 불안, 공포, 두려움, 분노의 감정에 압도될 때 일어납니다. 지킬 박사와 하이드같이 완전히 다른 두 개의 인격으로 분열된 뒤 다른 인격이 한 행동을 전혀 기억하지 못하는 것을 다중인격이라고 하는데, 이는 가장 극단적인 해리 상태에 해당됩니다.

•• 트라우마로 겪는 자아 분열

이러한 피해자들이 결국 받아들여야 할 사실이 있습니다. 한참 전에 벌어진 일을 잊고 이제 현재 자신의 삶에 집중해야 한다는 것이지요. 그러나 대부분의 트라우마 피해자들의 내면에는 가해자에 의해 황폐해져버린 삶에 대한 분노와 원망이 남아 있기 때문에 이 사실을 받아들이기가 쉽지 않습니다. 자신에게 일어난 고통스러운 변화와 상실을 받아들이기 힘든 것이지요. 아무리 회복된다고 하더라도 트라우마를 경험하기 이전의 상태나 모습으로 완벽하게 돌아가는 게 불가능하다는 사실이 그들에게는 너무나 고통스러운 것입니다. 잃어버린 시간을 되돌릴 수도 없고, 죽은 사람이 살아 돌아올 수도 없고, 잃어버린 다리가 다시 생겨날 수도 없고, 보이지 않게 된 눈이 다시 보이게 될 수도 없는 것이니까요.

원하지 않은 변화와 상실을 겪게 만든 가해자에 대한 미움과 복수심이 충분히 표현되어 어느 정도 가라앉는 과정이 필요한지도 모르겠습니다. 꿈속에서나 상상 속에서라도 가해자들에게 화를 표현하고 그들로부터 진심 어린 사과를 받아내야 피해자들의 마음이 가라앉을 것입니다. 이런 과정을 통해 트라우마로 인한 상실과 분노가 더 이상 그들의 삶의 중심에 있지 않게 될 때 피해자들은 비로소 트라우마 이전의 자신과 트라우마 이후의 자신을 통합할 수 있게 되는 것입니다.

"지나간 일인데 어쩌겠어? 이제부터의 삶이 중요하잖아"라는 말보다는 "그 분하고 억울한 마음을 어떻게 풀어볼까?" 하는 말이야말로 이런 피해자들에게 먼저 필요한 위로의 말일 것입니다.

자기 점검, 나도 트라우마 환자일까?

"어제 나 청담동 나갔다가 완전 트라우마 받았다. 어린애들이 어떻게 그렇게 명품으로 온몸을 치장하고 다니나 몰라."

"그까짓 거 잊어버려! 여자가 이 세상에 하나뿐이냐?"

오늘날 트라우마psychological trauma, 심리적 외상, 마음의 상처 등의 용어들은 많은 사람들에 의해 여러 의미로 쓰이고 있습니다. 그러다 보니 원래의 의미가 많이 퇴색되어 많은 사람들이 정확한 이해 없이 이러한 용어들을 쓰고 있는 것 같습니다. 그래서 어떤 때는 충격을 준 사건을 말할 때 쓰이도 하고, 어떤 때는 그 사건으로 인해 생긴 반응을 말할 때 쓰이도 합니다. 하지만 원래 트라우마라고 하는 말은 사람에게 심리적 충격을 준 사건 그 자체를 의미하는 것이지 그 사건으로 인해 생긴 반응을 의미하는 것은 아닙니다.

한 개인의 정신 건강 측면에서 고려하자면, 엄밀한 의미에서 심리적 충격을 준 사건 그 자체보다는 그 사건으로 생겨난 반응인 후유증이 더 중요합니다. 예를 들어 초등학생인 여자아이가 낯선 남자에게 끌려가 강제로 성폭행을 당할 뻔한 사건에 대해 생각해봅시다. 여자아이를 으슥한 장소로 끌고 간 남자는 자신의 성기를 보이면서 그것을 만지지 않으면 집에 보내주지 않겠다고 위협합니다. 그 절박한 상황에서 여자아이는 그 남자의 손을 물고 남자가 아파하는 사이 재빨리 그곳에서 도망쳐 나옵니다. 집으로 돌아온 여자아이는 엄마에게 모든 것을 이야기하고 엄마

품에 안겨 울다가 겨우 잠이 듭니다. 그리고 아이의 엄마는 경찰서에 신고하여 그 낯선 남자를 잡게 됩니다.

그 사건 이후 몇 년간 여자아이는 성기에 대한 혐오감을 때때로 느꼈으며, 낯선 성인 남자를 반사적으로 무서워하고 피했습니다. 그러나 나이가 들면서 이런 증상들은 자연스럽게 사라졌고 성인이 되어 남자를 사랑하게 되고 난 뒤부터는 이성에 대한 경계심, 성에 대한 두려움이나 혐오감 같은 것은 전혀 문제가 되지 않았습니다. 그녀는 남편을 온전히 사랑하고 신뢰하였으며 결혼 생활을 하는 데도 전혀 어려움이 없었습니다.

이 경우 그녀의 어린 시절에 있었던 사건 그 자체는 어린 여자아이에게 위협적이고 두려웠던 트라우마라고 할 수 있습니다. 그러나 성장하는 과정에서 이 기억은 그녀의 기억 신경망 안에서 자연스럽게 통합 처리되어 성인이 된 그녀에게는 별다른 영향을 미치지 못하게 된 것이죠. 다행스럽게도 어린 시절의 사건이 트라우마의 기억으로 남아 있지는 않게 된 것입니다. 그래서 현재 성인이 된 그녀는 과거의 그 사건에 대해 별다른 반응(후유증)을 보이지 않게 된 것입니다.

이번에는 어린 시절 아버지가 엄마를 심하게 때려 엄마가 코피 흘리는 것을 옆에서 지켜본 사건에 대해 생각해보지요. 이런 사건을 경험한 여자아이는 비록 자신이 직접 맞지는 않았지만 아버지의 폭력적인 모습에 강한 공포심과 두려움을 느꼈습니다. 엄마가 맞고 피를 흘리는 모습을 보면서 자신이 아무것도 할 수 없다는 무기력감을 강하게 느꼈을 것입니다. 또한 아버지, 어머니와 함께 살면서 그러한 폭력이 또 일어날지 모른다는 두려움 때문에 아버지를 경계하고 자랐을 것입니다. 이 여자아이는 어른이 되어서도 남자들을 무서워하고 잘 신뢰하지 못해 남자를 사귀지 못했습니다. 그러다 나이가 들어 어쩔 수 없이 나간 맞선에서 매우 순해 보이는 남자와 만나 결혼을 하게 되었는데, 운 나쁘게도 이 남자는 술버릇이 매우 나빴습니다. 이 남자는 술에 취해 그녀에게 폭언을 하거나 물건을 던지거나 하는 행동을 자주 보였습니다. 그녀는 이 남자가 집에 돌아오는 시간이 되면 가슴이 뛰고 안절부절못했으며 잠을 잘 수도 없었습니다. 그녀의 불안 증상은 날이 갈수록 심해져갔지요. 남편이 조금만 화를 내거나 소리를 질러도 어린 시절 느꼈던 강한 공포에 휩싸여 꼼짝도 할 수 없었으며, 그저 남편의 눈치만 보며 사는 무기력한 결혼생활을 해나갔습니다. 이 경우 그녀의 어린 시절 경험은 그녀에게 트라우마의 기억으로 저장되어 성인이 되어서도 커다란 영향을 미치고 있었던 것입니다. 그래서 어린 시절부터 두려움의 대상이었던 아버지뿐만 아니라 아버지와 비슷한 성향의 남자들을 피하기 급급했던 것이죠. 그리고 남편에게서 아버지와 비슷한 폭력성을 느끼게 될 때마다 그녀의 트라우마 기억을 저장하고 있는 신경 회로가 활성화되어 과거에 느꼈던 두려움과 공포감 그리고 불안감이 고스란히 되살아났던 것입니다. 어린 시절 경험한 외상 사건의 후유증으로 어른이 되어서까지도 계속 고통을 받고 있었던 것입니다.

위의 두 예는 모두 과거에 트라우마를 경험했지만 한 사람은 트라우마의 영향에서 벗어난 경우이고, 다른 한 사람은 현재에도 여전히 과거의 트라우마의 영향을 받고 있는 경우입니다. 이 두 사람이 트라우마의 경험으로부터 영향을 받고 있는 차이를 이해하는 것이 중요합니다.

트라우마를 경험한 많은 사람들은 자신들이 트라우마의 후유증으로 고통을 받고 있다는 것을 잘 인식하지 못하는 경우가 많습니다. 그래서 이유도 모른 채 그냥 자신이 마음이 약해서 힘들어한다고 생각하며 지냅니다. 그러나 트라우마로 인한 후유증으로 인해 고통을 받는 경우는 마음이 약한 것과는 전혀 다릅니다. 이것은 트라우마의 기억이 뇌의 신경 회로에서 통합 처리되지 않아 나타나는 증상인 것입니다. 자신이 지금 겪는 심리적 고통이 과거에 경험한 트라우마의 영향인지 아닌지를 이해하는 것은 매우 중요합니다.

다음의 사건 충격 척도는 당신이 어떤 사건을 경험하고 난 뒤에 그 사건으로 인해 얼마나 많은 영향을 받고 있는지를 알아볼 수 있는 척도입니다. 자신이 어떤 충격적인 트라우마를 경험했다고 생각된다면 한번 체크해보시기 바랍니다.

● **트라우마 지수 체크 리스트**

지시 사항: 아래의 문항들은 삶에서 충격적인 사건을 경험했을 때 생길 수 있는 문제들의 목록입니다. 자신이 겪은 어떤 사건의 영향으로 최근 7일 동안 아래의 문제들 때문에 얼마나 고통받았고 시달렸는지 3단계(문제 전혀 아님, 조금 보통, 상당히 아주 심함)로 표시하십시오.(당신이 경험한 충격적인 사건은 아주 오래전에 일어난 사건일 수도 있고, 아주 최근에 일어난 사건일 수도 있습니다.)

01. 그 사건을 생각나게 하는 것들이 그 사건에 대한 감정을 다시 불러일으켰다.
02. 숙면을 취하는 데 어려움이 있다.
03. 다른 일들이 그 사건을 계속 생각하게 했다.
04. 안절부절못하고 화가 났다.
05. 그 사건이 생각나거나 떠오르면 기분이 상할 것 같아 회피하였다.
06. 의도하지 않아도 그 사건에 대한 생각이 들었다.
07. 경험한 사건이 과거에 일어나지 않았거나 혹은 사실이 아닌 것처럼 느껴진다.
08. 그 사건을 떠오르게 하는 것들을 피했다.
09. 그 사건에 대한 장면이 내 마음속에 문득 떠올랐다.
10. 쉽게 예민해지고 잘 놀랐다.
11. 그 사건에 대해 생각하지 않으려고 노력했다.
12. 여전히 그 사건에 대해서 복잡한 감정이 많다는 것을 알지만 그것들을 다루고 싶지 않았다.
13. 그 사건에 대한 나의 감정은 일종의 무감각 상태였다.
14. 사건 당시로 돌아간 것같이 행동하거나 느끼는 내 자신을 발견했다.
15. 잠들기가 힘들었다.
16. 그 사건에 대해서 요동치는 강렬한 감정을 경험했다.

17. 내 기억에서 그 사건을 지우려 노력했다.

18. 주의 집중이 잘 안 되었다.

19. 그 사건을 생각하면 땀이 나거나, 숨쉬기가 힘들거나, 속이 울렁거리거나, 심장이 빨리 뛰거나 하는 등의 신체 반응이 일어났다.

20. 그 사건에 관한 꿈을 꿨다.

21. 나는 주위에 대해 조심스럽고 경계하게 되었다.

22. 그 사건에 대해 이야기하지 않으려고 노력했다.

침습 하위 척도 – 1, 2, 3, 6, 9, 16, 20
회피 하위 척도 – 5, 7, 8, 11, 12, 13, 17, 22
과도각성 하위 척도 – 4, 10, 14, 15, 18, 19, 21

03
외상 후 스트레스 장애의 원형, 전쟁 공포증

람보

원제 : 'First Blood', 1983년 6월 개봉, 미국, 테드 코체프 감독,
실베스터 스탤론(존 람보) 주연, 97분

한 조사 결과에 의하면 아프간 전쟁과 이라크 전쟁에 참전했던 미국 군인들이 자살이나 살인 사건을 일으킬 확률은 전쟁터에 가지 않았던 일반 군인들보다 거의 두 배 가까이나 높았다고 합니다. 그들은 대개 군대에 가기 전에 특별한 전과가 없었던 평범한 군인들이었는데도 전쟁에 수년간 참전했다 돌아와서는 쉽게 흥분하거나 난폭해졌으며 주변 사람들과의 관계에 실패하고 사회 적응에도 어려움이 많았다고 합니다. 그들의 가족들은 그들에 대해 "사람이 달라져서 돌아왔다"고 증언했습니다. 가족들에 의하면 그들은 늘 긴장하고 편안하게 잠을 자지

못하는 경우가 많고, 차고에서 쭈그리고 누워 자거나 군대 비상식량을 먹기도 했다고 합니다. 가족에게도 화를 자주 내고 집에서도 늘 총기를 휴대하고 알코올이나 마약에 취하는 일이 잦았다고도 합니다. 가족들도 늘 긴장하고 불안해할 수밖에 없었습니다. 가족들의 진술을 잘 살펴보면 자살이나 살인을 했던 많은 참전 용사들은 대부분 '외상 후 스트레스 장애'를 겪고 있었던 것을 알 수 있습니다. 매 순간순간이 긴장과 공포, 두려움인 전쟁에 아무렇지도 않게 익숙해진다는 것은 아무리 용감하고 영웅적인 사람에게도 어려운 일이지요.

•• 용감한 군인에게 남은 전쟁의 훈장, 트라우마

전쟁에 참전했다고 모두가 외상 후 스트레스 장애를 겪는 것은 아니지만, 끔찍한 전투에 장시간 노출되었고 잔인한 죽음의 장면을 자주 목격했다면 정신적으로 건강한 사람이라 할지라도 외상 후 스트레스 장애에 걸릴 확률이 높아집니다. 아무리 정신력이 강한 군인이라도 전쟁터에서 200일에서 240일을 계속해서 지내게 되면 외상 후 스트레스 장애가 생겨날 수 있다는 연구 결과도 있습니다. 전쟁터에서 총알과 파편으로 인해 육체적 상처를 입는 것과 마찬가지로 많은 군인들이 엄청난 정신적 충격shock의 파편으로 인해 정신적인 상처를 받아, 결국 외상 후 스트레스 장애를 겪게 되는 것입니다.

영화〈람보〉는 얼핏 보기에는 액션 영화인 것처럼 보이지만 주의 깊게 보면 외상 후 스트레스 장애에 시달리는 참전 용사의 모습을 보여주는 평화주의 영화입니다. 전쟁의 후유증으로 인한 고립감과 외로움에 시달리는 람보에게 주위 사람들이 보여주는 무관심과 거절, 비난과 거부는 람보의 폭력성의 뇌관을 건드리는 꼴이 되죠. 마지막 장면에서 울부짖는 람보의 모습은 전쟁에서의 자신의 행동이 영웅적이고 명분이 있는 행위였는지, 아니면 불명예스럽고 아무 의미 없는 행위였는지 몰라 끝없이 혼란스러워하는 참전 군인들의 내면의 갈등과 방황을 집약적으로 보여줍니다.

•• 명분 없는 전쟁, 수만 명의 트라우마 환자를 낳다

역사상 참전 군인들에게 가장 심한 정신적 고통을 준 전쟁은 베트남 전쟁이라고 합니다. 전쟁에 참가했던 사람들의 회고록에 따르면 피부를 찌르듯이 작렬하는 태양과 들끓는 거머리 때문에 누구라도 정글 속에서 한 달만 있으면 정신병에 걸릴 정도였다고 하더군요. 또 한 가지 이 전쟁이 고통스러웠던 이유는 명분 없는 전쟁 속에서 상대방 적군이 아닌 베트남 인민 전체와 비정규전을 치러야 했기 때문입니다. 베트남 전통 복장인 치앙마이를 입은 여성들이 웃으며 다가와 자동소총을 갈기고 가고, 천진난만한 꼬마 애들이 기지에 뛰어 들어와 수류탄을 던지고 가는 일들이 비일비재했습니다. 적이 누군지 모르고 전 국민과 싸워야 했다는 점에서 최근의 이라크 전쟁과 유사한 형태입니다. 극단적인 공포심을 느낀 군인들이 양민 학살을 저질렀던 것 역시 너무도 흡사합니다.

실베스터 스탤론이 주연한 영화 〈람보〉는 전쟁 트라우마에 관한 가장 고전적인 영화 중 하나입니다. 스탤론은 한 인터뷰에서 자신의 인생의 절반은 록키였고 나머지 절반은 람보였다는 말을 남겼을 정도로 람보는 스탤론의 분신과도 같은 존재입니다. 80년대 람보의 인기는 정말 대단했습니다. 당시 군사 정권과 주류 언론은 이 영화를 반공 영화로 생각하고 흥행을 적극적으로 지원했는데 이 영화의 본질은 반공 영화라기보다는 전쟁이 가져온 상처를 고발하는 반전 영화에 가까웠지요.

그린베레 출신의 월남전 참전 용사 존 람보(실베스터 스탤론 분)는 월남에서 돌아와 전우가 사는 록키 산맥의 어느 한적한 시골 마을을 찾습니다만 친구는 이미 암으로 죽었다는 소식을 듣습니다. 친구가 죽었다는 소식에 람보는 곧 침울해집니다. 허탈한 마음에 길을 걸어가는데 마을 보안관 윌 티즐(브라이언 데니히 분)은 그를 거리의 부랑자쯤으로 생각하고 마을에서 쫓아내려 합니다. 람보는 특유의 무뚝뚝함으로 별다른 대꾸를 하지 않으면서도 보안관의 말에 순순히 응하지 않고 자기가 가고 싶은 곳으로 향합니다. 그러자 보안관 윌은 경찰에게 반항했다는 죄를 씌워 람보를 체포하고 조사하려 합니다. 그런데 전쟁 당시 포로수용소에서 당한 고문의 악몽에서 벗어나지 못한 람보는 자신을 난폭하게 다루는 경찰들로 인해 옛 기억을 떠올리고는 흥분하기 시작합니다. 경찰서 지하 창문의 창살, 면도를 해주겠다며 면도칼을 들고 다가오는 경찰, 이러한 상황은 모두 그가 베트남 전쟁에서 포로로 잡

혀 고문을 받았던 옛 기억을 플래시백처럼 아주 생생하게 떠오르게 했습니다. 그래서 그는 마치 베트남에서 탈출했던 것과 똑같이 필사적으로 도망가려는 반응을 보이게 됩니다. 여기서 잡히면 베트남에서처럼 똑같이 비인간적인 대우와 끔찍한 고문 그리고 처참한 죽음을 당할지도 모른다는 두려움에 휩싸이면서 그는 자기를 잡으러 오는 경찰에게 필사적으로 대항해 폭행하고 경찰서를 때려 부순 다음 탈출에 성공합니다.

추적을 피해 산속으로 숨어든 람보는 월남전에서 배운 게릴라 전술로 경찰과 대치합니다. 경찰과 범인이 산속에서 쫓고 쫓기는 추격전을 벌이고 있는데 람보는 이 상황을 정글에서 베트콩과 치열한 게릴라전을 하는 상황으로 인식합니다. 경찰 헬기의 공격을 받은 람보는 결국 큰 부상을 입지만 추격을 따돌리고 도망치는데, 그 과정에서 헬기에 타고 있던 경찰 한 명이 죽게 됩니다. 동료를 잃은 경찰들은 람보를 잡기 위해 혈안이 되어 숲으로 숨어 들어간 람보를 추적하지만 그의 교묘한 전술에 말려 오히려 피해만 커집니다. 경찰의 추격이 위협적이 되면 될수록 그의 생존 본능과 공격 본능은 점점 더 활성화되어 전투는 치열해졌기 때문입니다. 경찰들의 부상이 속출하고 사태가 전쟁이라도 터진 것처럼 걷잡을 수 없이 커지자 지방 경찰 기동대와 주 경비대는 주변 도로를 모두 차단하고, 신문과 방송 등 매스컴은 이 사건을 취재하기 위해 몰려듭니다. 보잘 것 없는 부랑자인 줄 알고 건드렸는데 마치 잠자는 사자의 코털을 건드린 꼴이 되어 쩔쩔매고 있는 보안관 월에게 월남에서 람보의 직속 상관이었던 새뮤얼 트로트먼 대령이 찾아옵니다.

그는 보안관에게 람보가 매우 위험한 인간 병기와도 같으니 무조건 공격만 하지 말고 잘 달래고 설득해야 한다고 알려줍니다.

그러나 그러한 대령의 만류에도 불구하고 주 경비대와 경찰은 람보를 포위한 뒤 무차별한 포탄 공격을 퍼붓습니다. 그런데 포탄 공격에서 가까스로 살아남은 람보는 더 이상 도망가지 않습니다. 그는 혼자서 경비대와 경찰을 대상으로 전면전을 벌입니다. 트럭을 탈취한 다음 마을을 습격하여 쑥대밭을 만들어놓죠. 통제력을 잃을 정도로 분노한 그는 살벌했던 베트남 전쟁터에서도 살아남은 살인 기계 람보로 바뀌었던 겁니다. 마침내 경찰서를 습격해 자신을 괴롭힌 보안관 윌을 쓰러뜨리려는 순간 대령이 나타나 람보를 만류합니다.

◆● 최고의 전쟁 영웅이 최악의 살인마로 바뀐 이유

극도로 흥분해 금방이라도 사람을 해칠 것 같았던 람보였지만 대령 앞에서는 전쟁터에서의 두려움, 동료를 한순간에 잃어버린 공포, 아무도 없다는 외로움, 아무것도 남은 것이 없다는 허무함을 토로하며 마치 어린애처럼 울기 시작합니다. 이 마지막 장면은 람보가 단순한 액션 폭력 영화가 아니라 전쟁의 후유증으로 고통받는 인간의 심리를 잘 묘사한 심리 영화로 자리매김하게 만듭니다. 고통으로 울부짖는 그는 전쟁으로 인한 외상 후 스트레스 장애에 시달리는 가여운 인간이었을 뿐이지요. 그의 절규는 그가 전쟁으로 인한 외상 후 스트레스 장애로 인해 현실 사회에 적응하는 데 큰 어려움을 겪고 있다는 것을 잘 보여줍니다. 지금 그에게 우리가 무엇을 해주어야 하는지도 알 수 있게 합니다.

"혼자서 전쟁을 계속하려는 건가, 작전은 끝났다. 이젠 끝났어."

"끝난 것은 아무것도 없어요. 난 전쟁에서 이겨서 돌아왔습니다. 하지만 그건 누구의 승리도 아닙니다. 모두 날 살인자로 보는 것 같아요. 대체 누가 날 보호해줄 수 있습니까? 아무도 없습니다. 난 얘기를 하고 싶습니다. 친구가 필요합니다."

1970년대 미국에서는 베트남전 참전 군인들을 잔인한 살인자 정도로 생각하는 분위기가 사회 전반에 퍼져 있었습니다. 미디어가 발전하면서 베트남전의 적나라한 실상이 그대로 드러나고 60년대 후반과 70년대에 걸쳐 반전과 평화가 시대정신으로 떠오르면서 베트남전은 물론 베트남전에 참전했던 군인들까지 부정적으로 보는 견해가 지배적이었던 것입니다. 어떻게 보면 가장 큰 희생자일 수 있는 참전 군인들은 본국에 돌아와서도 주위로부터 그리 환영받지 못하고 차가운 냉대만 받았던 것이지요. 주위 사람들이 그들을 경원시하자 외로움과 단절감 그리고 피해의식에 빠지게 된 그들은 술과 마약에 찌들어가면서 점점 사회 문제의 중심이 되어갔습니다.

람보는 미국 최고의 군인이고 전쟁터에서 훌륭한 업적을 남겼습니다. 하지만 전쟁이 끝나고 고향으로 돌아왔을 때 그의 내면에서는 여전히 전쟁이 계속되고 있었습니다. 외상 후 스트레스 장애가 주는 고통과 끝없이 싸워야 하는 전쟁, 그리고 자신들을 그리 반기지 않는 낯선 현실 세상에 적응해가는 전쟁. 정작 베트남 전쟁은 끝이 났지만 그의 전쟁은 오히려 점점 더 치열해지고 있었는지도 모릅니다. 원래 원작 소설에서는 주인공 람보가 죽는 결말이었는데 영화로 그런 결말을 내려다 보니 너무나 암울하여 살아남는 것으로 결말을 바꾸었다는 뒷얘기도 왠지 쓸쓸한 여운을 남깁니다.

포탄 충격증

전쟁에 참전했던 용맹스러운 군인들이 일종의 신경증 중 하나인 외상 후 스트레스 장애로 고통받는다는 것을 처음 알게 된 것은 지금으로부터 약 90여 년 전에 있었던 제1차 세계대전이 끝나고 나서의 일입니다. 당시 영국의 유명한 심리학자였던 찰스 마이어스라는 사람은 전쟁에 참전했던 군인들에게 신경증적인 증상들이 나타난다는 것을 깨달았습니다. 이것이 포탄이 큰소리를 내며 폭발할 때의 충격에 의해 생긴 것이라고 보고 '포탄 충격증shell shock'이라고 이름을 붙였습니다. 그러다가 나중에 포탄 충격증의 증상이 단순히 포탄의 폭발음에 놀라서 생기는 것이 아니라 전쟁의 참상에 노출되었을 때 생긴다는 것을 알게 됩니다. 즉 여자들이나 아이들이 성폭력 앞에서 무기력해지듯이 남자들도 참혹한 전쟁의 죽음과 폭력 앞에서 똑같이 무기력해져서 히스테리아 같은 신경증적인 증상을 보인다는 것이죠.

용맹스러워야 할 군인에게 이러한 히스테리아 증상이 생긴다는 진단은 많은 전문가들에 의해 부정되었습니다. 그들에게는 포탄 충격증의 여러 증상을 보이는 군인들이 꾀병을 부리는 비겁하고 나약한 인간으로밖에는 보이지 않았던 것입니다. 그래서 그러한 견해를 계속 주장하던 정신의학자들은 포탄 충격증을 보이는 군인들을 환자로서 치료하기보다는 오히려 협박이나 위협 혹은 처벌을 이용하여 정신 차리게 하는 수밖에 없다고 믿었습니다. 예를 들어 두려움에 질려 말을 못 하는 어떤 군인을 치료하기 위해 그가 제대로 말을 할 수 있게 될 때까지 목구멍에 전기 충격을 준 정신의학자도 있었다고 합니다. 지금으로서는 상상도 할 수 없는 가혹한 형벌을 치료라고 생각하고 행했던 것이죠.

그러나 서서히 이러한 치료적 접근에 반대하는 입장을 취하는 진보적인 성향의 정신과 의사들도 하나둘 나타나기 시작합니다. 정신과 의사인 에이브럼 카드너는 《전쟁 외상 신경증》이라는 책을 발표하면서 전쟁의 참혹함이 인간에게 심각한 정신적인 트라우마를 남긴다고 알리기 시작하였습니다. 비록 소수이기는 하나 이러한 진보적인 견해를 갖고 있던 정신의학자들은 공포에 질린 군인들에게 안정감과 인간적인 배려를 하는 것이 올바른 치료적인 접근이라고 주장하였습니다. 그러나 이들의 과학적이면서도 인간적인 견해는 여전히 많은 사람들에게 잘 받아들여지지 않았고, 무관심이라는 늪에 파묻혀버리려 했습니다.

그러다가 제2차 세계대전이 일어나고 더 많은 군인들에게 전쟁 신경증이 발병하게 되면서 전쟁 신경증에 대한 연구는 다시 활발해졌습니다. 정신의학 전문가들은 전쟁 신경증이라고 하는 증상이 마음이 약하고 비겁한 군인에게서 나타나는 나약한 심리의 표출이 아니라는 것을 알게 됩니다. 마음이 강하건 약하건, 누구든지 치열한 전쟁에 오랫동안 노출되면 그것이 하나의 외상 사건이 되어 외상 신경증을 일으킨다는 것을 알게 된 것이죠. 그래서 몇몇 정신의학자는 심리적 붕괴를 일으켜 후유증을 남기는 전쟁에의 노출 정도를 정확히 파악하기 위한 노력을 합니다. 마침내 미국 정신의학자 아펠과 비비는 전쟁터에서 200일에서 240일을 지내게 되면 아무리 용맹스럽고 정신적으로 강인한 군인이라도 정신과적인 후유증이 발병할 수 있다는 연구 결과를 발표하였습니다. 그들은 "전투에 익숙해진다는 것은 일어날 수 없는 일이다. 전투에의 노출 강도와 지속 시간은 전쟁 신경증의 발병과 직접적인 관계가 있다. 그만큼 전투는 매 순간 긴장의 연속이다"라고 설명하면서 전쟁에서 총알과 파편에 의해 상처를 입는 것만큼이나 정신적인 충격으로 인해 전쟁 신경증이 생기는 것도 피할 수 없는 사실이라고 말했습니다. 또한 그 밖의 다른 정신의학자들도 참혹한 전쟁의 영향력은 지우면 간단히 원 상태로 돌아갈 수 있는 칠판에 적힌 글씨 같은 것이 아니라고 주장하면서 전쟁은 인간의 정신과 영혼에 영구적인 흔적을 남겨 급격한 인격의 변화를 초래한다는 연구 결과를 발표하였습니다.

그러나 이러한 많은 연구자들의 현명한 주장과 경고는 여전히 대다수의 전문가들에게 받아들여지지 않았습니다. 정신과적인 후유증을 보이는 군인들을 빨리 정신 차리게 하여 전쟁터로 다시 돌려보내는 것이 무엇보다도 시급하다고 여겨졌기 때문에 그러한 생각을 바탕으로 하는 치료 방법이 개발되어 시행되었죠. 일단 그들을 다시 전쟁터로 돌려보내면 그것이 치료의 성공이자 끝이었기 때문에 그들이 그 후에 어떻게 적응을 하는지, 그리고 어떤 어려움을 겪게 되는지에 대해서는 누구도 관심이 없었습니다. 결국 제2차 세계대전이 끝나면서 전쟁터로 다시 돌려보내진 군인들이 제대 후 집에 가서 겪는 고통과 후유증은 대부분의 사람들의 관심에서 사라집니다. 이것에 대해 계속해서 연구하려는 전문가들도 없었죠. 전쟁 신경증의 파괴적이고 지속적인 영향력을 생각하면 그들의 고통이 전쟁이 끝났다고 해서 쉽게 사라지는 것이 아닐 텐데도 대부분의 사람들은 참전 군인들의 고통을 잊고 싶었던 모양입니다. 아무튼 끔찍한 전쟁은 끝이 났으니까요.

결국 전쟁으로 인한 정신의학적 후유증에 대한 체계적인 연구는 베트남 전쟁 이후에야 비로소 재개됩니다. 재미난 것은 이러한 체계적인 연구가 계속 지속되도록 한 조직적인 노력은 베트남 전쟁에 참전했던 군인들에 의해 이루어졌다는 것입니다. 결국 전쟁의 피해자들인 참전 군인들은 누구도 자신들의 고통에 관심을 가져주지 않자 스스로 그에 대한 체계적인 연구를 하려 했던 것이죠. 그들은 베트남 전쟁이 정당한 전쟁이라고 주장하는 정치가들에게 반대하면서 전쟁은 범죄 행위일 뿐이라고 주장하는 반전 운동을 시작합니다. 그리고 전쟁의 후유증으로 고통받는 자신들의 실제 모습을 세상 사람들에게 보다 더 확실히 알리기 위해 전쟁이 끝나고 난 뒤에도 전쟁의 후유증이 계속해서 지속된다는 사실을 입증하는 대규모의 연구를 정신의학자들에게 의뢰합니다. 그 결과 베트남 전쟁에서 돌아온 참전 군인들이 가족과 잘 지내는 데 어려움이 많았고, 결혼하는 비율은 낮았으며, 이혼하는 확률은 높았다는 등의 연구 결과들이 속속 나오기 시작했습니다. 또한 그들이 주변 사람들과 갈등을 많이 일으키고 직장 생활에 잘 적응하지 못하며 충동 조절의 어려움으로 폭력을 휘두르게 되는 성향이 높아진다는 사실들이 밝혀지게 되었습니다. 마침내 베트남 전쟁이 남긴 후유증에 대한 방대한 분량의 연구 결과에 자극 받은 미국정신의학회American Psychiatric Association는 1980년, 처음으로 전쟁 신경증의 실체를 인정하고 이에 대해 '외상 후 스트레스 장애'라는 새로운 진단명을 붙여주게 됩니다.

04
어린 시절의 선택 하나가
인생 전체를 바꿀 수도 있다
미스틱 리버

원제 : 'Mystic River', 2003년 12월 개봉, 미국, 클린트 이스트우드 감독,
숀 펜(지미 마컴)·팀 로빈스(데이브 보일)·케빈 베이컨(숀 디바인) 주연, 137분

별다른 문제 없이 일상의 생활을 잘해나가고 있는데 어느 날 갑자기 길을 가던 사람이 불현듯 내게 다가와 나를 위협하고는 강간을 하거나 둔기로 머리를 치고 지갑을 훔쳐 가거나 혹은 그냥 아무런 목적도 없이 칼로 배를 찌르는 끔찍한 위해를 입혔다고 가정해봅시다. 그래서 그 사건으로 인해 내 인생이 완전히 바뀌었다고 한다면 어떤 기분이 들까요?

대개 주변 사람들은 일단 그래도 살아남았으니, 혹은 별다른 후유증 없이 신체적 상처가 아물었으니 다행이라고 생각하기 쉽습니다. 주변 사람들은 그 아픈 기억을 잊어버리고 싶은 게 인지상정이겠지요. 그리고 당사자에게도 지나간 일 빨리 잊고 훌훌 털고 일어서라고 조언할 것입니다. 아마 부모의 심정도 마찬가지일 겁니다. 내 아들, 내 딸이 벌떡 일어나 지나간 과거를 가볍게 훌훌 털어버리기만을 바랄지도 모르겠습니다. 그러나 트라우마를 직접 당한 사람에게는 그것이 절대로 그렇게 쉬운 일이 아닙니다.

••어쩔 수 없는 선택과 예상치 못했던 결과의 후유증

대개 피해자들은 '내가 그곳에 살지 않았다면', '내가 그 학교로 전학가지만 않았다면', '내가 그때 그곳을 지나가지만 않았다면' 등으로 자신의 선택에 대한 자책을 강박적으로 하게 됩니다. 가해자에 대해 분노하고 원망하는 것은 아무 소용 없는 짓이라는 생각도 들고, 또한 그래봐야 주변에서 그런 분노나 원망을 그리 반기는 것 같지도 않으니 어쩔 수 없이 그들은 자책 모드에 빠지게 되는 것입니다. 그래서 피해자들은 자신이 선택을 올바르게 했으면 트라우마를 피할 수 있었을 텐데, 자신이 선택을 잘못 해서 큰 트라우마를 받았다고 생각하게 됩니다. 시간이 흐를수록, 자신의 인생이 원래 기대했던 모습에서 점점 더 멀어지면 멀어질수록 자신의 선택을 자책하는 마음은 더욱더 커집니다.

이는 어떤 측면에서 보자면 미래에 비슷한 사건을 다시 당하게 되었을 때 대처를 잘해야 한다는 걸 강조하기 위한 반복적인 자기 학습일 수도 있습니다. 그 나름의 생존 학습 전략인 셈입니다. 그러나 이미 지난 선택에 대해 수없이 반성하고 반복하여 자책하는 것은 허공에 휘둘러대는 헛주먹질과 같은 것일 수 있습니다. 대개 트라우마는 자신의 선택과는 전혀 무관하게 내가 선택할 수 있는 능력 밖에서 갑작스럽게 일어나는, 그야말로 운명적인 사건인 경우가 대부분이기 때문입니다. 내 의지나 내 선택권과는 상관없이 한순간에 내 삶의 방향이 바뀔 수도 있는 트라우마 앞에서 우리 인간은 작고 초라한 존재일 뿐이지요.

•• 삶을 지옥으로 몰고 간 트라우마의 그림자

〈더티 하리〉 시리즈와 〈석양의 무법자〉 시리즈로 유명한 클린트 이스트우드는 많은 영화를 직접 연출했는데 그 중에서도 최고의 걸작으로 평가받는 작품이 이번에 소개할 〈미스틱 리버〉입니다. 숀 펜, 팀 로빈스, 케빈 베이컨이라는 환상의 라인업에 예상대로 이들의 연기는 정말 불꽃 튈 정도의 열연입니다. 숀 펜은 이 작품으로 아카데미 남우주연상을 수상했고 팀 로빈스는 남우조연상을 수상했지요.

무대는 아일랜드 이민자들이 모여 사는 보스턴 지역입니다. 영화는 세 명의 죽마고우의 유년 시절에서 시작합니다. 세 명의 어린 친구는 길에서 놀다가 우연히 새로 발라 아직 마르지 않은 시멘트 바닥에 이름을 쓰게 됩니다. 세 명이 모두 다 자기 이름을 썼을 때쯤 경찰 같은 두 사람이 나타나 아이들을 호되게 야단치고 세 명 중 데이브(팀 로빈스 분)만 차에 태워 데리고 갑니다. 하지만 이들은 상습적으로 아이들을 납치하여 성폭행하는 2인조 남자 변태 성욕자들이었습니다. 재수 없게 데이브만 납치를 당해 3일 동안 성폭행에 시달리다가 가까스로 탈출하게 됩니다. 그는 극적으로 탈출해 목숨을 구할 수는 있었지만, 그의 영혼은 트라우마의 충격에서 벗어나지 못한 채 성인이 되어서까지도 자책과 후회 속에서 허우적댑니다. 트라우마의 직접적인 희생자인 그로서는 다음과 같은 자책감 속에서 오랜 시간을 괴로워했을 것입니다.

"그때 왜 하필 나만 잡혀 갔을까? 먼저 시멘트에 글을 쓰자고 한 사람은 지미(숀 펜 분)인데 왜 하필 그들은 날 선택했을까? 왜 내가 그놈들의 차에 올라탔을까? 왜 그런 바보 같은 선택을 했을까?"

시간 여행을 할 수 있다면 사건 발생의 시점으로 돌아가 그 차에 타지 않음으로써 사건 자체를 아예 원초적으로 없애고 싶었을 겁니다. 그의 집착은 충분히 이해가 가지요. 남은 두 사람은 간접적인 트라우마의 희생자입니다. 지미와 숀(케빈 베이컨 분)은 극적으로 살아 돌아온 데이브를 걱정스럽게 바라보지만 친구만 희생하고 자기들은 무사했다는 미안한 마음, 죄의식 때문에 그에게 다가가지 못합니다. 어른이 될 때까지 한 동네에서 살지만 세 사람의 우정은 그 사건 당시에 멈추어져 있습니다.

영화는 25년의 세월을 건너뜁니다. 세 친구 모두 다 어른이 되었습니다. 여전히 그 동네에 살고 있는 데이브는 매우 내성적이고 무기력하고 우울하게 살아가는 중년 남자의 모습입니다. 긴장되고 불안해 보이는 그의 표정에서 그가 여전히 과거의 트라우마로부터 완전히 벗어나지 못하고 있다는 것을 알 수 있습니다. 그는 친구들과도 멀어져 매우 서먹서먹한 관계가 되어 있었죠. 오로지 어린 아들과의 관계에서만 안정감을 느낄 수 있는 그런 사람이 되었습니다.

•• 소통의 부재가 트라우마의 상처를 키운다

그러던 어느 날 밤늦게 집에 오는 길에 그는 차에서 어린아이를 성추행하는 남자를 보고 분노에 휩싸여 우발적으로 그 남자를 때려죽입니다. 자신이 당했던 어린 시절 기억이 플래시백처럼 떠오르면서 통제할 수 없는 분노감에 휩싸여 그런 돌발적이고 충동적인 행동을 한 것입니다. 그런데 피투성이가 되어 집에 온 그가 엉겁결에 아내에게 강도를 만나 싸우게 되어 손을 다쳤다고 거짓말을 하면서 돌이킬 수 없는 오해가 시작됩니다. 운명의 장난이었는지 그날 밤 마침 데이브의 어린 시절 친구였던 지미의 딸 케이트가 공원에서 살해당하는 사건이 일어납니다. 지미는 자신이 목숨보다 더 사랑했던 딸의 죽음에 거의 미친 사람처럼 발광하며 딸의 시신 앞에서 복수를 맹세합니다. 그리고 데이브의 또 다른 친구였던 숀은 형사가 되어 이 사건을 차분하게 조사하면서 세 사람의 악연은 다시 이어지지요. 형사인 숀은 수사 과정에서 그날 밤 케이트와 같은 술집에 있었던 데이브를 유력한 범인으로 의심하게 됩니다. 데이브는 손도 다쳤고 알리바이도 앞뒤가 안 맞는 거짓말을 하는 등 수상한 구석이 한두 군데가 아니었기 때문입니다.

데이브의 아내 역시 남편인 데이브를 범인으로 지레짐작하고 남편을 두려워합니다. 그런 아내에게 데이브는 나름대로 정황을 설명하려고 하지만 실패하죠. 데이브의 아내 역시 의심이 많은 불안정한 성격이었기 때문에 남편과 의사소통이 잘 되지 않았던 것입니다. 데이브가 어린 시절 사흘 동안 성폭행을 당한 트라우마로 인해 지워지지 않는 상처를 받은 자신의 심리 상태를 설명해보려 하지만, 두려워하는 아내는 그런 데이브의 심리적 고통을 이해하지 못합니다. 트라우마를 받은 사람들의 정신세계에서는 시간의 흐름이 멈추어져 있어 아무리 시간이 지나도 트라우마를 받았던 당시의 연령에 멈추어 있는 어린 인격이 존재한다는 사실을 아내가 이해하고 있었다면 데이브가 하는 말의 의미를 조금은 알 수 있었을 것입니다. 하지만 데이브의 아내는 앞뒤가 맞지 않는 데이브의 설명에 오히려 더 혼란스러워하기만 합니다. 당황스럽기도 하고 두렵기도 한 아내는 흥분해 있는 지미에게 남편이 범인 같다는 말을 전하게 되고, 결국 지미는 드러난 정황을 통해 데이브가 케이트를 죽였다고 확신합니다. 그래서 지미는 데이브를 미스틱 강가로 유인한 뒤 그에게 왜 내 딸을 죽였느냐고 다그칩니다. 하지만 데이브는 지미의 앞에서도 자신이 케이트를 죽이지 않았다고, 그날 밤 자신이 죽인 것은 성추행범 남자였다고 조리 있게 설명하지 못합니다. 어설픈 그의 설명은 오히려 지미를 더 자극할 뿐이었습니다. 데이브는 제대로 변명조차 하지 못한 채 분노에 찬 지미에 의해 허무하게 죽임을 당합니다.

◆◆ 따로 또 같이, 나눌 수 없는 트라우마의 무게

영화의 반전은 그다음 날 일어납니다. 지미는 숀을 통해 케이트를 죽인 범인을 잡았고 데이브가 죽인 성추행범의 시신이 발견되었다는 말을 듣습니다. 데이브가 죽기 전에 자신이 살해한 남자를 유기한 장소를 숀이나 지미에게 알려줬다면 데이브는 살았을 것입니다. 하지만 그는 친구에게조차 자신의 진실을 입증하지 못했습니다. 오랜 기간 동안 시달려온 트라우마의 후유증 때문이지요. 망연자실한 지미에게 숀은 "그때 우리 셋은 다 그 차에 탔던 거야. 현실 속의 우리는 아직도 우리에 갇힌 열한 살 소년들 같아. 우리에서 탈출하면 어떤 인생을 살지 걱정하는……"이라는 의미심장한 말을 건넵니다. 어린 시절 차를 타지 않았던 자신들도 그 사건으로 인해 트라우마를 입었다는 이야기를 한 것입니다.

영화의 마지막 장면에 등장하는, 아버지를 애타게 찾는 데이브의 아들의 모습이 안타깝습니다. 그 아들 역시 아버지가 갑자기 자신을 버리고 사라졌다는 트라우마를 평생 안고 살 것입니다. 트라우마로 인해 변해버린 인생의 굴곡은 그다음 세대까지 영향을 주는 것 같습니다. 돌이킬 수 없는 과거 트라우마의 영향 때문에 현재와 미래의 빛깔이 계속해서 어두울 수밖에 없는 것, 이런 걸 운명이라고 해야 하나요? 감독의 카메라는 이런 비극을 그저 묵묵히 바라보며 이런 게 삶의 법칙이라고 차갑게 말하는 것 같습니다. 그래서인지 이 영화는 처음부터 끝까지 너무나 암울합니다.

● ● 중학생 교복만 보고도 벌벌 떨던 트라우마 환자

이 영화의 데이브와 너무 비슷한 환자를 상담한 적이 있었습니다. A군은 초등학교 6학년 때 친구들과 옆 동네에 놀러 갔다가 그 동네 중학생 깡패들을 만나게 되었습니다. 돈 몇 푼 빼앗고 몇 대 때리고 보내줄 줄 알았는데 가장 좋은 신발을 신고 있던 A군만 남기고 나머지 친구들을 돌려보냈다고 합니다. 그런데 A군은 신발을 빼앗겼을 뿐 아니라 서너 시간가량 술을 마시고 본드를 흡입한 깡패들에게 집단으로 폭행을 당한 뒤 자정 무렵이 되어서야 풀려났다고 합니다. 그날 이후 A군은 사람 만나는 것을 두려워하여 학교에도 못 가고 늘 자기 방에서만 지냈습니다. 창밖으로 사람이 지나가는 소리만 들어도 소스라치게 놀랄 정도로 사람을 무서워하게 되어 친구는 물론이고 그 누구와도 만나려 하지 않았습니다.

학교의 선처로 겨우겨우 초등학교를 졸업하고 조금 안정이 된 것 같아 중학교에 들어가게 된 날, A군은 자신도 중학생이 되었음에도 불구하고 학교에 중학생 교복을 입은 아이들이 몰려 있는 모습을 보고는 두려움에 덜덜 떨다가 그 자리에 털썩 주저앉았습니다. 나중에 집에 와서는 자신의 중학교 교복을 보고도 소리를 질렀다고 하니 그가 자신을 괴롭힌 중학생들에 대해 얼마나 큰 공포심을 갖고 있었는지 알 수 있습니다. 그러나 무엇보다도 그를 괴롭혔던 증상은 그의 눈앞으로 주먹이 날아오는 플래시백이었습니다. 책을 볼 때나 텔레비전을 보고 있을 때나, 심지어는 화장실에서 혼자 볼일을 보고 있을 때에도 갑자기

눈앞으로 주먹이 날아오는 환시 같은 증상이 그를 늘 괴롭혔습니다. 주먹이 눈앞으로 날아올 때마다 그는 소스라치게 놀라 주저앉거나 머리를 웅크릴 수밖에 없었습니다. 결국 A군은 학교 다니는 것을 포기하고 거의 사회생활도 하지 못한 채 오랜 시간 동안 집에서만 지내게 되었습니다.

그로부터 15년이 지나 20대 후반의 성인이 되었는데도 A군은 길에서 중학생이나 고등학생쯤 되는 청소년 여러 명이 걸어가는 것만 보아도 여전히 두려움에 떨 정도로 대인공포증이 심한 상태였습니다. 게다가 주먹이 눈앞으로 날아오는 플래시백 증상도 여전히 지속되고 있어 정상적인 사회생활을 할 수가 없었죠. 그런 절망적인 상황에서 우연히 외상 후 스트레스 장애에 EMDR이라고 하는 치료가 효과가 있다는 정보를 접하고 멀리 지방에서부터 치료를 받고자 찾아왔습니다. EMDR 치료는 현재의 증상에 계속해서 영향을 미치고 있는 트라우마의 기억을 다루는 효과적인 치료 방법 중 하나입니다.

첫 면담부터 그때 초등학교 6학년 때의 폭행 사건에 대한 기억을 타깃으로 하여 바로 EMDR로 치료를 시작하였습니다. 치료가 진행되면서 가장 드라마틱한 변화는 A군에게만 보이는, 눈앞으로 날아드는 주먹의 모양이 점점 작아지면서 흐릿해지는 변화였습니다. 가끔 얼굴을 찡그리거나 무서워하기도 하였지만, 그는 점점 눈앞으로 날아드는 주먹이 흐릿해지면서 불안하고 두려운 마음이 줄어드는 것 같다고 보고하였습니다. 주먹이 날아드는 플래시백 증상이 줄어들면서 그는 그 당시 상황을 좀 더 자세하게 기억해내기 시작하였습니다. 누가 더 악랄

하게 자신을 괴롭혔고, 누구의 주먹이 가장 아팠고, 누가 자기의 두 눈을 집중적으로 가격하였는지 기억해냈습니다. 세 번째 치료 시간에 주먹이 날아드는 플래시백 증상은 거의 사라졌고 중학생, 고등학생에 대한 막연한 공포심도 흐릿해져 그는 오랜만에 혼자 산책을 할 수 있었다고 보고하였습니다. 그러나 그때부터 엉뚱하게도 다른 감정이 그의 의식으로 올라왔습니다. 즉 당시 같이 놀러 갔던 친구들에 대한 분노 감정이 강하게 올라온 것이었습니다.

"친구들은 날 함께 풀어달라고 깡패들에게 빌지도 않았고, 밖에서 기다려주지도 않았어요. 그들이 날 버렸기 때문에 나만 죽을 고생을 한 것이었어요."

친구들에 대한 분노 감정은 너무나 강렬하여 언젠가는 꼭 그 당시 함께 놀러 갔던 친구들에게 차례차례 복수를 하겠다는 상상으로까지 발전하게 되었습니다. 생각하면 할수록 그 친구들 때문에 자신이 너무나 오랜 시간 억울한 고통을 받았다는 원망을 지울 수가 없다고 하였습니다.

그런데 쉽게 가라앉을 것 같지 않던 이 원망감도 또 다른 기억을 연상해냄으로써 극적으로 가라앉았습니다. 그 당시 친구들이 자기를 남겨두고 도망을 가기는 했지만, 즉시 집으로 가서 자신의 부모에게 알리려 했다는 사실을 기억해낸 것입니다. 바로 부모님들이 달려와서 그는 사실 깡패들로부터 두 시간 만에 풀려났습니다. 자정 무렵에 풀려났다고 기억하고 있었지만 그 시간은 경찰서에서 그 깡패들과 대질 심문을 하고 집에 돌아왔던 시간이었습니다. 깡패에게 시달림을 당하고 난 뒤

극도의 불안과 공포심 때문에 그 뒤의 상황을 잘 기억하지 못하고 있었던 것입니다. 그러다가 치료를 통해 불안과 공포심이 줄어들자 그다음 상황의 기억이 떠올랐던 것이죠. 이런 기억의 전환은 트라우마 치료에서 많이 일어나는 현상입니다.

"저라도 친구들처럼 했을 것 같아요. 초등학교 6학년이 할 수 있는 최선의 선택이잖아요?"

이렇게 말하는 A군의 얼굴 표정에는 편안함이 엿보였습니다. 그는 요즘 늦은 나이에도 불구하고 다시 공부를 시작했다고 합니다.

트라우마 경험과 관련한 부정적 인지

우리 신체가 몸에 생긴 상처를 자연 치유하는 것과 마찬가지로 인간의 뇌도 정신 건강의 균형을 유지하는 정보 처리 시스템을 갖고 있습니다. 그래서 많은 스트레스를 받아 힘들고 괴로워도 잠시 쉬면서 휴식을 취하거나 친구들과 만나 마음껏 떠들거나 혹은 여행을 떠나거나 하면 다시 마음이 안정을 되찾게 됩니다. 즉 스트레스를 받고 난 뒤에 어느 정도 시간이 지나면 우리 뇌의 정보 처리 시스템이 가동되면서 스트레스를 주는 사건들에 대한 생각이나 감정을 어느 정도 순화시키는 과정이 일어나는 것이죠.

예를 들어 스포츠 선수가 중요한 경기에서 작은 실수를 하여 어처구니없이 탈락하게 되었을 때를 가정해봅시다. 처음에 어느 정도의 시간 동안 그 선수는 속상하고 분하고 창피한 감정에 휩싸일 것이고, 또 자기 자신에 대해 "아, 왜 난 이렇게 한심한 놈일까? 싫다, 싫어! 다 때려치우고 싶다"라고 부정적인 생각을 하며 지내게 될 것입니다. 연습도 안 하고 술 마시고 여자와 놀러 다니는 등 방탕한(?) 생활을 하며 지낼 수도 있습니다. 일종의 슬럼프 기간이라고 할 수 있겠죠. 하지만 어느 정도 시간이 지나고 다시 일상으로 돌아와 운동 연습을 시작하다 보면 실수로 탈락하게 되었을 때의 속상하고 분하고 창피한 감정이 어느새 가라앉고 자신에 대한 부정적인 생각도 "처음부터 다시 시작하자. 열심히 하면 나도 충분히 우승을 할 자격이 있어" 하는 긍정적인 생각으로 바뀌게 됩니다. 그리고 자신이 실수한 경기를 다시 몇 번이고 잘 살펴보면서 자신의 약점, 단점을 보완하기 위한 연습을 반복할 것입니다. 이러한 자기 극복의 심리 변화 과정은 우리가 살아가면서 부딪치게 되는 실수나 실패와 같은 부정적인 경험을 우리 뇌의 정보 처리 시스템이 천천히 처리해나가면서 자연스럽게 생겨나는 과정이라고 할 수 있습니다.

그런데 강렬한 트라우마의 경험은 이러한 뇌의 정보 처리 시스템을 붕괴시키기 때문에 오랜 시간이 지나고 난 뒤에도 그 트라우마와 연관된 기억에 전혀 변화가 일어나지 않습니다. 트라우마를 경험했을 당시의 생생한 이미지, 강렬하고 압도되는 듯한 감정, 아프거나 긴장되었던 신체 감각. 그리고 매우 부정적인 생각은 시간이 지나가도 뇌에서 정보 처리를 하지 않기 때문에 그대로 고스란히 남는 것입니다. 그래서 트라우마의 기억을 떠올릴 때마다 과거의 트라우마를 다시 생생하게 재현하게 되는 현상이 일어납니다.

일반적으로 트라우마를 경험할 때 갖게 된 부정적인 생각이나 믿음은 대개 매우 비합리적이고 지나치게 자기 비난적인 경향이 있습니다. 설령 트라우마를 경험했던 과거에는 그러한 부정적인 생각이나 믿음이 어느 정도 타당성이 있는 것이었을지라도 적어도 현재에는 그 생각이나 믿음이 틀린 것이 분명한데도 트라우마를 경험한 사람들은 자기 자신에 대한 이러한 부정적인 믿음을 그대로 유지하려 합니다. 그래서 그들의 비합리적인 믿음은 현실에서 계속해서 잘못된 선택이나 판단을 하게 만들어 현실 적응을 어렵게 합니다. 또한 이러한 비합리적인 생각은 트라우마와 연관된 강렬한 감정이나 이미지를 자주 떠오르게 하기도 합니다. 트라우마를 경험한 사람들이 갖고 있는 부정적인 생각이나 믿음은 크게 다음의 세 가지 영역으로 나누어볼 수 있습니다.

● 책임감 혹은 결함과 관련된 부정적인 생각

일반적으로 트라우마를 경험한 사람들은 자신에게 어떤 문제점이나 결함이 있어서 트라우마가 일어났다고 믿는 경향이 있습니다. 그들은 책임을 다하지 못한 자기 자신을 비하하고 자신은 벌을 받아 마땅하다고 믿습니다. 예를 들어 성추행을 당한 한 피해자는 부모가 가지 말라고 한 곳에 갔다가 성추행을 당했기 때문에 자신은 불행한 것이 당연하다고 하는 부정적인 믿음을 갖고 있었습니다. 그 당시 가지 말라고 한 곳을 간 것이 잘못일 수는 있지만, 그래서 지금 자신이 불행한 게 당연하다고 믿는 건 비합리적인 생각이죠. 특히 어린 시절 부모로부터 학대를 받은 피해자들은 학대가 일어난 것에 대해서 대부분 자신에게 책임이 있다고 믿는 경향이 강합니다. 그들은 "내가 사랑스럽지 않아서", "내가 잘못을 많이 해서", "내가 뭔가 모자라서", "내가 부족해서" 라고 생각하면서 학대가 일어난 것이 자신의 책임이라고 믿고 살아갑니다. 이러한 믿음으로 인해 그들은 현실에서 과도하게 책임을 지려는 경향을 갖게 됩니다. 모든 인간관계에서 자신이 책임을 지려 하기 때문에 부모에게는 좋은 딸이 되려는 노력, 친구에게는 좋은 친구가 되기 위한 노력, 배우자에게도 좋은 배우자가 되려는 노력을 지나치게 많이 합니다. 그들은 치료받을 때조차 치료자에 대해서 책임감을 느끼기도 합니다.

예)

▶ 나는 나쁜 사람이다.

▶ 나는 뭔가 모자라다.

▶ 난 불행한 것이 당연하다.

▶ 난 쓸모없는 사람이다.

▶ 난 내 자신이 실망스럽다.

▶ 내 잘못이다.

▶ 내가 하지 말았어야 했다.

▶ 난 수치스러운 존재이다.

▶ 난 무언가 잘못했다.

▶ 난 그렇게 하지 말았어야 했다.

● **안전 혹은 취약성과 관련된 부정적인 생각**

강렬한 트라우마를 경험한 사람들은 트라우마 사건이 이미 지나간 일임에도 불구하고 지금 현재의 환경에서 지속적으로 위협을 느끼며 안전하지 않고 자신을 보호할 수 없다는 생각을 하는 경향이 있습니다. 그래서 이들은 어디에 있어도, 누구와 함께 있어도 안전하다는 생각을 하지 못합니다. 강간을 당할 때 가해자에게 심한 폭력을 당한 어떤 피해자는 사람이 많은 곳에서 젊은 남자가 자신을 쳐다보기만 해도 위험하다는 생각에 사로잡혀 그 자리에서 꼼짝을 하지 못합니다. 일부러 격투기를 하는 남자 친구만 골라서 사귀어도 늘 자신은 안전하지 않고 언제 또 강간범이 나타나 자신에게 위해를 줄지 모른다는 생각에 늘 불안해합니다.

예)

▶ 나는 안전하지 않다.

▶ 나는 위험에 처해 있다.

▶ 난 내 자신을 보호할 수 없다.

▶ 나는 아무도 믿을 수 없다.

▶ 나는 내 판단을 믿을 수 없다.

▶ 나는 그 일을 떨쳐버릴 수가 없다.

● **조절 혹은 선택과 관련된 부정적인 생각**

트라우마를 경험할 당시 피해자들은 자신의 신체에 대해, 가해자에 대해, 자신이 처한 상황에 대해 그 어떤 대처나 조절도 할 수 없는 상황에서 꼼짝없이 당하는 경험을 했기 때문에 무기력감을 느낄 수밖에 없습니다. 특히 어린 시절 학대를 받은 사람들은 이러한 무기력감과 연관된 부정적인 믿음이 그대로 성인기까지 지속됩니다. 이런 부정적인 생각이나 믿음에 빠지게 되면 피해자들은 자신을 어떤 상황에서도 힘없이 당하는 희생자로 느낍니다. 성인이 되어 어느 정도 자신의 생활에서 힘이 생겼음에도 불구하고 자기 자신은 어떤 선택이나 조절도 할 수 없다고 믿습니다. 이제는 스스로 새로운 선택을 할 수 있고 조절할 수 있지만 여전히 자신은 통제할 수 없고 조절할 수 없다는 혼란스러움, 무기력감과 생각을 지속하는 것입니다.

예)

- ▶ 나는 힘이 없다.
- ▶ 난 연약하다.
- ▶ 난 견딜 수가 없다.
- ▶ 난 내가 원하는 것을 얻을 수가 없다.
- ▶ 난 나를 조절할 수 없다.

트라우마의 경험이 자신의 책임이나 잘못만이 아니며 그것이 이미 지나간 과거의 일이고 지금 현재 나는 안전하고 내 자신을 보호할 수 있다는 생각, 이제 내 자신을 조절하고 원하는 것을 해나갈 수 있다는 자기에 대한 긍정적인 생각과 믿음을 받아들여가는 과정이 치유의 핵심이라 할 것입니다.

05
트라우마를 피하는 무의식의 발버둥, 기억상실

나비효과

원제 : 'The Butterfly Effect', 2004년 11월 개봉, 미국, 에릭 브레스·J. 마키에 그러버 감독, 애시튼 커쳐(에반)·에이미 스마트(케일 밀러) 주연, 113분

해리 현상은 살아가면서 감당하기 어려울 만큼의 고통스러운 외상 사건에 직면하게 되었을 때 그 고통스러운 현실에 대해 지각하는 것을 둔하게 하거나 혹은 아예 부정하기 위해 무의식적으로 인격이 분리되는 현상을 말합니다. 트라우마의 피해자들은 "마치 내 영혼이 몸에서 떨어져 나와 트라우마를 받고 있는 자신을 바라보고 있는 것같이 느껴진다"라고 표현합니다. 즉 외상 사건에 대해 의식이 멍해지며 비현실적으로 느끼게 되고, 심하면 아예 다른 인격이 나타나게 되는 것이죠. 이는 결국 외상 사건으로 인해 경험하게 되는 공포나 분노와 같은 감

정, 고통스러운 신체 감각을 어느 정도 마취시키고 회피하려는 일종의 방어 시도인 셈입니다. 사실 좀 더 성숙한 방어 메커니즘을 쓸 수 있다면 외상 사건에 대해 정신 바짝 차리고 직면해서 어떻게든 해결하든지, 저항하든지, 혹은 도망가든지 해야 하는데 트라우마 사건에 완전히 압도되어 그 어떤 대처도 불가능할 때 우리의 미성숙한 방어 메커니즘은 차라리 의식을 변형시켜 외상 사건을 정신적으로나마 외면하려 하는 것입니다. 어쩌면 트라우마에 일방적으로 당해야 하는 힘없는 어린아이 입장에서는 그나마 효과적으로 대처할 다른 방법이 없는지도 모르겠습니다. 그런데 문제는 아무리 인격을 분리시켜 아무 일도 없었던 것처럼 노력해보아도 트라우마와 연관된 기억이 마음속으로 완전히 정리가 되는 것이 아니라는 점입니다. 불행하게도 트라우마와 연관된 기억의 단편들은 시간이 지나가도 전혀 퇴색되지 않은 채 분리된 인격 속 어딘가에 그대로 남아 있게 됩니다. 그래서 평소에는 잘 지내다가도 트라우마를 연상시키는 자극을 받거나 하면 다시 쉽게 흥분하고 불안정해지는 인격의 부분이 전면에 나타납니다. 그리고 어느 정도 시간이 지나면 그렇게 흥분했던 인격과는 전혀 다른 평범한 인격으로 다시 바뀌게 되는 현상이 성인이 되어서도 계속 반복됩니다.

•• 차라리 모든 것이 꿈이었으면 좋겠어

독자 여러분은 지금 닥친 이 현실이 사실이 아니라 차라리 꿈이었으면 좋겠다고 생각한 적이 있으신지요? 대학 입학시험에서 OMR 카드를 한 줄씩 밀려 써서 떨어졌을 때, 엄마가 아빠에게 맞아 피투성이가 되어 있는 모습을 보았을 때, 아버지가 전구를 갈다가 감전 사고로 돌아가셨을 때, 운전하다 실수로 사람을 치었을 때, 여자 친구에게 번지점프를 권하다가 사고로 줄이 끊겨 여자 친구가 목숨을 잃었을 때 등과 같이 현실을 받아들이기 힘들 만큼 큰 충격을 받을 때 우리는 그 현실을 부정하고 싶은 마음이 생깁니다.

현실에서 감당하기 힘든 강력한 트라우마를 받아 극단의 고통을 경험하게 되면 우리의 뇌에서는 현실을 부정하고자 하는 메커니즘이 작동합니다. 트라우마의 아픔을 잠시 잊게 해주기 위해 뇌 내 마약인 엔돌핀endorphin이 분비되는 겁니다. 즉 의식을 약간 몽롱하게 만들고 감정의 격렬한 반응을 줄여주면서 현실에 무감각해지도록 도와주는 엔돌핀을 분비함으로써 고통에 둔감하게 만드는 것이지요. 일종의 자가 치료인 셈입니다. 만약 이 엔돌핀이 조금이라도 과량으로 분비되었다면 어떤 일이 벌어질까요? 아마도 내 자신이 내가 아닌 것 같고 지금의 현실이 현실이 아닌 듯한 착각에 빠지게 될 것입니다. 하지만 그럼에도 불구하고 여전히 고통이 계속된다면 어떨까요? 그럴 때에는 차라리 내 의식을 사라지게 하기 위해 순간적으로 정신을 잃거나 기억을 잃는 상태를 만들고 싶어질 것입니다. 이러한 기억상실 현상도 일종의 해리라고 할 수 있습니다. 어찌 보면 이는 극단적인 트라우마, 강력한 충격에 대한 자동 방어 시스템이라고 할 수 있지요. 특히 어린 시절에 아주 강력한 트라우마를 반복해서 받게 되면 아이들은 엔돌핀을 자동으로 많이 분비하는 메커니즘을 발달시키면서 해리가 자주 일어나게 됩니다.

•• 트라우마 환자의 전형적인 증상, 해리 현상

이번에 소개할 작품은 이렇게 트라우마 환자에게 전형적으로 드러나는 해리 현상에 관한 영화 〈나비효과〉입니다. 지금은 할리우드 최고의 스타지만 당시는 신인이었던 애시튼 커처가 주연을 맡고 7년이라는 준비 기간이 말해주듯이 공을 많이 들인 영화입니다. 비교적 저예산으로 제작됐지만 개봉 첫 주에 1700만 달러의 수입으로 박스 오피스 1위를 차지해 화제를 모으기도 했습니다. 영화도 워낙 재미있었지만 '기억을 통한 과거사의 변경'이라는 소재 자체가 참신했던 것 같습니다. 나비효과란 말은 영화 시작 장면에서 인용하고 있듯이 "중국 베이징에 있는 나비의 날갯짓이 다음 날 지구 반대편에서 태풍을 불러일으킬 수도 있다"는 뜻입니다. 아마도 이 영화에서는 어린 시절의 작은 실수나 상처가 성인이 되어 인생의 커다란 변화를 일으킨다는 의미일 것입니다.

어린 시절의 에반(애시튼 커처 분)은 수시로 의식을 잃습니다. 어린 시절 그는 모두 여섯 번의 기억의 정전 사태, 일종의 블랙아웃을 체험합니다. 첫 번째 기억상실은 유치원에서 이상한 그림을 그려놓고 자신은 그런 그림을 그린 적이 없다고 말할 때입니다. 두 번째는 자신도 모르게 부엌에서 식칼을 들고 멍하니 서 있는 장면입니다. 세 번째는 여자 친구 아버지가 자신과 여자 친구를 대상으로 포르노를 찍을 때, 네 번째는 정신병원에 입원해 있는 자신의 아버지를 찾으러 갔을 때, 다섯 번째는 여자 친구의 오빠가 자신의 개를 불에 태워 죽일 때, 여섯 번째는 다이너마이트로 장난을 치다가 어떤 엄마와 아이를 죽게 했을 때입니다. 충격적인 사건이 있을 때마다 에반은 정신을 잃은 것이지요.

엄마는 에반이 아무 문제 없는 착한 아들인 줄 알았는데 안 좋은 사건이 에반 주위에서 계속해서 일어나는 것 같고, 또 원인을 알 수 없는 기억상실이 자꾸 반복되자 에반을 데리고 다른 곳으로 이사를 갑니다. 친한 여자 친구였던 케일과 헤어져 이사를 가고 난 뒤부터 주인공은 더 이상 기억의 상실 없이 건강한 청년으로 성장하여 대학 생활을 즐기게 되지요. 즉 이사를 하고 난 뒤부터 주인공은 별다른 트라우마 없이 자란 것입니다. 그러다가 우연한 기회에 어렸을 적 일기를 보게 된 에반은 자신의 기억상실에 대한 호기심이 생깁니다. 그래서 어린 시절의 여자 친구였던 케일을 찾아갑니다. 하지만 케일은 식당의 웨이터로 일하며 힘들게 살아가고 있었지요. 에반은 조심스럽게 기억나지 않는 부분에 대해 물어보는데 케일은 갑작스러운 감정의 동요를 보이며 "왜 나의 나쁜 기억을 헤집으려 그런 질문을 하니? 그때는 내가 예쁘다고 해놓고 어떻게 그동안 내게 전화 한번 하지 않았니?"라고 소리 지르고는 울면서 뛰어가버립니다. 찝찝한 기분에 기숙사의 자기 방으로 돌아온 에반은 케일의 오빠로부터 케일이 자신을 만난 뒤에 괴로워하다가 자살을 했다는 충격적인 소식을 듣게 됩니다. 아마도 케일은 필사적으로 잊고 싶은 과거의 아픈 기억들을 억누르고 있었던 것 같습니다. 어렸을 적 아버지가 자신을 성추행한 기억에 대해, 그리고 에반이 자기를 버리고 떠나버린 기억에 대해 애써 생각하지 않으려 외면하고 지내왔던 것이죠. 그런데 갑자기 나타난 에반이 무심하게 물어오는 질문으로 인해 그녀는 과거의 고통스러운 기억과 감정을 떠올리면서 견딜 수 없을 만큼 괴로워진 나머지 자살했던 것입니다.

사실 영화의 뒷부분에서 모든 비밀이 밝혀지지만 어린 시절 그녀가 이혼한 어머니를 쫓아가지 않고 아버지와 함께 살게 되면서 아버지에게 성추행을 당하고, 그 이후 초라하고 불행한 삶을 살게 된 것은 에반 때문이라고 할 수도 있습니다. 어린 시절 에반을 좋아하게 된 그녀는 그와 함께 있기 위해 다른 곳으로 떠나는 엄마를 따라가지 못하고 아버지와 함께 살게 된 것이었으니까요. 그런데 에반은 엄마를 따라 다른 곳으로 이사를 가버렸으니 결국 에반은 케일을 불행의 한복판에 내버리고 떠난 셈이었죠. 너무나 외롭고 원망스러웠던 케일은 차라리 에반을 기억 속에서 지우고 살고 싶었을 것입니다. 그런데 자신보다 훨씬 더 행복하게 사는 것처럼 보이는 에반이 찾아와 생각하고 싶지도 않은 과거를 물어보니 너무나 괴로웠을 것입니다.

•• 최악의 해결책, 자기 부정

케일의 갑작스러운 죽음으로 놀라움과 혼란에 빠진 에반은 괴로운 현실을 바꾸기 위해 과거로 돌아가려 합니다. 여기서부터 영화는 SF적인 상상력을 자극합니다. 그는 자신의 기억상실을 치료하기 위해 적어두었던 어린 시절의 일기장을 보면서 과거의 중요한 시점으로 돌아갈 수 있다는 것을 알게 됩니다. 일기장이 일종의 타임머신 역할을 하는 것이죠. 과거로 돌아간 그는 자신이 알고 있었던 과거를 새롭게 바꾸는 데 성공합니다.

그런데 문제가 점점 더 복잡해집니다. 왜냐하면 과거의 기억을 아주 살짝만 바꾸었을 뿐인데 그 파급효과는 현실에서 점점 더 예기치 못한 방향으로 흘러갔기 때문입니다. 어린 시절 에반이 케일의 아버지에게 확실하게 반발을 하고 포르노 찍기를 거부하자 현재 시점으로 돌아온 에반은 케일과 서로 사랑하며 행복하게 지내게 됩니다. 그러나 불량배가 되어 나타난 케일의 오빠를 우발적으로 죽이게 되어 감방에 가게 됩니다. 다급해진 에반은 다시 일기장을 꺼내 과거의 다이너마이트 사건으로 돌아가 아기와 아기 엄마를 구하는데, 대신 자신의 팔을 잃게 됩니다. 그리고 다시 현재의 시점으로 돌아오자 그는 비참한 장애인이 되어 사랑하는 케일도 잃고 자살을 시도하게 됩니다. 다시 과거 기억으로 돌아가 이번에는 자신의 개를 잔인하게 불에 태워 죽이려고 하는 케일의 오빠를 설득해보려 하는데 옆에서 말리던 친구가 의도치 않게 케일의 오빠를 죽이게 됩니다. 그리고 현재의 시점으로 오자 이번에는 그 친구가 아주 심각한 대인공포증에 시달리게 되는 결과를 초래하죠. 여러 가지 트라우마의 기억 중 어느 하나의 기억만 바꿨을 때 현실이 점점 더 꼬이기 시작하면서 걷잡을 수 없이 더 비참해지는 것이었습니다.

이것이 바로 나비효과였던 것이죠.

그 이유를 굳이 찾자면, 주인공에게 트라우마를 준 사건과 상황이 여러 가지로 복잡하였기 때문에 주인공은 그것들을 한 번에 완전하게 다 교정하기가 쉽지 않았던 것이라고 설명할 수 있습니다. 예를 들면 에반이 포르노를 찍으려 하는 케일의 아버지를 설득할 때에 그 옆 계단에서 분노에 차 있던 케일의 오빠의 마음까지 달래지 못한 것이 나중에 큰 문제를 일으켰던 것입니다. 과거에서 불완전하게 교정을 하고 현실로 돌아올 때마다 현실에서는 문제가 커다랗게 왜곡되어 더 비참한 결과를 가져온 것이지요. 수렁에 빠지듯이 점점 더 숨통이 조여오는 상황에 내몰리게 된 에반. 하지만 영화의 결말은 극적으로 반전의 가능성을 열어놓습니다.

막다른 골목에 다다른 에반이 내린 결론은 아예 케일을 처음 만났던 첫 기억으로 돌아가 케일에게 일부러 심한 말을 해서 그녀를 멀리 떠나가게 하는 것이었습니다. 이렇게 되면 아예 두 사람이 서로의 인생에서 전혀 인연이 없는 사람이 되어 함께 경험해야 했던 트라우마를 피할 수 있는 것이죠. 대신 두 사람은 현실에서 전혀 모르는 남남이 됩니다. 좋게 해석하자면 에반은 자신의 사랑을 포기함으로써 불행한 사건의 근원을 미연에 방지하는 쪽을 선택한 것이지요. 이 영화의 감독판은 한발 더 나아가 에반이 엄마의 자궁 안으로 되돌아가 자신을 태어나지 못하도록 한다는 결말이라고 합니다. 에반의 이러한 극단적인 자기 부정의 선택은 사랑하는 케일을 트라우마로부터 보호하기 위한 좋은 의도를 갖고 있기는 합니다. 사랑을 위한 희생이기 때문에 살짝 감동적이기도 하죠.

물론 영화적 상상력 측면에서 보면 나름대로의 재미를 추구했다고 할 수 있지만 현실에서는 이러한 방법이 트라우마의 해결책이 되기보다는 완벽한 자기 부정, 기억의 상실, 과거의 단절을 의미하기에 조금은 씁쓸한 기분이 듭니다. 마치 트라우마의 기억 때문에 괴로우니 차라리 트라우마 받기 전에 기절을 해버리든지 혹은 혀를 깨물고 죽어버리는 것이 좋겠다고 하는 것과 비슷하게 느껴집니다. 이러한 자기 부정, 기억상실이야말로 사실은 완벽한 해리일 뿐이니까요. 완벽한 해리는 트라우마 기억에 대한 완벽한 회피이자 외면입니다. 이는 결코 진정한 의미의 회복이라고 할 수는 없습니다.

•• 치유적 나비효과

트라우마를 실제 치료하는 사람 입장에서는 사실 과거의 기억 안으로 들어가 두려운 가해자에게 대항을 해보기도 하고, 그 당시 하지 못했던 말이나 행동을 하는 에반의 처음 시도들이 오히려 더 인상적이었습니다. 케일의 아버지가 야한 동영상을 찍으려는 과거로 돌아가 그에게 마치 어른처럼 "정신 똑바로 차려요"라고 충고를 한 것과 다이너마이트가 폭발하기 직전의 과거로 돌아가 희생당할 뻔한 아기와 엄마를 구한 것은 에반이 그 당시 느꼈던 두려움이나 죄책감을 떨쳐내는 데 도움이 되었을 것입니다. 만약 트라우마를 치료할 때 이러한 시도가 일어난다면 적어도 과거의 트라우마를 바라보고 해석하는 피해자의 시각이 바뀔 수 있습니다. 이는 트라우마의 회복에서 매우 중요한 과정입니다.

그런데 대부분의 피해자들은 과거의 트라우마를 재경험하게 될 때 이미 지나간 과거인데도 그 상황에 완전히 갇혀 꼼짝 못 하는 모습을 보입니다. 과거 기억 속의 가해자 앞에서 이미 성인이 된 피해자는 여전히 어린아이처럼 꼼짝 못 하고 공포에 질려 그냥 당하고 있을 때가 많습니다. 예를 들어보자면, 중학교 때 깡패에게 칼로 위협받으며 납치당할 뻔했다가 마침 경찰이 와서 가까스로 풀려날 수 있었던 피해 여성은 10여 년의 세월이 흘러 그때 당시의 기억을 다시 떠올리면 "깡패가 칼을 목에 들이댔어요. 숨도 쉴 수가 없고 다리가 후들거리고 가슴이 터질 것만 같아요. 너무 무서워서 정말 아무것도 할 수가 없어요. 무서워, 아무도 날 구해주지 못할 거예요"라고 말을 하며 그때 당시 느꼈던 공포와 무기력감을 고스란히 경험합니다. 트라우마의 가장 공포스러운 기억 속에 빠져들어 마치 지금 현실에서 그대로 경험하는 것처럼 이야기를 하는 것입니다. 이런 상태를 바로 '트라우마 기억에 갇혔다'라고 하는 것이죠. 사실 그녀는 깡패에게 필사적으로 반항하였고, 그 때문에 깡패가 주춤하는 사이에 지나가던 아줌마가 경찰에게 연락을 할 수 있었던 것인데, 그녀는 너무나 무서워 자신은 아무것도 할 수 없었고 아무도 자신을 구할 수 없었다는 가장 최악의 상황만을 기억하고 있었던 것입니다.

이럴 때에는 영화에서 에반이 했던 것과 같은 비슷한 시도가 피해자의 기억 안에서 일어나야 합니다. 그래서 트라우마 치료를 할 때에는 피해자가 기억 안에서라도 가해자에게 당당하게 맞설 수 있도록 도와주기도 합니다(이는 물론 피해자 자신이 충분히 준비가 되어 스스로 가해자와 직면하겠다고 마음을 먹었을 때 하는 시도입니다). 트라우마 기억 속에서 가해자의 크기를 반으로 줄여보라고 하기도 하고, 가해자가 말을 못 하게 입만 뻥긋거리고 있다고 상상해보라고 하기도 하고, 그 트라우마 장면 자체를 흑백의 장면으로 떠올려보라고 하기도 합니다. 그도 안 되면 피해자를 보호해줄 수 있는 사람, 예를 들면 피해자의 성인 자아 혹은 피해자의 실제 애인이나 배우자·친구·부모님들을 모두 피해자 뒤에 서게 하여 가해자에게 같이 대항하는 것을 상상해보도록 하기도 합니다. 그 당시 기억 속에서 피해자가 가해자에게 조금이라도 저항을 하고 그 당시 못했던 말이나 행동을 해보도록 도와줍니다. 이러한 시도들을 통해 피해자가 기억 속에서라도 트라우마 상황을 이전과는 다르게 경험할 수 있게 되는 것이 매우 중요합니다. 물론 이렇게 한다고 트라우마의 기억이 사라지는 것은 아닙니다. 그러나 적어도 현실에서 피해자는 트라우마의 가장 최악의 상황에만 갇혀 있지 않고 트라우마 기억 전체에 대해 새로운 시각을 갖고 새로운 해석을 내릴 수 있게 되죠. 기억 속의 작은 변화가 현실에서의 자책감, 무기력감, 공포심을 떨쳐낼 수 있는 커다란 변화를 일으킨다는 점에서 트라우마의 치료에서 나비효과는 중요한 의미가 있는 것 같습니다.

해리 현상,
탈출구가 없을 때의 탈출구

영화 〈나비효과〉에서 어린 시절의 주인공이 위험한 상황에 압도당할 때 정신을 잃고 쓰러진 뒤 그에 대한 기억을 못 하는 현상을 정신의학적으로는 '해리 현상'이라고 합니다.

사실 해리는 트라우마를 이해하는 핵심적인 개념 중 하나입니다. 지금으로부터 140년 전인 1870년대에 프랑스의 정신의학자인 자넷은 해리라는 용어를 처음으로 사용하면서, 이것이 고통스러운 트라우마의 기억을 의식에 떠오르지 않게 하는 심리적 메커니즘이라고 설명했습니다. 그는 주로 성폭행의 트라우마를 경험한 사람들이 그 성폭행의 사건에 대해서는 정확하게 기억하지 못하면서 이유 없이 불안해하고 설명할 수 없는 마비 증상을 일으키고 이상한 회피 행동을 한다는 걸 알게 됩니다. 자넷은 이러한 현상이 트라우마의 기억과 연관된 압도적인 두려움과 공포·불안의 감정을 피하기 위한 자연스러운 심리기전이라고 보았습니다. 하나의 인격이 트라우마와 연관된 기억을 아예 떠올리지 않기 위해 지극히 정상적인 일상생활을 하려고 하는 인격 구조와 반대로 트라우마의 기억을 자꾸 재경험하려는 인격 구조로 분리가 되면서 일어나는 현상이라는 것이죠. 후에 자넷은 트라우마로 인해 생긴 해리 증상으로 고통받는 사람들에게 트라우마의 기억과 그와 수반된 감정을 떠올리게 하면 그러한 증상들이 사라진다는 것을 발견했습니다. 물론 나중에 다른 정신의학자들이 이렇게 단순하게 트라우마 기억을 끄집어내고 감정을 발산

한다고 해서 모두 다 치료가 되는 것은 아니라는 사실을 알아냈지만, 아무튼 이미 140년 전에 해리 현상과 그에 대한 치료 지침을 발견한 자넷의 학문적 공로는 매우 크다고 할 수 있습니다.

하지만 그 이후 해리 현상에 대한 전문가들의 관심은 멀어져갔습니다. 앞에서도 언급했듯이 트라우마 자체에 대한 사회적 관심이 줄어들었기 때문에 자연스럽게 트라우마의 후유증인 해리 현상에 대해서도 관심이 줄 수밖에 없었죠. 때때로 《지킬 박사와 하이드》에서처럼 아주 극적으로 인격의 전환과 변화가 일어나는 현상인 '이중인격' 혹은 '다중인격'에 대해 대중적인 관심이 쏠리기도 하였지만, 이러한 인격의 전환과 변화를 해리 현상으로 이해하는 전문가들은 그리 많지 않았습니다. 그러다가 약 20여 년 전부터 트라우마와 그로 인한 후유증에 대한 연구가 활발히 진행되면서 해리 현상에 대한 관심도 다시 높아지기 시작했습니다. 왜냐하면 기본적으로 해리 현상은 트라우마 경험에 대한 방어기전이면서 동시에 트라우마의 후유증을 계속 지속시키는 요인이라는 것을 알게 되었기 때문이죠.

아주 견디기 힘든 트라우마를 경험하게 되면 우리의 인격은 보통 두 개의 다른 인격으로 분리가 되는데, 하나는 필사적으로 정상적인 삶을 유지하려는 인격 부분으로, 이를 '외관상 정상 인격apparently normal personality'이라고 합니다. 또 다른 하나는 외상 기억을 그대로 간직하고 있기 때문에 조그마한 자극에도 트라우마와 연관된 감정을 그대로 경험하게 되는 인격 부분으로, 이는 '정서적 인격emotional personality'이라고 합니다. 단 한 번의 트라우마를 경험한 피해자의 경우, 트라우마로 인해 해리가 일어나고 어느 정도 시간이 지나면 '외관상 정상 인격'이 주로 작동하게 되면서 '정서적 인격'을 잘 억제합니다. 일단 겉으로 보기에는 일상생활을 정상적으로 유지할 수 있게 되는 거죠. 그러나 스트레스를 많이 받게 된다든지, 혹은 원래의 트라우마와 유사한 자극을 받게 되면 억눌려 있던 정서적 인격이 금방 활성화되어 외관상 정상 인격을 뒤흔들어놓게 됩니다.

예를 들면 강간범에게 위협을 당하다가 목을 심하게 졸려 죽을 뻔한 사건을 겪은 여성은 자기 스스로 목걸이를 하는 아주 단순한 행동 혹은 애인의 팔베개를 하고 편안하게 눕는 행동 중에도 갑자기 겁에 질리게 되는 경우가 있습니다. 그렇게 되면 그 여성은 그 뒤부터 그런 단순한 행동도 피하게 됩니다. 즉 그녀의 외관상 정상 인격은 트라우마의 공포를 잊기 위해 필사적으로 자신의 정서적 인격을 억압하고 피하려는 노력을 하게 되는 것이죠. 안타깝게도 이러한 노력으로 인해 외관상 정상 인격과 정서적 인격이 서로 통합되지 않은 채 계속해서 해리된 상태로 남아 있게 됩니다. 그래서 정서적 인격은 언제든지 자극받아 쉽게 활성화되어 악몽 혹은 플래시백 행태로 나타나 외관상 정상 인격을 위협하는 현상이 지속됩니다.

이러한 인격의 해리는 트라우마를 여러 번 반복하여 경험할 때, 혹은 어려서 장기간 트라우마를 받았을 때 더욱더 복잡해집니다. 즉 정서적 인격의 숫자가 점점 늘어나게 되는 것입니다. 두려움을 경험하는 정서적 인격, 분노를 느끼는 정서적 인격, 외로움을 느끼는 정서적 인격 등과 같이 정서적 인격이 여러 개 생겨나 외관상 정상 인격을 더 자주, 더 심하게 흔듭니다. 외관상 정상 인격의 파워가 상대적으로 약해지고 주로 정서적 인격들에 의해 삶이 지배당하게 되기 때문에 정서적으로 매우 불안정한 모습을 보이게 됩니다. 경계성 인격 장애 혹은 복합 외상 후 스트레스 장애와 같은 경우에 이러한 복잡한 해리가 나타납니다. 해리가 더 심하게 일어나게 되면 외관상 정상 인격도 두 개로 분리되는데, 이는 다중인격으로 알려져 있는 '해리성 정체성 장애'에서 나타나는 현상입니다. 해리가 견고하면 견고할수록, 그리고 복잡하면 복잡할수록 트라우마의 기억은 통합되지 않은 채 그대로 남아 있게 됩니다.

PART4 트라우마 공화국, 대한민국

혈연과 지연을 배경으로 형성된 공동체 트라우마의 역사

대한민국 사람 모두가 겪는 신토불이 트라우마가 있다.
식민지와 분단, 전쟁의 1차적 원인을 제공한
일본이라는 거대한 트라우마로 출발한다.
분단이라는 상황은 대한민국의 절반에게
군대라는 트라우마를 제공한다.
급격한 근대화와 속도 전쟁 속에서 우리에게는
대형 사고의 후유증이라는 트라우마 또한
현재진행형이다.

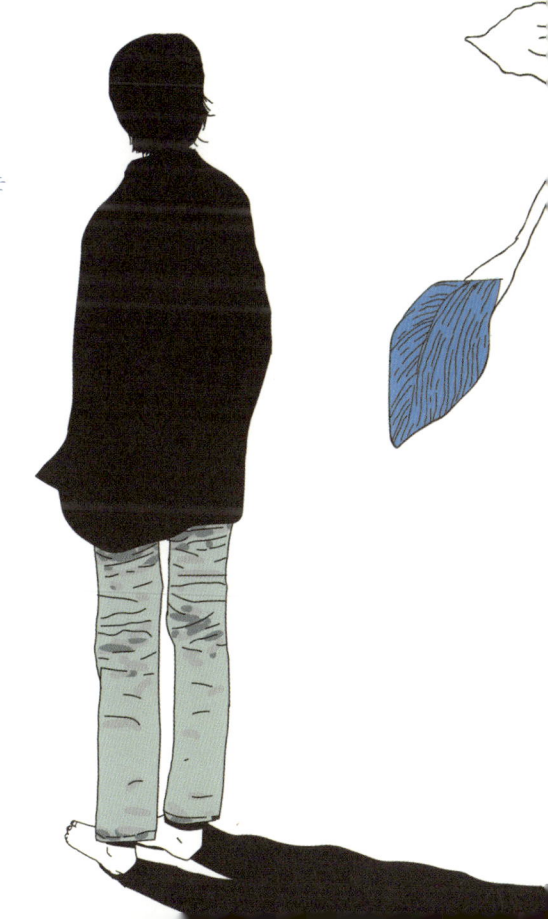

01
대한민국을 괴롭히는 일본이라는 트라우마

박치기

영어 제목 : 'We Shall Overcome Someday', 2006년 2월 개봉, 일본, 이즈쓰 가즈유키 감독, 시오야 슌(마쓰야마 고스케), 다카오카 소스케(리안성), 사와지리 에리카(리경자) 주연, 118분

언젠가 텔레비전에서 평상시 일상생활을 잘하는 위안부 할머니가 여름에 중학생들이 하얀 교복을 입고 걸어 다니는 것을 보면서 갑자기 흥분해 소리를 고래고래 지르는 모습을 본 적이 있습니다. 중학생들의 하얀 여름 교복이 할머니를 강간했던 일본군 군복을 연상시켰던 탓이지요. 지금 현재 나이 80이 넘은 할머니이지만, 하얀 교복을 보는 순간 할머니 마음속에 겁에 질린 10대 소녀의 마음이 되살아난 것이지요. 사소해 보이는 자극만으로도 타임머신을 타고 70년 전에 트라우마를 받았던 순간으로 돌아가는 겁니다. 세월이 그렇게 흘렀어도 그 할머니

마음의 내면 한구석에는 공포에 질린 소녀의 마음이 그대로 자리 잡고 있다는 사실을 단적으로 보여주는 것이지요. 이러한 종군 위안부 할머니들의 비극은 참으로 가슴 아픈 이야기입니다. 대한민국 국민이라면 누구나 종군 위안부 할머니들의 심정을 어느 정도는 이해할 겁니다. 그리고 그 고통이 남의 고통처럼 느껴지지 않을 겁니다. 정도의 차이가 있을지 모르지만 일본이라는 나라에 대해서 우리 민족이 갖고 있는 국민적 트라우마는 여전히 현재 진행형이기 때문이죠.

●● 현재 진행형의 트라우마, 자이니치

가깝고도 먼 나라, 가장 싫어하는 나라 1위로 꼽히는 일본과 한국의 관계가 이번 트라우마의 주제입니다. 여전히 군국주의 망령에 사로잡혀 1급 전범의 위패가 있는 야스쿠니 신사에 수상이 정기적으로 참배하고, 주기적으로 "일본의 한국 식민지 지배는 축복이었다"는 망언을 되풀이하고, 그것도 모자라 이제는 독도까지 자기네 땅이라고 우기는 일본은 우리에게 국민적 스트레스를 넘어서 민족적 트라우마의 수준에까지 올라섰다고 해도 과언이 아닐 것 같습니다.

이번에 소개할 영화는 〈박치기〉라는 일본 영화로, 60년대 일본을 배경으로 재일교포와 일본인 간의 갈등과 화해를 그린 작품입니다. 일본 배우들이 등장해 어색한 우리말로 연기를 하지만 나름대로의 주제 의식과 역사 인식을 분명히 보여주고 있지요. 이 영화는 한국인의 트라우마라기보다는 재일교포의 집단 트라우마를 보여주고 있지만, 그것이 우리에게 무관한 것이라고 할 수는 없을 것입니다. 해방이 된 뒤에도 일본에 살고 있는 한국인, 재일교포가 받아온 트라우마는 우리가 상상하는 것 이상일 수 있습니다. 모국에 대한 그리움은 한이 맺힐 만큼 간절하지만 막상 모국인 대한민국으로부터는 별다른 지원이나 관심도 받지 못한 채 그저 잊혀가는 주변인 같은 취급을 받고, 일본인들에게는 여전히 조센징이라는 굴욕적인 차별을 받으며 살아야 했으니까요. 그들은 일제 36년 동안 우리가 느꼈던 트라우마를 해방 이후에도 계속해서 일상의 삶 속에서 피부로 진하게 느끼고 살아야만 했던 것입니다.

영화의 배경이 된 공간은 일본의 옛 수도인 교토이고 시기는 68혁명이 일어났던 1968년입니다. 히가시고 학생들과 조선고 학생들 사이에는 연일 치고받는 싸움이 계속됩니다. 영화가 시작하자마자 비틀즈를 비롯해 당시 시대 분위기를 보여주는 고등학생들의 대사가 나온 뒤, 곧바로 저고리를 입은 조총련 학생들을 일본인 학생들이 괴롭히는 장면이 등장합니다. 이에 열받은 조선고 학생들이 떼거리로 몰려들어 일본인 학생들을 박살 낸 뒤, 아예 그들이 타고 있던 학교 버스까지도 전복시켜버립니다. 이렇게 두 학교 사이에서 팽팽한 긴장감이 고조되고 있는 상황에서 히가시고의 진보적인 선생님은 조선고에 축구 시합을 제안합니다. 모택동을 신봉했던 그는 사회의 주류인 사람들이 먼저 화해와 우정의 메시지를 보내야 한다고 생각한 것이지요. 모범생인 고스케(시오야 슌 분)가 선생님의 명령으로 친선 축구 시합을 조선고에 제안

하러 가는데 그곳에서 고스케는 플루트를 부는 청순하고 예쁜 경자(사와지리 에리카)를 만나 첫눈에 사랑에 빠집니다. 영화의 줄거리는 실제 원작자가 자신의 체험을 바탕으로 소설화한 것이라고 하더군요. "사랑에는 국경이 없다"는 명제만큼 보편적인 진리가 어디 있겠습니까?

경자에게 다가가기 위해 고스케는 역시 운동권 대학생 사카자키(오다기리 조 분)로부터 금지곡 〈임진강〉이란 노래를 배우고 열심히 한국어도 공부합니다. 그런데 문제는 경자의 오빠가 조선고의 펄펄 뛰는 짱이었다는 사실이죠. 바로 박치기의 달인인 안성(다카오카 소스케)이었습니다. 처음에 안성은 여동생과 고스케의 사귐을 방해하지만, 고스케의 진심을 알고는 일본인인 그와도 친구가 됩니다. 그리고 동생과 사귀는 것을 묵인해주지요. 하지만 두 사람의 사랑과는 관계없이 조선고와 일본 학생들 간의 싸움은 계속 이어지고 이 와중에 안성의 가장 친한 친구인 재덕이 일본 깡패에게 맞아 죽게 됩니다. 친형제와 같은 재덕의 죽음 앞에서 안성은 완전히 이성을 잃고 복수를 선언하지요.

•• 최악의 후유증을 남긴 분단 트라우마

영화에서 재일교포들의 트라우마가 잘 드러나는 장면은 안성과 안성의 가족들이 모여서 신세 한탄을 할 때입니다. 일본 사회에서 정상적인 교육과 취업 기회를 보장받지 못하는 그들은 고물상이나 불고기집을 하면서 일본 사회의 최하층의 삶을 영위하고 있지요. 당시 만경봉

호를 타고 본국(북조선)으로 귀국하는 조총련들이 늘고 있었기 때문에 북한 사회의 실상이 어느 정도 조총련들 사이에도 알려지게 됩니다. 삼엄한 통제 국가인 본국으로 돌아가는 것도 불안하고, 그렇다고 차별과 멸시를 받아가면서 그냥 어쩔 수 없이 일본 사회에 동화되어갈 수도 없는 조총련계 재일교포들의 고민이 영화에 잘 드러나고 있지요.

특히 인상적이었던 장면은 재덕의 죽음으로 조총련 마을 사람들이 초상집 분위기인 상황에서 고스케가 조문을 하러 왔을 때 그를 차갑게 대하던 재일교포 1세들의 반응이었습니다. 그 중에서 가장 나이가 많은 재일교포 1세 할아버지가 고스케(50년대 초반에 태어났을 테니까 일본의 조선 침략에 대해서 직접적인 책임이 있는 세대는 아닐 것입니다)에게 다음과 같이 탄식합니다.

"우리는 일본인이 남긴 돼지 먹이 훔쳐 먹다 일본 야쿠자에게 걸려 죽도록 얻어맞았어. 너희 같은 일본 젊은이들이 알 리가 없지. 몰랐으면 앞으로도 알려고 하지 않을 거야. 우리들은 너희들과 다르단 말이야. 그러니 어서 가, 가라고."

일본인들에게 멸시와 차별을 받고 살아야 했던 재일교포들의 절실한 설움과 한을 느끼게 해주는 대목이지요.

〈임진강〉이란 노래 가사를 보면 산새들도 자유롭게 오가는 그 강을 왜 형제들이 건널 수 없는 것이냐고 묻습니다. 사실 영화에서는 분단의 책임도 일본에게 있다며 일본인들이 반성하는 대목이 나오지요. 패전국은 일본인데 일본이 분단될 것을 당시 조선이 일본의 영토였다는 이유로 대신 갈라졌다는 겁니다. 가만히 생각해보면 참 이상한 일이기도 합니다. 독일도 패전 후 서독, 동독으로 분단이 되었는데 일본은 그대로 보존되고 대신 왜 우리나라가 분단이 된 것일까요? 그렇게 보면 일본이 우리에게 남긴 트라우마 중 가장 심각한 후유증을 남긴 트라우마는 바로 분단일지도 모르겠습니다.

●●We shall overcome!

이 영화의 영어 제목은 'We shall overcome someday' 입니다. 그런데 영화를 보고 난 뒤 불현듯 여기서 we는 누구이고, overcome 하는 것은 어떻게 되는 것을 말하는 것이지 하는 의문이 들더군요. 쉽게 생각해서 we는 재일교포와 일본인이고, 그들이 갈등을 잘 해결하여 서로 이해하고 화합하면서 살아가게 되는 것이 overcome이라고 한다면, 그건 정말 누구를 위한 overcome인가 하는 생각이 듭니다. 일본의 양심적인 지식인 입장에서 보자면 차별받는 소외 계층, 소수 민족에 대해 일본인 자신들이 마음을 열고 그들의 삶의 아픔을 이해하며 동등하게 대하고 그들과 인간적으로 교류하면서 일본 내에서 평화롭게 사는 것이 가장 바람직한 일이겠죠. 그렇게 되면 시간이 지날수록 두 민족 간의 갈등과 경계는 모호해져가고 결국 역사의 흐름과 함께 재일교포들은 일본인으로 동화되어갈 테니까요. 그러나 재일교포 입장에서는 overcome이 무엇을 의미하는 것일까요? 정말 일본인들이 생각하는 것처럼 별다른 마찰 없이 일본에서 평화롭게 살 수 있게 되는 것, 그래서 그냥 일본인으로 서서히 동화되어가는 것일까요? 아니면 민족 주체성을 잃지 않고 일본 내에서 끝까지 한국인으로 당당하게 살 수 있게 되는 것일까요? 쉽지 않은 문제라는 생각이 듭니다. 재일교포 각 개인마다 생각과 의견이 다를 수 있을 것 같다는 생각도 듭니다. 정말 재일교포들은 이 영화를 보면서 무엇을 느꼈고, 만약 본인들의 손으로 직접 영화를 만든다면 어떤 결말을 내고 싶을까 하는 궁금증도 생깁니다. 이런 재일교포에 대한 영화가 일본 감독에 의해 만들어졌다는 것이 아쉽게 느껴질 뿐입니다.

종군 위안부 문제, 독도 영유권 문제, 과거사 청산 문제 등 일본이라는 존재가 주는 트라우마는 여전히 현재 진행형임을 깨닫게 됩니다. 우리는 앞으로 일본과의 관계에서 트라우마를 어떻게 overcome해 나가야 하나 하는 역사적 과제에 대해 진지한 고민을 해보아야 할 것입니다. 역사는 그냥 사라지는 것이 아니기에 우리는 반드시 민족적 트라우마를 극복해야 합니다. 세월이 흘러가 이제는 한일 서로 간에 문화가 개방되고, 역사 속 트라우마의 많은 부분이 잊혀가고 있고, 또 조금씩 해결되어가고 있기도 하지만 여전히 우리에게 일본이라는 나라가 주는 트라우마는 현재 진행형이며 아직까지도 많은 자극을 받고 있는 것 또한 외면할 수 없는 현실입니다. 일본이라는 나라로부터 계속 자극을 받고 있는데도 경제적 이득이 우선이라는 이유로 그들이 준 트라우마를 그냥 잊어서는 안 될 것입니다. 일본이라는 나라와 평화롭게 공존하기 위해서라도 먼저 우리가 해야 할 일은 역사 속의 우리의 트라우마를 체계적으로 밝히고 지속적인 연구를 해나가는 것이겠지요. 우리 안에 억압되고 은폐되고 왜곡되었던 진실부터 드러내야 하고, 고통스러워 잊고 싶은 사건들을 들추어 이야기해나가는 것부터 시도해갈 때 우리 민족과 개인의 상처 치유가 시작될 것입니다. 우리가 풀어나가야 할 역사적 과제가 참으로 많다는 생각입니다.

02
대한민국 남자들이 겪는 군대라는 트라우마
용서받지 못한 자

영어 제목: 'The Unforgiven', 2005년 11월 개봉, 한국, 윤종빈 감독, 하정우(유태정)·서장원(이승영) 주연, 121분

지금까지 여자들의 트라우마 이야기가 참 많았습니다. 여성들이 트라우마에 더 취약한 것일까요? 그럴지도 모르지요. 하지만 남자들의 트라우마도 사실 만만치 않습니다. 대표적인 예가 앞에서 살펴본 람보가 겪은 전쟁 트라우마입니다. 그리고 대한민국 모든 남자들이 겪어야 하는 군대 트라우마가 있습니다. 정상적인 대한민국 청년이라면 특별한 이유가 없는 한 남북이 대치하고 있는 상황에서 국방의 의무를 다하기 위해 군대에 가야 합니다. 이곳에서 대한민국 남성들은 개인적인 욕구를 죽이고 단체의 규율과 상관의 명령을 불합리하거나 부조리하다는

생각이 들어도 무조건 따라야 하는 경험을 해야 합니다. "군대 가서 철 들어 온다"는 말처럼 대부분의 어른들은 군 생활을 어른이 되는 통과 의례 같은 일종의 사회화 과정으로 보지만, 젊은 사람의 시각에서는 비인간화 체험 과정으로 볼 수도 있겠지요.

•• 불합리, 부조리, 폭력성, 그리고 군대

예전처럼 전 사회가 군대 병영 같았던 군부 독재 시절이었다면 군대라고 특별히 더 힘들 것도 없었겠지만, 민주화가 되고 사회의 모든 영역에서 자유와 인권이 강조되는 이 시점에서 여전히 비민주화와 비인권화 공간으로 남아 있는 군대는 예나 지금이나 남자들에게 트라우마의 온상이 될 수밖에 없습니다.

사실 뭐, 복잡하게 생각할 것 없는지도 모르겠습니다. 로마에 가면 로마 법을 따르라고, 군대에 가면 사회에서 터득한 상식이나 합리성을 빨리 버리고 재빨리 군대라는 특수 상황의 규율과 원칙을 받아들이면 되는 것이니까요. 누구 말대로 거꾸로 매달아도 국방부 시계는 돌아가는 법이니까 힘들고 억울해도, 불합리하고 부조리해도 참고 받아들이는 것, 참고 따르는 것이 남자다워지는 것이고 그래야 어른스러워지는 것이라고 생각하면 2년이라는 시간은 의외로 빨리 지나갈지도 모릅니다. 이런 획일적인 단체 생활에 적응을 하면 나중에 회사 생활이 편해질 수 있다는 식으로 자기 합리화를 하는 것도 군대 생활을 받아들이는 방법 중 하나가 되겠죠. 반면에 "이런 말도 안 되는 경우가 있어?", "왜 내가 이런 명령을 따라야 하지?", "왜 내가 이걸 해야 되지?" 하는 합리적인 의구심을 가질수록 군대 생활에 적응하기는 더 힘들어집니다. 불합리성과 부조리에 저항하면 할수록 심적으로나 신체적으로도 오히려 더욱더 고달파질 것이기 때문이죠. 그냥 시키면 시키는 대로 '군대에서는 원래 이래야 하는 거구나' 하고 순응하면 군 생활에 빨리 적응하게 되고 그만큼 편안해집니다.

 단체 생활의 불합리성이나 부조리를 체질적으로 빨리 흡수하지 못하는 친구들이 어디든 있기 마련입니다. 너무 똑똑해서일 수도 있고, 융통성이 부족해서일 수도 있고, 원래 권위나 명령에 대해서는 반항하는 기질이 강해서일 수도 있습니다. 그도 저도 아니라면 단지 몸이 굼떠서일 수도 있지요. 이런 친구들에게는 고참으로부터의 이지메, 욕설, 얼차려, 구타 등의 폭력이 가해집니다. 바로 이 폭력성이 최고의 트라우마라고 할 수 있지요. 요즘은 군대도 많이 좋아져서 대놓고 심한 구타를 하기 힘들다고 하더라도 은근한 왕따와 무시, 조롱과 비난은 오히려 더 심해졌을 수 있습니다. 이렇게 직간접적인 폭력을 반복적으로 당해야 한다면 누구에게나 트라우마가 될 수밖에 없지요. 압도적인 폭력 앞에 완전히 무기력해졌는데도 계속되는 폭력으로부터 피할 수가 없으니 말이죠. 군 생활에 적응하지 못한 친구들이 어처구니없는 사고를 치거나 스스로 목숨을 끊는 이유는 대부분 이 폭력적 상황에서 누구에게도 도움을 청하지 못하고, 스스로는 어떻게 벗어나야 할지 몰라 괴로운 나머지 극단적인 행동을 선택하게 되기 때문입니다.

그런데 여기서 또 하나 우리가 잊지 말아야 할 것은 그들의 극단적인 행동의 결과가 끔찍하면 끔찍할수록 불합리성과 부조리를 강요한 가해자의 트라우마도 역시 커진다는 점입니다. 가해자들인 대부분의 고참병들 역시 사실 처음에는 군대 생활의 불합리와 부조리에 겨우겨우 순응해야 했던 피해자들이었고, 그래서 본의 아니게 가해자 역할을 받아들여야 했던 것이니까요. 이번에 소개할 영화가 바로 그 점을 말해주고 있습니다.

●● 피해자가 가해자로, 반복되는 악순환의 고리

〈용서받지 못한 자〉는 당시 중앙대 영화과 재학 중이었던 윤종빈 감독이 2천만 원이라는 초저예산으로 찍은 독립영화입니다. 부산 국제영화제에서 처음 개봉됐는데 국제영화평론가협회상, 뉴커런츠 특별 언급, 넷팩상, PSB관객상 등 4관왕을 차지했습니다. 윤 감독은 이 영화에서 현실 적응력이 크게 떨어지는 부산 출신 졸병 지훈 역을 직접 맡아 좋은 연기를 선보였습니다. 아기자기한 볼거리가 많고 특히 배우들의 연기가 아주 좋았던 영화입니다. 지금은 〈추격자〉로 엄청나게 뜬 하정우(유태정 역)가 이 영화의 주연을 맡아 본격적으로 연기력을 인정받았지요.

태정은 매우 현실적응성이 뛰어난 고참 병장입니다. 그는 군 생활에서 위아래 관계를 잘 조율하여 주위로부터 인정받는 고참이었지요. 반면 명문대를 다니다가 늦게 입대한 친구 승영(서장원 분)은 합리적이고 똑똑하며 게다가 반항기까지 마음속에 품고 있는, 소위 군 부적응아였습니다. 승영은 자신에게 명령을 하는 친구 태정과 왕고참 수동에게 항상 묻습니다. 이 일을 왜 해야 하는 거냐고. '왜'에 대해서 납득을 해야만 하겠다고 버티지요. 그런 승영을 친구이기 때문에 보호해주는 태정은 제대할 때가 되어가자 승영에게 제발 잘 적응하라고 달래도 보고 얼러도 보고 화도 내봅니다. 태정은 승영에게 "군대는 착한 사람이 필요한 게 아니야, 그냥 말 잘 듣는 사람이 필요해"라고 알려주면서 군 생활에 잘 적응할 수 있는 나름대로의 노하우를 알려줍니다.

그러나 승영은 태정의 조언을 한쪽 귀로 듣고 다른 한쪽 귀로 그냥 흘려 보냅니다. 그리고 자신이 고참이 되면 불합리와 부조리를 반드시 없애겠다고 다짐하며 고달픈 군 생활을 자초합니다. 그러나 막상 태정이 제대를 하고 나서부터 승영은 달라집니다. 그 역시도 자신의 방식이 옳다는 확신이 서서히 희미해져가고 있었기 때문이지요. 군 생활이 길어지면서 고참이 되어보니 과거 자신을 괴롭혔던 고참의 입장을 이해하게 된 측면도 있고, 승영 자신도 모르는 사이에 군대 문화에 적응을 하고 있는 것으로 볼 수도 있습니다.

문제는 승영 밑으로 신참 지훈이 오면서부터 발생합니다. 지훈은 승영 같은 부적응아였지만 그는 어떤 신념이 있어서 부적응자의 길을 선택한 게 아니라 태생적으로 굼뜨고 어리바리했기 때문에 부적응자가 된 케이스입니다. 승영은 다른 부대원들에게 왕따와 괴롭힘을 당하는 지훈을, 마치 태정이 자신에게 해주었듯이 보살펴주지요. 적응 못 하는 지훈의 모습에서 처음에 잘 적응하지 못했던 자신의 모습이 생각나서 그랬을 수도 있습니다. 그런데 사실 지훈의 문제는 더 심각합니다. 계속해서 여자 친구에게 전화를 걸다가 끝내 차임을 당하고, 그 충격으로 고참에게 인사도 하지 않고 걸어가다 걸려 크게 혼이 납니다. '앤 봐준다고 잘 적응할 아이가 아니다' 라는 생각이 들었는지 승영은 갑자기 화를 내며 얼이 빠진 지훈에게 구타를 가하지요. 그동안 의지할 수 있었던 승영에게조차 맞은 지훈은 자포자기의 심정으로 화장실에서 목을 맵니다.

죄책감에서 비롯된 트라우마

승영에게 지훈의 자살은 엄청난 충격이고 트라우마였을 것입니다. 그는 자신이 화를 내고 구타한 것 때문에 지훈이 자살한 것이라는 생각에 괴로워하면서 잠을 못 자고 악몽에 시달리고 자책하면서 점점 불안해하고 우울해합니다. 그러다가 휴가를 받은 승영은 제대한 친구 태정을 찾아갑니다. 승영이 태정을 찾은 이유는 견딜 수 없는 죄책감 때문이었던 것 같습니다. 지푸라기라도 잡고 싶은 절박한 심정으로, 승영은 태정으로부터 위안을 받고 싶었던 모양입니다. 그런데 막상 태정을 만난 승영은 자신의 괴로움을 솔직히 말하고 빨리 도움을 청하지 못하고 빙빙 돌려가며 쓸데없는 말을 하며 별 의미 없어 보이는 것에 자꾸 집착하는 모습만 보입니다. 여자 친구와 오붓한 시간을 갖고 싶어하는 태정은 그런 불안정한 모습을 보이는 승영을 귀찮아합니다. 승영이 자신을 왜 찾았는지 영문을 모르는 태정은 결국 답답한 승영에게 짜증을 내고는 돌아서서 그냥 집으로 가버립니다. 집에 가던 도중 친구에게 미안한 마음이 들었는지 태정은 술을 사 들고 다시 승영에게 갔지만, 이미 승영은 목욕탕에 들어가 손목을 긋고 자살을 시도한 후였습니다.

•• 폐쇄적이고 불합리한 폭력 문화의 상징, 군대

스스로 용서받지 못한 자가 되고 말았지만, 사실 영화 속에서 가장 트라우마를 많이 받은 사람은 승영이 아닐까 싶습니다. 신참 때는 나름 의식을 갖고 저항하다가 왕따당하고 기합과 폭력에 노출되었고, 겨우 그런 생활에서 벗어나 적응할 만할 쯤 신참 지훈 때문에 애를 먹고, 지훈이 목을 매달아 죽은 모습을 보았을 때는 엄청난 충격을 받았을 것이고, 지훈의 죽음 이후에는 견딜 수 없는 죄책감에 시달렸으며, 괴로워 도움을 구하러 간 친구에게는 버림을 받는 등 그의 군 생활은 크고 작은 트라우마에 시달리는 고통과 긴장의 연속이었죠.

대부분의 다른 군인들은 불합리하고 부조리한 군대의 폭력성을 받아들인 자신에 대해 "어쩔 수 없지 않냐?", "이게 세상의 이치인데 나만 안 받아들인다고 어떻게 되겠어?" 하는 식으로 자기 합리화를 하게 됩니다. 맞았을 때의 억울함과 분노도 잊어버리고 때렸을 때의 찝찝함과 죄책감도 심각하게 생각하려 하지 않죠. 그래야 자기 보호가 되니까요. 하지만 승영은 자기 합리화가 안 되었던 모양입니다. 아니, 자기 합리화를 안 하려고 했는지도 모르겠습니다. 그렇게 불합리한 폭력성에 저항하고 반항하다가 어느 순간 폭력을 휘두른 가해자가 된 자기 자신에 대해서 용서하고 싶지가 않았나 봅니다.

군대는 구조적으로 폐쇄적일 수밖에 없습니다. 자유와 인권이 아무리 중요시되는 시대가 되어도 군대 내에서는 상하 관계에 대한 절대적 복종의 요구, 이를 관철시키기 위한 불합리한 폭력성이 쉽게 사라지지 않을 것입니다. 명령에 대한 반항과 거절에 대해서는 더 심한 압박과 폭력이 행해질 뿐이죠. 위계질서를 지키기 위해 일어나는 폭력은 대개 일방적인 폭력이 되고, 이러한 일방적인 폭력은 그 특성상 본질적으로 직접적인 트라우마가 될 수밖에 없습니다. 군 생활을 하는 동안 비인간적인 폭력성에 자주 노출이 되면 될수록, 그리고 아주 강도가 심한 폭력성에 노출이 되면 대부분의 군인들은 억울함, 분노감, 위협감, 죄책감을 강하게 느끼게 됩니다. 폭력을 당하는 사람이건, 폭력을 행하는 사람이건, 폭력을 옆에서 지켜보아야 하는 사람이건, 모든 사람에게 폭력은 부정적인 트라우마로 남게 되는 것이죠.

여러분은 군대에서 일어나는 이러한 비인간적인 폭력성을 어쩔 수 없는 것이라고 혹은 대수롭지 않게 받아들이는 태도가 남자다운 것이고, 용감한 것이고 어른이 되는 것이라고 생각하십니까? 그렇게 생각한다면 승영은 아마도 마지막까지 이 생각을 받아들이지 못한 용서받지 못한 자일 것입니다.

03
부실 공화국, 빨리빨리 문화가 만들어낸 트라우마

가을로

영어 제목: 'Trace of Love', 2006년 10월 개봉, 한국, 김대승 감독,
유지태(최현우) · 김지수(서민주) · 엄지원(윤세진) 주연, 114분

1995년 6월 29일은 무슨 날일까요? 전두환 정권이 국민에게 백기를 들고 직선제를 수용한 6·29 선언의 8주년 되는 해일까요? 아닙니다. 대한민국 역사상 가장 큰 사고로 기록되고 있는 삼풍백화점이 붕괴한 날입니다. 강남 한복판의 멀쩡한 백화점이 무너져 500명 이상이 사망했고 천 명 가까이 되는 사람들이 부상을 입었던 대형 사고이지요. 그 당시에는 지금 광우병 촛불 시위 이상으로 전 국민의 관심을 모았던 사건인데 지금은 피해자의 가족 외에는 별로 기억하는 사람들이 많지 않은 것 같습니다. 그 후에도 너무 많은 사건, 사고들이 있어서일까요? 아니

면 나쁜 기억은 하루 빨리 잊고 싶은 게 인지상정이기 때문일까요?

사실 우리나라는 정말 대형 사고가 많은 나라입니다. 오죽하면 외국 특파원들이 한국에 와서 "한국처럼 뉴스거리가 많은 나라는 보지 못했다"고 하겠습니까? 좋게 말하면 다이내믹한 변화가 넘쳐나는 곳, 변화의 에너지가 넘쳐나는 곳이고 나쁘게 말하면 변덕이 죽 끓듯 하는 곳이기도 하죠. 사회 전반적으로 워낙 변화가 다양하게 그리고 급격하게 일어나다 보니 실로 어처구니없는 사건, 사고가 줄지어서 일어나고 있고 그로 인한 희생자와 피해자는 계속 늘어나고 있는 실정입니다. 문제는 이러한 사건, 사고로부터 무엇을 배우고 어떻게 달라져야 하는지 알아보기 위해 뒤돌아보는 여유가 없다는 것입니다. 그래서 항상 벌집 쑤신 것처럼 난리 법석을 떨다가 금방 잊어버리고는 또다시 똑같은 사고를 반복해서 일으킵니다.

한국 사회를 가리켜 흔히 '안전 불감증' 사회라고 합니다. 근대화 이후 뭐든 빨리빨리 해내야 한다는 강박관념이 우선이다 보니, 언제 터질지 모를 위험이 늘 잠재해 있는 불안전한 일상을 우리가 너무 아무렇지도 않게 받아들이기 때문에 나온 말입니다. 대형 사고가 터질 때마다 문제의 원인을 찾아내어 예방하는 노력을 할 생각은 않고, 그 당시만 극단적으로 분노하고 개탄하고 원망하고 하다가 시간이 지나 잠잠해지면 언제 그랬냐는 듯이 잊고 사는 게 우리네 모습입니다.

당시 삼풍백화점은 7년이 채 안 된 새 건물이나 마찬가지였습니다. 이런 새 백화점이 폭탄 맞아 무너져 내리듯 붕괴된 원인은 한마디로 총체적 부실 때문이라 할 수 있지요. 설계, 시공, 감리의 모든 과정이 부실하게 이루어져서 결국 한순간에 무너질 수밖에 없었던 겁니다. 수주를 따내기 위해 로비하고, 그 비용을 마련하기 위해 공사에 사용될 비용을 줄여 싼 자재를 쓰고, 무리하게 공사 기간을 단축시키는 바람에 이런 사고가 일어난 거지요. 앞서 우리는 사고가 터지고 나면 들끓지만 예방 차원의 안전에 대해서는 무감각하다고 했는데 삼풍백화점이 무너지는 날에도 그랬습니다. 오전에 이미 5층 식당가에서 붕괴의 조짐이 있었다고 합니다. 바닥이 균열되면서 누구나 느낄 수 있을 만한 진동이 있었고 오후에는 에어컨 가동까지 중단되었는데, 설마 백화점이 무너지랴 하는 생각에 대피나 출입금지 등의 조처를 그 누구도 취하지 않은 것이지요.

어떻게 보면 명백한 인재이고, 책임자들은 500명 이상의 인명을 죽게 한 살인범이나 마찬가지인데도 삼풍백화점 회장과 사장은 7년 형을 살고 나왔다고 합니다. 당시의 서초구청장은 징역 10개월에 추징금 200~300만 원을 선고받았다고 하네요. 당시에는 그들에게 극형을 선도해야 한다는 극단적인 여론까지 나왔는데, 지금은 누구도 그들의 처벌에 대해 관심을 갖는 사람이 없을 것입니다. 그들에게 물은 죄값은 과연 적절한 것일까요? 그리고 이들만이 백화점 붕괴의 책임을 져야 하는 것일까요? 희생자 가족을 생각하면 새삼 고개가 숙여지는 일이 아닐 수 없습니다.

●● 삼풍백화점 붕괴, 그 이후

여기 소개할 영화는 바로 삼풍백화점 붕괴 사고로 사랑하는 사람을 잃은 사람들의 슬픔을 다룬 영화, 〈가을로〉입니다. 〈번지점프를 하다〉에서 감성적인 연출력을 선보인 김대승 감독이 메가폰을 잡은 작품이지요. 삼풍백화점 붕괴라는 슬프고 기억하기 싫은 재난을 다루고 있지만 충격적이고 어두운 분위기보다는 잔잔하면서도 밝은 느낌을 전해줍니다.

사법고시에 합격한 현우(유지태 분)는 오랜 연인이었던 민주(김지수 분)를 낯선 아파트로 초대합니다. 그곳은 두 사람이 결혼해서 살 집으로 현우가 마련한 행복의 보금자리였지요. 장미 꽃다발을 들고 있는 현우는 이렇게 말합니다.

"사랑한다, 영원히 지켜줄게. 나랑 결혼해줄래?"

수줍은 그의 청혼에 민주는 마냥 행복해하지요. 결혼 준비를 위해 함께 쇼핑을 하기로 한 두 사람. 그런데 갑자기 급한 일이 생긴 현우는 혼자 가기 싫어하는 민주를 억지로 백화점으로 보냅니다. 현우는 당시 사법연수원에서 연수 중이었는데 깐깐한 선배 검사가 그에게 갑작스럽게 일을 시켰기 때문이죠. 현우는 급하게 일을 마친 후 허둥지둥 백화점으로 달려갑니다. 횡단보도를 건너 민주가 기다리는 백화점으로 가려는데 갑자기 '쿵!' 소리가 나면서 거대한 건물 두 채가 눈앞에서 순식간에 완전히 무너져 내리고 아수라장이 되어버립니다. 망연자실하여 민주의 이름을 애타게 부르는 현우.

그리고 10년의 세월이 흐릅니다. 현우는 사랑하는 사람을 잃은 상실감과 그녀를 죽음으로 내몬 것이 자기라는 죄책감을 안고 살아갑니다. 현우는 원래 인권 변호사가 되어 사회적 약자를 도와주려는 꿈을 갖고 있었지만, 사고를 겪은 후에는 완전히 사람이 변하여 냉정한 검사로 거칠고 여유 없는 일상을 보냅니다. 이러한 급격한 인격의 변화도 트라우마로 인한 후유증 때문일 것입니다. 그러던 중 맡고 있던 사건의 여론이 좋지 않아지자 검찰청에서는 수습책으로 그에게 단기간의 휴직 처분을 내립니다.

무엇을 해야 할지 막막해하는 현우에게 우연히 민주의 아버지가 찾아와 저녁을 함께 먹게 됩니다. 민주 아버지와 함께 앉아 있는 자리가 편치 않았던지 현우는 자리를 피하려고 합니다. 아무래도 민주에 대한 기억이 자꾸 자극을 받게 되어 괴로웠기 때문이었겠지요. 현우가 피하려는 낌새를 눈치 챈 민주의 아버지는 현우가 잠시 자리를 비운 사이 한 권의 노트를 남기고 그 자리를 뜹니다. 겉표지에 '민주와 현우의 신혼여행'이라는 글씨가 쓰여 있는 그 노트는 10년 전 민주가 현우를 위해 준비한 특별한 선물이었지요. 마침 휴가를 얻었기에 현우는 그 다이어리에 있는 여행지로의 여행을 시작합니다.

민주가 적어놓은 대로 여행지를 찾아가면서 현우는 민주의 웃는 모습, 둘이 함께 이야기하는 환영을 플래시백처럼 떠올립니다. 떠오를 때마다 괴롭기도 하고 한편으론 그립기도 합니다. 그런데 현우는 문득 가는 곳마다 마주치게 되는 한 사람의 여인이 있다는 것을 깨닫게 됩니다.

•• 재난 속에서 살아남은 개인의 트라우마

민주가 건물이 무너지기 직전 백화점 커피숍에서 현우에게 줄 선물(다이어리지요)을 포장하고 있을 때 그 커피숍에서 아르바이트를 하던 직원이 있었습니다. 그녀가 바로 세진(엄지원 분)이었죠. 순식간에 백화점 건물이 무너지고 난 뒤, 두 사람은 갇힌 콘크리트 틈새로 가까스로 어렵게 서로의 손을 잡고 살아남았음을 확인합니다. 세진은 큰 부상을 당하지 않았지만 민주는 하반신 마비 상태였습니다. 두 사람은 공포감과 절망감을 잊기 위해 어둠 속에서도 계속 서로 이야기를 나눕니다. 그러다가 민주는 세진에게 자신이 사랑하는 남자인 현우의 이야기를 하게 됩니다. 그리고 결국 민주는 죽고 세진은 극적으로 구조되어 살아남습니다. 영화 속의 세진은 폭 1.5m와 높이 40cm의 공간에서 13일을 버틴 뒤 신체적인 부상 없이 구조된 유 모 양을 모델로 한 것 같습니다.

 비록 육체적인 부상은 없었지만 강한 정신적인 트라우마를 받은 세진은 일상생활로 돌아가서도 여러 가지 후유증으로 고통을 받습니다. 어두움을 두려워하여 밤에 잠을 잘 때는 늘 불을 켜놓고 잡니다. 면접을 보려고 해도 결정적인 순간에 가슴이 두근거리고 호흡이 가빠져 면접을 포기하고 그냥 나오기도 하지요. 겉으로 보기에는 아무 부상이 없는 듯하지만 그녀의 뇌 안의 신경 회로는 생화학적인 손상을 받았는지도 모릅니다. 불안과 공포의 기억을 저장하고 있는 뇌 안의 편도체에 빨간불이 들어와 있는지도 모릅니다. 앰뷸런스만 보아도 그때 구조

당시의 기억이 떠올라 발작 상태를 일으키기도 하고 좁은 곳에 갇히면 폐쇄공포증을 호소합니다. 게다가 그녀는 같이 조난을 당했다가 민주는 죽고 본인만 살아남은 것에 대한 죄책감에도 시달립니다. 불면증, 불안 발작, 놀람 반응, 폐쇄공포증, 죄책감이 모두 다 전형적인 외상 후 스트레스 장애의 증상들이라고 할 수 있습니다.

지친 마음을 달래기 위해 세진은 무작정 여행을 떠납니다. 그런데 세진은 가는 곳마다 계속해서 현우를 만나게 됩니다. 처음에는 마주치면서도 상대방의 존재에 대해 의식하지 못하던 두 사람이었지만, 나중에는 상대방이 자신과 같은 장소를 찾아가고 있다는 것을 알게 됩니다. 두 사람은 민주가 다이어리에 기록해놓은 여행지를 여행하고 있었던 것이죠. 실은 민주의 아버지에게 다이어리를 건네준 사람이 바로 세진이었습니다.

•• 여행, 그리고 상처의 나눔

두 사람은 서로 상대방이 어떤 사람인지, 그리고 어째서 같은 장소를 여행하고 있는지에 대해 알게 됩니다. 그리고 두 사람은 같이 남은 여행을 계속합니다. 침묵했다가, 이야기했다가, 회상에 빠졌다가, 주변 경관의 아름다움에 취했다가 하는 여정을 통해 현우와 세진은 그동안 기억하고 싶지 않았고 누구에게도 이야기하지 못했던 고통과 슬픔 그리고 죄책감을 솔직하게 표현하게 됩니다. 한없이 평화로운 자연 속에서 트라우마의 고통을 서로 나눈 것이죠. 그렇게 조금씩 그들은 상처를 치유해나갑니다.

여행을 마치고 그들은 다시 각자의 일상으로 돌아갑니다. 두 사람은 그 전과 같은 모습으로 살아가고 있지만, 두 사람의 삶은 조금씩 변화하고 있었습니다. 그러던 어느 날 현우는 세진이 일하는 곳으로 찾아옵니다. 그리고 두 사람은 새로 난 가로수 길을 함께 걸어가죠. 그 길은 이미 10년 전에 민주가 걸었던 곳이기도 하죠. 새로운 인연의 시작을 알리는 마지막 장면입니다. 영화는 트라우마의 고통과 슬픔을 자연스럽고 부드럽게 치유해주는 느낌을 줍니다. 두 사람은 어쩔 수 없이 황량한 마음으로 여행을 시작했지만 "여행이 끝날 쯤에는 마음속에 나무 숲이 가득 찰 것이다"라는 민주의 대사처럼 여행을 통해 마음의 치유를 이루고 새로운 사랑을 만난 것이지요.

영화에서 반복해서 보여주는 아름답고 고요한 자연의 풍경은 복잡하고 시끄럽고 위태로운 도시에서의 삶이 두 사람에게 준 상처를 따스하게 감싸 안으며 치유해주는 듯이 느껴집니다. 실제로 우리는 평화로운 자연 속에 빠져들 때 심박동과 호흡은 차분해지고 깊어지며, 근육도 충분히 휴식을 취할 수 있게 됩니다. 자연은 우리 몸의 반응을 안정화시킴으로써 마음속의 상처가 자연스럽게 치유되도록 해주는 것 같습니다. 이러한 치유의 힘을 갖고 있는 평화롭고 안전한 자연 속에서 두렵고 고통스러웠던 트라우마의 기억을 다시 떠올리고 재경험하는 것, 그리고 그것을 누군가에게 이야기할 수 있고 이해받는 경험을 한다는 것은 트라우마 치유의 가장 중요한 과정이라고 할 수 있습니다. 두려운 감정은 평화로운 자연 속에서 서서히 민감 소실desensitization 되고, 고통스러운 기억은 이야기하면서 재처리reprocessing되니까요.

•• 사회적인 트라우마의 책임

이 영화를 보고 난 뒤 불현듯 이런 생각이 들더군요. 이 두 사람은 왜 10년 동안이나 자신들이 받은 상처를 가슴속에 묻어둔 채 혼자 고통 받아왔을까? 사회나 국가로부터 받은 상처를 가슴속에 품고 오랜 시간 동안 혼자 고통스러운 삶을 사는 피해자와 그 가족이 또 얼마나 많을까 하는 생각도 듭니다. 우리 사회에 피해자들과 그 가족의 고통을 체계적으로 지속적으로 돕는 시스템이 있나요? 아니, 그런 시스템이 필요하다고 하는 명확한 인식과 그것을 만들고자 하는 강한 의지는 있는지요? 만약 그런 것들이 있었다면 영화 속의 현우와 세진은 좀 더 빨리 상처가 치유될 수 있는 기회를 갖게 되었을 거라는 생각이 듭니다.

우리는 우리 곁에서 일어나고 있는 사회적인 트라우마를 너무 안이하고 소홀하게 취급하는 경향이 있습니다. 나만 당하지 않으면 된다는 생각을 가진 사회 구성원이 더 많다면 결국 사회 전체가 트라우마에 대해 방관자적인 태도를 취하게 되겠지요. 실제로 우리의 역사 속에서 이러한 현상은 늘 반복되어왔습니다. 그래서 이젠 웬만한 트라우마가 일어나도 우리는 한바탕 분노를 폭발하고 적당한 보상을 하고 나면 괜찮다는 생각을 하게 되었는지도 모르겠습니다. 책임 소재를 명확히 밝히고 그 책임을 엄하게 묻는 과정도 그냥 서둘러 마무리하려는 경향이 더 두드러집니다. 그러는 사이 트라우마의 피해자들과 그 가족들이 겪는 고통은 쉽게 간과되겠지요. 어쩌면 이러한 흐름에 역행하는 행동, 즉 피해자와 그 가족의 고통에 귀 기울이고 트라우마의 책임을 분명히 밝히려는 행동에 대해 "아, 뭐, 그렇게까지 할 필요가 있나?" 하는 냉소적인 관념이 우리 사회에 퍼져 있는지도 모르겠습니다. 그러나 이러한 수수방관, 안일함, 수동성, 무관심의 태도는 피해자와 그 가족들에게 또다시 상처를 줄 뿐 아니라 앞으로 피해자가 될지도 모를 사회 구성원 모두에게 불신과 위협을 심어줍니다. 결국 어떤 불행한 사태가 벌어지면 믿고 기댈 데라곤 가족이나 자기 자신밖에는 없다는 불신감과 배타적인 생각이 우리 사회에 만연하게 되겠죠. 하지만 분명한 것은 이제까지 그래왔다고 앞으로도 계속 그렇게 되도록 내버려 둘 수만은 없다는 것입니다. 상처의 회복, 정의의 실현 없이는 우리 모두에게 평화도, 안전도 없기 때문이죠.

PART5 트라우마의 치료

사건의 재구성,
정면 도전을 통해
치유의 첫발을
내딛다

트라우마를 어떻게 하면 극복할 수 있을까?
'포레스트 검프' 처럼 삶을 긍정해 보자.
내친 김에 '굿 윌 헌팅' 처럼 "그건 내 잘못이 아니야"라고
외쳐 보자. '아들의 방' 과 '미스 리틀 선샤인' 은
가족의 사랑이 치유의 원동력임을,
'우리들의 행복한 시간' 은 교감 속의 소통이,
'포 미니츠' 에서는 예술의 힘이,
'휴먼 스테인'에서는 진실한 고백의 힘이
진정한 치유책임을 보여 준다.

01
긍정적인 경험과
긍정적 사고의 힘

포레스트 검프

원제 : 'Forrest Gump', 1994년 10월 개봉, 미국, 로버트 저메키스 감독,
톰 행크스(포레스트 검프) · 로빈 라이트 펜(제니) · 게리 시나이즈(댄 테일러) 주연 142분

트라우마를 치료할 때 그 사람에게 긍정적인 삶의 요소가 있느냐 없느냐는 매우 중요합니다. 편안하고 안전감을 느낄 수 있는 자신만의 안전 지대를 떠올릴 수 있는지, 아무런 갈등이 없었던 자유로운 순간들을 떠올릴 수가 있는지, 비록 작은 것이기는 하지만 그래도 스스로 자랑스러운 성취감을 느껴본 적이 있는지, 순수하게 사랑을 주고받은 적이 있었는지, 중요한 시기에 마음을 이해해주고 자기 편이 되어주었던 사람이 있었는지, 즐겁게 몰입해서 할 수 있는 취미 생활이 있는지, 잘하는 운동이나 호신술이 있는지, 하다못해 상상으로라도 자신을 지켜

주는 수호천사가 있는지 등의 긍정적인 요소들은 모두 다 트라우마를 극복하는 데 중요한 자원이 됩니다.

◦◦ 트라우마를 극복하는 사고의 전환

"나는 하느님이 주신 세 가지 은혜 덕분에 크게 성공할 수 있었다. 첫째, 집이 몹시 가난해 어릴 적부터 구두닦이, 신문팔이 같은 고생을 통해 세상을 살아가는 데 필요한 많은 경험을 쌓을 수 있었고, 둘째, 태어났을 때부터 몸이 몹시 약해 항상 운동에 힘써왔기 때문에 건강을 유지할 수 있었으며, 셋째, 나는 초등학교도 못 다녔기 때문에 모든 사람을 다 나의 스승으로 여기고 누구에게나 물어가며 배우는 일에 게을리 하지 않았다."(마쓰시타 고노스케)

우리나라 기업인들에게 가장 많은 영향을 미친 경영자는 '경영의 신'이라고 불리는 마쓰시타 고노스케(松下幸之介, 1894~1989)일 겁니다. 잘 알려진 대로 마쓰시타는 파나소닉이라는 브랜드로 유명한 마쓰시타전기산업의 창업자입니다. 일본의 전자 산업하면 우리들은 소니를 떠올리지요. 소니는 세계적인 명성을 얻었지만 일본 내에서의 평판이나 인기는 마쓰시타를 따라잡지 못했습니다. 사람을 한번 고용하면 평생 같이 가는 가족적인 일본식 기업 문화는 그로부터 시작됐다고 해도 과언이 아닙니다. 가난한 집안에서 태어난 초등학교 중퇴자였지만 그는 콤플렉스를 동기 부여로 바꿔 성공한 사람입니다. "나는 가난 덕분에 열심히 일해서 부자가 될 수 있었다, 나는 배우지 못한 덕분에 평생 공부할 수 있었다"는 것이지요. 그가 성공할 수 있었던 비결은 바로 '사고의 전환'이었습니다. 즉 매사 '때문에'가 아니라 '덕분에'로 임한 결과 인생의 장애물을 인생 도약의 뜀틀로 바꿀 수 있었던 것입니다. 마쓰시타는 콤플렉스를 부정적으로 받아들이지 않고 자신을 발전시킬 수 있는 원동력으로 삼은 것이지요. 긍정적 사고와 희망의 중요성을 말해주는 사례인데, 트라우마를 극복하는 데에도 긍정적 사고와 희망 이상의 치유책은 없다고 할 수 있습니다. 이번에 소개할 영화가 바로 그 사실을 말해줍니다.

넌 할 수 있어, 뛰어봐!

〈포레스트 검프〉는 1995년 아카데미 시상식에서 감독상, 남우주연상, 작품상 등 주요 메이저 상을 싹쓸이한 영화지요. 50년대, 70년대의 히트곡과 존 레논, 엘비스 프레슬리, 닉슨 대통령, 케네디 대통령 등 역사적 인물을 등장시켜 재미와 감동을 한껏 자아낸 작품입니다. 이 영화 때문에 검프 신드롬이 퍼지면서 전 세계적으로 달리기 열풍이 불기도 했지요. 이 영화는 따뜻한 휴먼 드라마이면서도, 사실 우리 인생의 결정적인 트라우마에 관해서 의외로 많은 이야기를 해주는 작품입니다. 이 영화의 주인공 세 사람 모두 다 상처를 받은 사람들입니다. 포레스트 검프(톰 행크스 분)와 검프의 여자 친구 제니(로빈 라이트 펜 분), 그리고 댄 중위(게리 시니이즈 분)가 그들입니다. 이들의 트라우마는 무엇이고 이들은 어떻게 트라우마를 극복했을까요?

포레스트는 머리가 약간 모자라고(아이큐 75) 다리마저 불편해서 어려서부터 친구들로부터 왕따를 당하는 수모를 겪습니다. 통학 버스에 탔을 때 편안하게 앉을 자리를 내어주는 친구는 한 명도 없지요. 물론 "옆에 앉아"라고 허락한 첫 번째 사람이 바로 제니였습니다. 돌팔매질을 하며 쫓아오는 악당들의 괴롭힘으로부터 피하기 위해 그는 필사적으로 달려야만 했지요. 물론 그에게는 늘 한결같은 사랑과 믿음을 주는 어머니(샐리 필드 분)가 있었고 바늘과 실처럼 늘 함께하던 제니가 있었습니다. 이 둘은 검프에게 매우 중요한 정신적 지지가 되어주는 사람들이었지요. 꼼짝 못 하고 동네 악동들에게 일방적으로 당하고 있던 검프에게 제니는 "넌 할 수 있어, 뛰어봐!"라고 외칩니다. 다리에 차고 있던 보호대는 무작정 빨리 달려야 하는 과정에서 저절로 부러져 나갑니다. 마음먹기에 따라 보호대 같은 것은 애초부터 필요 없었던 것이지요. 신은 그에게 몇 가지 장애를 주었지만 동시에 바람처럼 빨리 달릴 수 있는 능력을 주었습니다. 그동안 자신의 능력을 전혀 눈치채지 못하고 있었는데, 동네 악동들에게 시달리는 덕분에 검프는 자신이 바람처럼 빨리 달릴 수 있다는 사실을 깨닫게 됩니다. 머리로는 도저히 대학에 들어갈 수 없었던 그는 빨리 달릴 수 있는 능력 덕분에 미식축구로 대학에 진학하게 됩니다. 부정적인 약점을 보완하는 것보다 갖고 있는 긍정적인 잠재력을 더욱더 개발하는 것, 긍정 심리학positive psychology의 핵심적 원리를 검프는 온몸으로 실천합니다.

•• 사랑과 운동으로 극복한 트라우마

영화에서 보면 검프는 군대에 입대하는 날 버스에 탈 때도 왕따를 당합니다. 아무도 그를 옆자리에 앉혀주려 하지 않았던 것이지요. 가난한 흑인 버바(미켈티 윌리엄슨 분)만이 그에게 옆에 앉으라고 합니다. 그 이후 두 사람은 베트남에서 둘도 없는 친구가 됩니다. 버바는 새우잡이 어선의 선장이 되는 것이 꿈이었지요. 그리고 검프에게는 자기 배의 항해사를 시켜주겠다고 약속합니다. 하지만 힘난한 전투 과정에서 검프는 가장 친한 동료 버바를 잃고, 자신도 작은 부상을 당합니다. 검프는 제대 후 친구 버바와의 약속을 따라 배를 타고 새우잡이에 나섭니다. 초보 어부인 그는 처음에는 그물망으로 쓰레기 더미만 건졌지요. 다른 사람 같으면 무척 실망하고 금방 중도 포기를 할 수도 있었겠지만 그는 그저 묵묵히 일을 계속합니다. 그러다가 결국은 폭풍우를 만나 다른 새우잡이 배들이 다 난파되어버리는 바람에 검프만이 새우잡이 대박을 내게 되지요. 아무리 힘들고 어려운 시기가 찾아와도 좌절하거나 괴로워하며 방황하지 않고 꾸준히 몰입하여 행동을 지속할 수 있는 재능이 다시 한 번 발휘된 것이죠. 그의 생각이나 감정은 자신의 모자람, 왕따, 외로움, 친구의 죽음, 연인의 떠나감 같은 부정적인 사건에 빠져 있지 않습니다. 대신 달리고, 탁구 치고, 그물을 던지고 하는 식으로 오직 행동합니다. 그는 고통스러운 과거의 기억에 머물지 않고 오로지 현재에서 행동합니다. 이는 사실 우리 인간이 트라우마를 극복하는 데 매우 중요한 원칙 중 하나라고 할 수 있습니다.

그런 검프에게 다시 한 번 큰 위기가 찾아옵니다. 늘 자신의 편이었던 든든한 어머니가 돌아가시고, 천신만고 끝에 재회한 제니는 소리 없이 다시 떠나가버린 것입니다. 그는 이제 이 세상에 완전히 혼자 남겨진 것 같은 상실감에 빠지게 됩니다. 견디기 힘든 상실감과 외로움의 감정을 이겨내기 위해 이번에도 검프는 무조건 달리는 행동을 시작합니다. 자신의 가장 큰 자원이자 강점을 다시 활용한 것이죠.

사실 규칙적인 달리기, 등산, 산책, 요가, 스트레칭 등은 트라우마의 괴로움을 이겨내는 데 매우 효과적인 자가 치유책입니다. 항우울제나 항불안제보다도 땀을 흘릴 수 있는 운동이나 산책이 마음의 안정을 찾는 데 더 효과적일 때가 많습니다. 달리는 행동 그 자체에 집중함으로써 부정적인 잡념으로부터 벗어날 수 있기 때문이기도 하고, 운동을 통해서 몸이 에너지를 발산하고 활성화됨으로써 마음도 따라서 튼튼해지고 편안해지는 것입니다. 마음이 건강하면 몸도 건강해진다고 하는 말도 맞지만, 반대로 몸이 건강해지면 마음도 따라서 건강해진다고 하는 말이 더 맞는 말입니다. 특히 트라우마의 치료에서는 적절히 잘 먹고 잘 자고 알맞게 운동을 하여 먼저 몸을 건강하고 튼튼하게 하는 것이 마음의 상처 치유의 첫걸음이라고 해도 과언이 아닙니다.

•• 근친상간의 트라우마

한편 검프의 오랜 친구이자 연인인 제니 역시 어린 시절 상처를 받은 아이였습니다. 검프보다 머리도 똑똑하고 팔다리 모두 정상이고 어여쁜 소녀였지만, 어쩌면 그녀의 상처는 검프보다 훨씬 더 심각한 것이 었는지도 모릅니다. 영화에서 보면 그녀의 어머니는 일찍 죽은 것 같고(적어도 존재감이 없었던 것 같습니다), 그녀는 알코올 중독에 빠진 아버지에게 아마도 성적인 학대를 받았던 것으로 보입니다. "제니의 아빠는 제니를 무척 사랑했나 보다. 그래서 자신의 몸을 제니에게 수시로 접촉한 것 같다"라고 회고하는 검프의 말은 사실 제니가 아버지로부터 성적 학대를 지속적으로 받았을 가능성을 의미하는 말이죠. 영화 전반부에 보면 술에 취한 아버지로부터 피하기 위해 그녀가 검프와 함께 숲속으로 도망가 눈을 감고 기도를 하는 장면이 나옵니다. 어려서 제니는 수시로 잠에서 깨어 검프의 집으로 와 검프 옆에서 자는데, 이 역시 아버지의 사악한 손길로부터 벗어나려는 필사적인 시도로 보입니다.

결국 아버지로부터 벗어나 할머니와 함께 살게 되지만 이후에도 그녀는 정상적인 삶을 살지 못합니다. 마음의 아픔을 이겨내기 위해 음악에 빠져 가수 활동도 하고, 반전 운동도 하고, 히피 생활도 하면서 정처 없이 방황을 하지요. 하지만 어린 시절 받은 트라우마로 인한 심리적 고통과 공허함은 계속되었던 것 같습니다. 결국 극심한 심리적 고통으로부터 도피하기 위해 그녀는 술, 마약, 섹스에도 빠지게 됩니다. 때로는 자살을 기도하기도 하죠. 그런 그녀와의 연결 고리를 검프는 끝까지 놓지 않으려 하고 그녀와의 만남을 계속해나가지만, 제니의 불안정한 영혼은 오직 자신만을 사랑해주는 검프의 마음을 받아줄 여유가 없어 보입니다.

    결국 그녀는 의사들도 치료하지 못하는 몹쓸 바이러스 질병에 걸려 죽음을 맞이하게 됩니다(아마도 에이즈를 이렇게 우회적으로 표현한 것 같습니다. 삶의 방황이 그녀에게 남긴 후유증일 것입니다). 그녀는 검프의 아이를 낳고, 검프와 결혼한 뒤, 검프의 옆에서 죽음을 맞이하게 되죠. 오랜 시간 동안 검프로부터 순수한 사랑을 받았지만, 불행하게도 그녀의 삶은 어린 시절 받은 트라우마의 후유증에서 자유로울 수 없었습니다. 영화 후반부에 오랜만에 검프를 찾은 제니가 이미 폐허가 되다시피한 자신의 집에 돌을 던지면서 오열을 하는 장면이 나옵니다. "어떻게 그럴 수가!"라며 그녀는 자신의 아버지에게 증오를 표현합니다. 제니가 죽고 나서 검프는 불도저로 제니의 집을 허물어버립니다. 검프도 자기가 그토록 사랑한 여자에게 상처만 준 집, 그녀의 아버지가 얼마나 미웠겠습니까. 그래서 그는 상징적으로나마 그녀에게 트라우마를 준 원인을 제거해버리고 싶었던 것이었겠죠. 좀 더 빨리 제니가 살아 있을 때, 제니의 어릴 적 트라우마를 이해하고 두 사람이 함께 이런 의식을 치렀다면 그녀가 트라우마로부터 벗어나는 데 좀 더 도움이 되지 않았을까 하는 아쉬움이 남습니다.

●● 트라우마 극복에 도움이 되는 좋은 친구

댄 중위(CSI 맥 반장 역할로 우리에게도 친숙한 배우입니다)는 전쟁터에서 부대원을 다 잃고 양 다리를 잃은 후 외상 후 스트레스 장애를 겪는 대표적인 인물입니다. 그는 검프와 달리 자의식이 상당히 강한 사람이었습니다. 부대원들이 거의 다 죽고 자신은 살아남았다는 죄책감과 무엇보다도 양 다리를 잃어 불구가 되었다는 좌절감이 컸습니다. 그는 자신이 원래 전쟁터에서 명예롭게 죽었어야 하는 운명이라고 믿으려 합니다. 그래서 그런 자신을 구해내 비굴하고 비참한 삶을 살게 만들었다며 검프를 미워합니다. 검프를 미워하는 게 아니라 자기가 죽을 때까지 죄책감과 좌절감을 갖고 살도록 만든 현실 자체를 미워하는 것이지요. 그는 자신을 그렇게 비참하게 살아남게 한 운명이나 신을 저주했던 건지도 모르겠습니다. 그는 자신의 처지를 비관하며 술, 마약, 섹스에 빠져 지냅니다(제니처럼 말이죠. 트라우마로 인한 심리적 고통을 견디지 못하는 사람들의 공통적 특징은 이러한 중독인지도 모르겠습니다).

그러나 제니와 달리 댄 중위는 검프를 만나 트라우마로부터 회복되는 과정을 밟습니다. 물론 처음에 그는 늘 자신을 반갑게 맞아주는 검프에게 화도 내고, 늘 성실하기만 한 검프를 비웃기도 하지만, 결국 새우잡이를 열심히 하고 있는 검프를 찾아오지요. 그리고 세상을 삼킬 것 같은 폭풍우가 몰아친 날, 그는 배 기둥 위에 올라가 자신은 죽음이 두렵지 않다며 어서 자신을 데려가라는 듯 하늘을 향해 발악합니다. 그런데 아이러니하게도 그렇게 하늘을 저주한 다음 날, 그는 검프와 함께 하느님으로부터 선물을 받습니다. 새우잡이에 대성공을 하게 된 것이죠. 긍정적인 마인드를 가진 착한 검프와 함께 지내며 인생에서 커다란 행운을 맛보게 된 그는 결국 처음으로 하느님과 화해합니다. 이제 더 이상 자신의 인생을 원망하거나 절망하지 않고 검프처럼 할 수 있는 것을 열심히 하며 살자는 그런 마음을 갖게 된 것 아닐까요? 그 이후 그의 삶은 저절로 잘 풀립니다. 컴퓨터 회사에 투자해 엄청난 돈을 벌고, 의족을 달고, 결혼까지 하니까요. 그가 트라우마를 극복하고 절망적인 인생에서 재기하게 되는 데는 검프의 영향이 절대적이었다는 생각이 듭니다. 항상 긍정적인 마인드를 갖고 열심히 살아가는 친구와 함께하다 보니 그의 긍정적인 마음이 결국은 전염된 것이겠지요.

•• 인생은 달콤한 초콜릿 상자?

사실 세상이 비참한 쓰레기통인지, 아니면 달콤한 초콜릿 상자인지 어느 누가 알겠습니까? 아마도 영화의 마지막에 검프가 깨달은 대로 우리의 인생은 이 두 가지를 모두 다 포함하고 있겠지요. 그런데 삶이 버거운 사람들, 특히 트라우마로 인해 삶이 고통스러운 사람들은 안타깝게도 세상과 인생이 쓰레기통이라는 생각에만 사로잡혀 살아가게 되죠. 더욱 안타까운 것은 자신의 삶에서 좋은 일, 즐거운 일, 웃은 일, 행복했던 일, 뭔가를 성취해 자신감을 느꼈던 일, 누군가와 함께 친밀감과 사랑을 나눈 일, 평온하고 안정감을 느꼈던 순간 등과 같은 긍정적인 경험을 했던 때를 그들이 잘 인식하지 못한다는 것입니다. 사실 아무리 불행한 삶이라고 할지라도 초콜릿 상자 같은 순간이 중간 중간

섞여 있었을 텐데, 그들은 이를 인식하지 못하는 경향이 있는 거죠. 이렇게 긍정적인 삶의 요소를 인식하지 못하게 되면 우리의 뇌는 더욱더 한쪽 방향으로만 편향되어 부정적인 믿음과 부정적인 감정에만 익숙해집니다. 그래서 시간이 지날수록 트라우마의 기억이 점점 흐려지는 것이 아니라 오히려 트라우마의 부정적인 영향에 더욱더 압도당하게 됩니다.

처음에는 이런 긍정적인 것들이 쉽게 안 떠오를 수도 있습니다. 특히 어린 시절 반복적으로 트라우마를 경험한 사람의 경우는 자신의 삶에는 전혀 긍정적인 경험이 없었다고 믿게 되는 경향이 있죠. 만약 당신이 그런 생각에 빠져 있다면 정말 그럴 수 있을까 의구심부터라도 한번 가져보시기 바랍니다. 유독 당신 인생만 늘 쓰레기 상자 같을 수만도 없지 않습니까? 긍정적인 마인드를 가지려 하는 연습이 필요할 수도 있습니다. 긍정적인 경험을 기억하고 있는 신경 회로를 활성화시키기 위해 그곳에 좀 더 조명을 밝히는 것입니다. 매일 심호흡, 명상, 산책, 노래 부르기, 달리기, 악기 연주하기 등 무엇이든 좋습니다. 자신의 몸과 마음에 평온함과 휴식과 힘을 주는 무엇인가를 하십시오. 그리고 전에 이렇게 평온함, 휴식, 힘을 느꼈던 때가 있었는지 한번 눈을 감고 천천히 찾아보십시오. 만약 찾았다면 그때를 가능한 한 머릿속에 선명하게 떠올리면서 충분히 그 순간을 음미하십시오. 그때의 몸의 감각, 소리, 냄새, 체온, 보이는 것, 감정 등에 모든 감각을 집중해보십시오. 이러한 연습들은 당신의 긍정적인 자원을 강화시켜주어 훗날 트라우마를 극복하는 데 큰 힘이 될 수 있습니다. 어쩌면 〈포레스트 검프〉

같은 따뜻한 영화를 보았던 것도 당신의 마음에 희망을 갖게 하는 긍정적인 경험일 수도 있잖아요?

EMDR이란?

EMDR_{Eye Movement Desensitization and Reprocessing; 안구 운동 민감 소실 및 재처리 요법}을 들어본 적이 있으신가요? 아니면 눈을 돌리면서 하는 특수한 상담 치료가 있다는 이야기는 들어본 적이 있나요? 설령 들어보았다고 해도 "과거의 안 좋은 기억을 떠올리며 눈을 양쪽으로 움직이면 막혀 있던 기억의 회로가 통합되어 현재 갖고 있는 여러 가지 증상이 사라진다"고 하는 무척이나 생소하고 파격적인 EMDR의 이론과 치료적 기술은 일반인은 물론이고 상담 전문가들에게도 매우 낯설 뿐 아니라 의구심이 들게 하기에도 충분합니다.

EMDR은 지금부터 약 30년 전인 1987년, 미국의 프랜신 샤피로라는 사람에 의해 우연히 발견되었습니다. 당시 그녀는 자신의 고통스러운 문제로 고민하면서 공원을 산책하던 중, 눈을 움직이면서 과거의 기억을 떠올리니까 갑자기 그 기억과 연관된 고통이 사라진다는 것을 깨달았습니다. 신기해서 그녀는 그 기억들을 다시 떠올려보았으나 방금 전처럼 생생하게 고통스럽지 않다는 것을 알게 됩니다. 그녀는 안구 운동이 자신의 고통스러운 감정과 생각을 마치 의식 밖으로 밀어내는 것처럼 느꼈습니다. 보통 사람 같았으면 "그냥 그런가 보다" 하며 대수롭지 않게 생각하고 넘겼을 텐데, 호기심과 탐구심이 많았던 그녀는 이러한 현상에 대한 실험을 진지하게 시행해나가기 시작합니다. 그녀는 그러한 현상이 자신뿐 아니라 다른 사람들에게도 효과가 있는지 알아보기 위해 자신의 친구나 주변 사람들에게도 시도해보았습니다. 대부분의 사람들이 스스로 오랜 시간 동안 안구 운동을 지속하지 못한다는 것을 알고 나서 그녀는 자신의 손가락을 따라 안구를 움직이도록 하였습니다. 수년에 걸친 실험을 통해 샤피로는 안구 운동이 고통스러운 기억에 대한 민감도를 감소시킨다는 것을 믿게 되었고, 이를 보다 더 세련된 기법으로 발전시켰습니다. 그리고 결국 EMDR이라고 하는 치료 방법을 개발하게 됩니다.

그런데 사실 EMDR은 기존의 일반적인 상담 기법과는 너무 많이 달랐고, 치료 효과도 너무 극적이었기 때문에 다른 학파의 상담 치료자들에게 많은 비판을 받게 되었습니다. 짧은 치료 시간에 비해 증상이 빠르게 호전되는 치료 효과에 대해 의심하는 이들이 많을 수밖에 없었죠, 증상이 빠르게 호전되고 난 뒤, 그 호전된 상태가 그대로 잘 유지되는지를 입증하는 자료를 요구하는 사람들도 많았습니다. 그래서 1990년대 중·후반에는 EMDR에 대한 샤피로의 초기 연구 결과를 지지하는 사례 보고와 객관적인 연구 결과가 많이 발표되었습니다. 현재까지 다음과 같은 다양한 집단에서 EMDR이 긍정적인 치료 효과를 보인다는 연구 결과들이 발표되어 있습니다.

1. 베트남 전쟁, 한국 전쟁, 제2차 세계대전의 참전 용사들이 보이던 외상 후 스트레스 장애의 증상이 EMDR 치료에 의해 현저히 감소하였다.(2000년, 2001년)
2. 공포증과 공황장애를 지닌 사람들의 공포와 불안이 EMDR에 의해 빠르게 감소하였다.(1999년, 2001년, 2002년)
3. 폭행의 후유증으로 고통받던 폭행의 희생자들, 그리고 많은 스트레스로 고통을 받던 경찰관들이 EMDR 치료 후 고통이 현저히 감소하였다.(1995년, 2000년)
4. 근무 중 어쩔 수 없이 일어나게 된 사고로 인해 생긴 죄책감에 시달리던 기술자, 사랑하는 사람의 상실이나 갑작스러운 사망으로 인한 과도한 슬픔에 시

달리던 사람들이 EMDR 치료 후 더 이상 죄책감이나 슬픔에 시달리지 않게 되었다.(1995년, 1998년, 2002년)
5. 심리적 외상의 증상에 시달리던 소아와 청소년들이 EMDR 치료 후 증상이 사라졌다.(1993년, 1999년, 2002년, 2004년)
6. 성폭행의 피해자들이 EMDR 치료 후 정상적인 삶을 영위하고 친밀한 대인 관계를 가질 수 있었다.(1994년, 1997년, 1999년)
7. 자연 재해 혹은 인재로 인한 피해자들이 EMDR 치료 후 정상적인 생활을 하게 되었다.(2002년, 2003년, 2004년)
8. 감정적으로 불안정하고 신체적으로 쇠약하던 사고, 수술, 화상 피해자들이 EMDR 치료 후 생산적인 삶을 영위할 수 있게 되었다.(1994년, 1997년)
9. 성기능 장애가 있던 사람들이 EMDR 치료 후 건강한 성관계를 유지할 수 있게 되었다.(2001년, 2002년)
10. 다양한 약물 중독, 병적 도박 중독 환자들이 EMDR 치료 후 안정적으로 회복되고 재발이 감소되었다.(1996년, 1997년, 1998년)
11. 해리장애 환자들이 EMDR 치료 후 전통적인 치료에서보다 더 빠른 속도로 증상의 호전을 보였다.(1994년)
12. 사업가, 예술가, 스포츠맨 등이 EMDR 치료를 통해 작업 능력이 향상되었다.(1995년, 1996년, 2004년)
13. 만성 동통을 호소하는 신체형 장애 환자들에서 EMDR 치료 후 고통이 신속히 사라졌다.(1997년, 2000년, 2002년)

위와 같은 EMDR의 치료 효과를 입증하는 수많은 연구 결과에 힘입어 마침내 2004년, 미국정신의학회는 외상 후 스트레스 장애의 치료에 EMDR을 가장 효과적인 치료 방법 중 하나로 선택하였습니다. 이는 EMDR 치료 효과가 일단 과학적으로 검증을 받았다는 의미입니다.

한편 최근 뇌영상기술brain image technique이 발달하면서 EMDR 치료 효과가 실제로 뇌에서 일으키는 변화를 직접 눈으로 볼 수 있게 되었고, 자연 재해나 재난이 일어난 곳에서 외상 후 스트레스 장애를 방지하는 응급 치료 기법으로도 알려지게 되면서 EMDR의 치료 기법은 점점 전 세계적으로 퍼져나가게 되었습니다. 미국의 허리케인, 태국의 쓰나미, 중국 쓰촨성 지진, 일본 고베 지진 때에도 EMDR 자원봉사 팀이 트라우마가 일어난 재난 장소에 직접 가서 응급 치료 활동을 하는 것이 매스컴을 통해 많이 알려지기도 했죠. 현재까지 전 세계적으로 수천 명의 치료자가 훈련을 받아 EMDR 전문가로 활동하고 있으며 최근에는 아시아에서도 일본, 한국, 중국, 태국, 인도네시아, 스리랑카, 홍콩, 대만 등지에서 EMDR 전문가들이 활발히 활동하고 있습니다. 보다 다양하고 복잡한 트라우마의 후유증을 치료하기 위해 EMDR의 치료 기술은 현재에도 계속해서 발전하고 있습니다.

02
"그건 너의 잘못이 아니야!" 라는 외침의 힘

굿 윌 헌팅

원제 : 'Good Will Hunting', 1998년 3월 개봉, 미국, 구스 반 산트 감독,
로빈 윌리엄스(숀 맥과이어 교수)·맷 데이먼(윌 헌팅) 주연, 126분

〈여자, 정혜〉 편에서도 설명했지만 강력한 트라우마를 받은 환자에게는 마음의 방어벽이 생겨납니다. 또 언제 어떻게 당할지, 어디를 맞을지, 그 상처 부위가 얼마나 고통스럽고 아플지 등 극도로 두렵기 때문에 세상 누구도 가까이 다가오지 못하게끔 아예 처음부터 의심과 경계의 벽을 만드는 것입니다. 이러한 의심과 경계의 벽은 누군가가 선의를 갖고 그 고통을 이해할 수 있다며 다가올 때 더욱더 견고해집니다. 처음에 그들은 상대방의 의도부터 의심합니다. "정말 날 선의로 도우려 하는 것인가? 나에게 뭘 바라는 것은 아닌가? 나를 이용하려는 것

은 아닌가?" 하는 의구심 때문에 반사적으로 다가오는 상대방과 거리를 두려고 합니다. 그리고 때때로 상대방의 의도가 진실이란 걸 알게 되어도 그들은 그 선의의 의도를 비웃습니다. "당신은 운이 좋아서 나 같은 상처를 경험하지 않았잖아? 그런데 어떻게 당신 같은 평범한 사람이 내 마음속 깊은 곳의 상처를 눈곱만큼이라도 이해할 수 있겠어?", "도움 같은 거 필요 없어, 당신은 날 도울 수가 없다고."

•• 트라우마 치료를 막는 의심과 경계의 벽

트라우마의 피해자들은 보통 사람들이 자기들과 같은 극단적인 트라우마의 피해자를 이해하지 못할 것이라는 생각에 선의의 의도조차 밀어냅니다. 설령 자신들의 아픔을 이해하게 된다고 해도 그래서 오히려 나중에는 자신을 이상하게 생각하여 기피하고 떠나가버릴지도 모른다는 두려움을 갖고 있기도 합니다. 피해자들의 마음속 깊은 곳에는 "그렇게 된 것은 내 잘못이었다"라는 자책하는 믿음이 자리 잡고 있기 때문이죠. 그래서 상대방이 자신의 그 믿음을 알아채기 전에 아예 먼저 상대방을 떠나가기도 합니다. 점점 더 주위 사람들로부터 고립되어가고, 그럴수록 그들의 마음속의 방어벽은 점점 더 견고해져가는 악순환이 일어납니다. 게다가 대부분의 트라우마 피해자들은 자신들의 마음의 벽으로 인해 이렇게 악순환이 반복되는 것을 인식하지 못합니다. 그러니 마음속의 방어벽이 심각한 문제라고 깨닫고 치료를 받을 생각조차 할 리가 없겠지요. 그 어떤 치료자도 믿을 수 없으니 이들이 스스로 상담실 문을 노크할 일은 거의 없을 것입니다.

설령 어찌하다 치료를 시작하게 된다 하더라도 치료가 순탄하게 진행될 리도 없습니다. 피해자들은 먼저 치료자를 의심하고 테스트하는 작업부터 하니까요. 약속한 치료 시간을 지키지 않고, 연예인 신변잡기 같은 잡담을 늘어놓으며 딴청을 부리고, 때로는 치료자의 약점을 건드려 화나게 하기도 합니다. 당연히 치료자도 괴로워집니다. 인간이니까요. 피해자의 마음속 방어벽의 존재를 과소평가하고 섣불리 의욕적인 치료를 시작하다 저항에 부딪히면 오히려 더 맥이 빠져 치료를 빨리 포기하게 되기도 합니다. "뭐, 저런 게 다 있어? 성격 한번 더럽게 꼬였군" 하고 속으로 피해자를 비난하게 되죠. 어쩌면 치료자가 이런 생각을 하기 전에 먼저 피해자 자신이 떠나는 것일 수도 있습니다. 이렇게 되면 그들이 갖고 있는 불신의 벽은 한결 더 높아지게 되죠. 고독해진 피해자는 누구도 믿을 수 없는 세상을 원망하며 외로워도 친구를 믿지 못하고, 사랑하는 사람이 다가와도 사랑하지 못하게 됩니다. 어쩔 수 없이 혼자 맘을 달래보려 술, 섹스, 약물에도 빠져보지만 마음의 벽 속에 갇힌 공허감, 외로움, 분노감, 적개심, 자포자기 심정은 갈수록 커질 뿐이지요. 트라우마는 이처럼 피해자를 인간관계에서 철저히 고립시킵니다.

고립된 피해자와 치료자 사이의 갈등

미국 독립영화의 거장 구스 반 산트 감독의 〈굿 윌 헌팅〉은 어린 시절 트라우마를 받아 마음의 문을 걸어 잠근 피해자와 그의 마음의 문을 열려는 치료자 사이의 팽팽한 갈등과 긴장감이 잘 드러난 작품입니다. 수학에 천재적인 재능을 갖고 있지만 대학교에서 청소부 일을 하고 있는 21세 청년 윌 헌팅과 그를 치료하려는 심리학 교수 숀 맥과이어 간의 소통과 교감이 정말 감동적으로 그려지고 있지요. 이 영화의 주인공을 맡은 맷 데이먼은 잘 알려진 대로 하버드 대학 출신(영문과 중퇴)이지요. 그는 문예창작과 수업 때 썼던 50페이지 분량의 단편소설을 친구 벤 애플렉과 합심해 영화 각본으로 완성했습니다. 이 영화는 1998년 제70회 아카데미상 9개 부문 후보에 올라 맷 데이먼과 벤 애플렉이 각본상을, 로빈 윌리엄스가 남우조연상을 수상했죠.

아일랜드 이민 후손으로서 어린 시절부터 양부의 학대를 받고 자란 주인공은 수학에 천재적인 재능을 갖고 태어나지만 그런 재능과는 아무런 상관이 없는 쓰레기 같은 인생을 삽니다. 동네의 건달들과 어울리는 그는 아무런 꿈과 희망이 없는 삶을 살면서 상습적인 사기, 도벽, 폭력 전과로 감방을 제 집 드나들듯 합니다. 타고난 재능의 발현을 막고 있는 암울한 주변 환경과 현실이 그의 삶을 흔들고 있었던 것이죠(영화의 마지막에 드러나지만, 그가 자기 자신을 사랑하지 못하고 타인을 믿지 못하게 된 데에는 어린 시절 받은 양부의 학대가 중요한 트라우마로 근본적인 영향을 미치고 있었습니다).

우연한 기회에 그의 천재성은 제럴드 램보 교수(스텔란 스카스가드 분)의 눈에 띄게 됩니다. 램보 교수는 MIT에서 잘나가는 수학 교수였고 수학의 노벨상이라는 필즈상을 수상한 석학이었습니다. 그런 램보 교수에게 "당신은 수학적 재능이 부족하다"라고 말할 수 있을 정도의 천재성이 윌에게는 있었지요. 폭력 사건으로 윌이 감옥에 가야 할 처지에 놓이자 교수는 감옥에 가는 대신 자신과 같이 수학 연구를 하면서 상담 치료를 받을 것을 권유합니다. 그러나 윌은 자신에게 다가오려는 치료자들의 머리 위로 기어올라 오히려 그들을 비웃으며 그들의 치료를 조롱합니다. 그의 마음의 벽은 너무나 견고하여 누구도 쉽게 열지를 못합니다. 여러 치료자들이 머리를 설레설레 저으며 물러납니다. 할 수 없이 램보 교수는 대학 시절 자신의 라이벌이었던 친구이자 심리학 교수인 숀 맥과이어 교수(로빈 윌리엄스 분)에게 윌 헌팅의 상담을 부탁하게 되지요.

첫 상담부터 윌은 숀 교수를 슬슬 화나게 합니다. "당신이 정말 날 치료할 수 있어? 내 아픔을 이해할 수 있는 사람이야?" 하는 식으로 그는 숀 교수를 테스트합니다. 숀 교수에게 사랑하는 아내를 잃은 상처가 있다는 것을 눈치 챈 윌은 일부러, 외로워 보이는데 아내가 도망갔느냐고 물으며 숀 교수를 자극합니다. 순간적으로 흥분한 숀 교수는 화를 참지 못하고 헌팅의 목을 조르지요. 숀 교수의 이러한 행동은 치료자답지 못하다기보다는 오히려 인간적으로 느껴지는 부분입니다. 게다가 그는 그렇게 분노했음에도 불구하고 포기하지 않고 윌을 치료하겠다고 합니다. 사실 이렇게 심한 저항의 이면에는 간절히 도움을 원하는 마음도 함께 있는 경우가 많습니다. 그래서 이런 경우에는 "아무리 네가 아니라고 해도, 사실 너 누군가의 도움이 필요하지? 많이 힘들고 혼란스럽잖아? 내가 도와줄게"라는 치료자 내면의 긍정적 믿음이 트라우마 피해자의 마음의 벽을 여는 가장 중요한 열쇠가 되곤 합니다.

•• 내면과 내면이 만나 서로의 상처를 치료하다

영화에서 가장 인상 깊었던 것은 마지막 상담 시간이었습니다. 윌이 자신의 과거를 말하는 것을 두려워하며 피하려 하자 뜻밖에도 숀 교수는 자신의 어린 시절 학대 경험을 먼저 이야기합니다. 숀 교수의 이러한 자기 노출에 윌은 순간 당황합니다. 그가 받은 트라우마가 자신이 경험한 트라우마와 비슷했기 때문이죠. 숀 교수가 "사실 나도 너와 같은 학대를 받았었다. 렌치와 혁대 중 무엇을 선택하겠느냐고 양부가 물었을 때 나는 혁대를 선택했다"고 하면서 자신의 이야기를 하는 순간, 윌은 과거의 기억이 플래시백처럼 떠오르게 됩니다. 윌은 공포의 그림자처럼 계단을 올라오는 아버지의 기억을 떠올리며 그만 하라고 소리칩니다. 그러나 숀 교수는 흥분한 윌에게 차분하면서도 강한 어조로 "그건 네 잘못이 아니야It's not your fault"라고 말해줍니다. 윌이 신경질적으로 그건 알고 있으니 그만 하라고 소리쳐도 숀 교수는 "아니, 넌 알고 있지 않아"라고 하면서 "그건 네 잘못이 아니야!" 라고 반복해서 말합니다. 이 말이 윌의 가슴속에서 얼마나 큰 반향을 불러일으켰을까요? 울컥하는 마음에 화를 내려던 윌은 결국 숀 교수의 품에 안겨 눈물을 흘립니다. 그런 윌을 따뜻하게 안아주는 숀 교수. 두 사람 사이에 있던 견고한 마음의 벽이 무너지고 진한 연결감이 생겨나는 장면이라 할 것입니다.

"그건 네 잘못이 아니야!"라는 숀 교수의 외침이 윌의 마음의 벽을 무너뜨릴 수 있었던 것은 숀 교수 자신도 비슷한 트라우마를 경험했다고 먼저 고백했기 때문입니다. 숀 교수는 "나도 너와 같은 비슷한 고통을 겪어왔어. 그래서 너의 아픔을 잘 알지. 두려워하지 마. 넌 혼자가 아니야"라는 공감의 마음을 윌에게 표현하죠. 이러한 치료자의 솔직한 자기 노출은 때때로 두 사람 사이에 강한 유대감을 만들어줍니다. 이렇게 신뢰할 수 있는 관계 형성은 트라우마의 회복 과정에서 매우 중요한 역할을 합니다.

대부분의 트라우마 피해자들은 머리로는 내 잘못이 아니라고 생각하지만 마음속 깊은 곳에서는 근본적으로 자신의 잘못이라고 믿고 있는 경향이 있습니다. 왜냐하면 그들을 학대했던 가해자나 혹은 주변의 다른 방관자들이 어린 피해자에게 "네가 잘못한 거니까 벌을 받는 거야"라는 무언의 메시지를 반복하여 전했기 때문입니다. 그러므로 어린 시절 세뇌당한 부정적인 믿음에서 벗어나 보다 긍정적인 믿음을 갖도록 돕는 치료 과정은 가장 중요하면서도 또 어려운 과정입니다. 이러한 믿음의 변화는 결국 치료자와 피해자 사이의 관계 형성에 의해 좌우됩니다. 치료자와 피해자가 서로 연합하여 힘을 합쳐야만 가해자의 오래된 독설과 저주를 물리칠 수가 있기 때문이죠. "그건 네 잘못이 아니야!"라는 두 사람의 외침은 "그건 네 잘못이야It's your fault"라는 오래된 저주를 무너뜨립니다. 윌과 숀 교수, 두 사람은 결국 이를 해냅니다. 숀 교수의 신뢰를 바탕으로 한 치료를 통해 윌은 태어나서 처음으로 가슴이 홀가분해지는 것을 느낍니다. 오랜 시간 지녀왔던 자책감이라는 마음의 짐을 내려놓게 된 것이죠. 과거의 아픔으로부터 홀가분해진 그의 영혼은 용기를 내어 자신이 진정으로 원하는 것을 선택하게 됩니다. 그는 램보 교수가 마련해준 앞날이 보장된 일자리 대신 자신이 진정으로 사랑하는 여자 친구를 찾아 떠나는 여행을 시작합니다. 오랫동안 누구도 다가오지 못하게 한 채 혼자 마음속에 담아두었던 트라우마가 극복되자 그는 전혀 새로운 삶을 살 수 있게 된 것입니다. 트라우마의 극복은 인간의 삶을 이렇게 크게 변화시킬 수 있습니다.

EMDR은
왜 효과가 있나?

우리 인간은 오랜 시간 동안 경험을 통해 배우고 진화해온 존재입니다. 즉 우리의 다양한 경험들은 뇌의 정보 처리 시스템을 통해 처리되면서 미래의 학습과 발전에 도움이 되는 정보 기억으로 전환되어 대뇌 피질에 저장됩니다. 일상의 실수나 실패의 경험을 통해 무언가를 배워 나중에 같은 문제에 직면했을 때 보다 더 잘 대처할 수 있게 되는 것도 바로 이 정보 처리 시스템이 적응적으로 잘 작동을 하기 때문에 가능한 것이죠.

그런데 어떤 끔찍한 사건이나 충격적인 경험은 우리 뇌의 이러한 적응적인 정보 처리 시스템을 일순간에 교란시키고 마비시키기 때문에, 이러한 트라우마의 기억은 처리되지 않은 상태 그대로 주로 뇌의 변연계(주로 편도체)에 저장하게 됩니다. 즉 처리되지 않은 고통스러운 기억들은 그 당시의 장면, 소리, 냄새, 생각, 느낌 그리고 신체 감각 등의 단편적인 형태로 그대로 남아 마치 '덫에 빠진 것처럼 신경계에 갇혀버리게' 되는 것입니다. 외부로부터 자극을 받을 때마다 처리되지 않은 트라우마의 기억은 망가진 레코드 음반처럼 몇 번이고 반복해서 우리의 몸과 마음에 트라우마의 경험을 불러일으키는 것이죠.

EMDR은 이렇게 처리가 되지 않은 채 그대로 갇혀 있는 충격적인 경험의 기억을 치료 시간에 다시 끄집어내 재처리함으로써 고통스러운 증상을 없애고 보다 더 적응적으로 현재에 대처하도록 돕는 치료 기법입니다. 그래서 EMDR 치료를 할 때 치료자는 환자에게 트라우마 기억과 연관된 이미지, 생각, 감정 그리고 신체 감각에 집중하게 합니다. 이는 결국 트라우마의 기억의 단편들에 집중하도록 함으로써 트라우마의 기억이 갇혀 있는 기억 네트워크를 자극하려는 시도인 셈이죠. 당연히 환자는 트라우마의 기억을 끄집어내면서 고통스러워합니다. 그런데 이때 EMDR 치료자는 환자가 기억을 떠올리면서 계속해서 안구 운동을 하도록 격려합니다. 기억 때문에 괴롭다고 안구 운동을 멈추면 정보 처리가 멈추는 것이기 때문이지요. 안구 운동을 하면서 정보 처리가 진행이 되면 환자는 트라우마 기억에 대해 어느 정도 거리감을 갖게 되고, 차츰 새로운 견해를 가질 수 있게 됩니다.

이러한 안구 운동은 기억의 정보 처리 시스템을 활성화시키는 효과가 있는 것으로 보입니다. 즉 안구 운동이 새로운 통찰력과 이해력을 찾을 수 있는 다른 긍정적인 기억의 네트워크로부터 정보를 끌어내고 이를 트라우마의 기억에 연결시킴으로써 트라우마와 연관된 정보를 처리하도록 하는 효과가 생겨난다고 이해하는 것이죠. 이렇게 두 개의 다른 기억 네트워크에서 정보의 빠른 자유 연결이 일어나는 현상을 샤피로는 '가속화된 정보 처리 과정accelerated Information processing'이라고 하였습니다. 안구 운동을 반복할 때마다 갇혀 있던 트라우마의 정보가 풀려 나와 적응적인 경로로 빠르게 진행되어나가면서 부정적인 생각, 감정, 이미지, 신체 감각 등은 사라지고 자연스럽게 긍정적인 태도와 새로운 통찰력이 자리 잡게 됩니다. 처음에는 안구 운동만이 가속화된 정보 처리 과정을 활성화시키는 것으로 생각했는데, 후에 소리라든지 두드리기tapping에 의한 양측성 자극도 안구 운동과 똑같은 효과가 있다는 것을 알게 됩니다.

사실 수백 년 전통의 요가나 불교의 자기수련 기법에도 마음을 평온하게 하기 위해 안구 운동을 하거나 걷기 수행 등의 양측성 자극을 주었다는 보고가 있습니다. 러닝머신 위에서 달리기를 하면서 이런저런 고민을 하다 보면 나중에 마음이 편해지는 경험들을 많이 하셨을 텐데, 이것도 바로 두 다리를 교대로 움직이는 양측성 자극의 효과인지도 모르겠습니다.

물론 안구 운동이나 양측성 자극이 어떻게 정보 처리 시스템을 활성화시키는지에 대해서는 아직 과학적으로 명확히 밝혀져 있지는 않습니다. 다만 과학자들은 EMDR에서 안구 운동이나 양측성 자극에 의해 우측 뇌와 좌측 뇌가 동시에 자극을 받으면 두 신경 네트워크 사이에서 연결 교류가 강화되면서 감정과 인지가 통합이 되는 것이 아닌가 추측하고 있습니다. 실제로 최근의 뇌영상학 연구 결과는 EMDR 치료 후 정서적 요소와 인지적 요소를 통합하는 기능을 하는 뇌 부위가 활성화되었다고 보고하고 있습니다.

꿈을 꾸는 수면인 REM 수면rapid eye movement sleep과 EMDR의 안구 운동 효과가 연관이 있다고 하는 연구 결과도 있습니다. 매일 밤 빠른 안구 운동이 일어나는 REM 수면 때 우리의 뇌는 꿈을 꾸면서 몸과 마음에 남아 있는 그날의 기억 정보를 처리합니다. 그런데 문제는 트라우마와 연관된 괴로운 꿈을 꾸다 보면 자꾸 중간에 깨어나게 되어 정보 처리가 중간에 멈추게 된다는 것이죠. 정보 처리가 완전하게 일어나지 못했기 때문에 대개 악몽은 비슷하거나 똑같은 내용이 반복되는 것입니다. 만약 똑같은 악몽을 꾸면서 똑같은 장면에서 깨어난다면 뭔가 처리되지 않은 트라우마가 남아 있다는 의미입니다. 그러나 중간에 깨어나게 되는 꿈과는 달리 EMDR에서는 트라우마 사건을 떠올리면서 계속해서 안구 운동을 하기 때문에, 결국 트라우마의 기억이 완전히 처리되고 재통합되는 과정이 일어나게 되는 것입니다. 실제로 최근의 연구 결과에 의하면 안구 운동을 할 때 뇌 안에서 일어나는 신경전달물질의 변화가 REM 수면 때 일어나는 변화와 거의 비슷하다고 보고하고 있습니다.

EMDR은 정보 처리 시스템을 활성화시켜 갇혀 있는 트라우마 기억을 새롭게 처리하도록 돕는 것이지 기억을 지운다거나 잊어버리게 하는 것은 아닙니다. 어떤 사람들은 EMDR을 통해 기억이 처리되면 트라우마에 대한 기억상실이 일어나는 것은 아닌가 걱정을 하는데, EMDR은 그 사람에게 마땅히 있어야 할 필요한 정보를 없애는 것이 절대 아닙니다. 트라우마의 기억이 결국 잘 처리되어 통합이 되면 트라우마의 기억의 잔재는 남아 있으나 더 이상 생생하게 고통스럽지는 않게 되지요. 그리고 대신 정서적인 안정감과 자연스러운 편안함을 되찾게 되어 트라우마를 받기 전보다 정신적으로 더 성장하게 되기도 합니다. EMDR로 인해 트라우마의 정보가 처리되었을 때 이러한 긍정적인 효과까지 부가적으로 나타나는 것은 아마도 EMDR 자체의 효과라기보다는 우리 인간에게 내재되어 있는 잠재력 때문일 것입니다.

03
상담 치료보다 중요한 가족 간의 소통

아들의 방

원제 : 'La Stanza Del Figlio', 2001년 11월 개봉, 이탈리아 · 프랑스, 난니 모레티 감독, 난니 모레티(조반니) · 로라 모란트(파올라) 주연, 87분

대개 트라우마는 돌이킬 수 없는 상실을 가져오지요. 우리들 삶에서 가장 중요한 것들, 예를 들면 사랑하는 사람 · 가족 · 건강 · 안정감 등이 트라우마로 인해 순식간에 사라지기 때문입니다. 또한 트라우마로 인해 이전의 정상적인 생활로 돌아가지 못하고 불안과 고통에 시달리게 되면 소중하게 보내야 할 그 시간도 모두 다 상실하는 것이지요. 상실감은 일생생활에서 고통, 불안, 죄책감, 외로움, 자포자기, 절망감을 계속해서 경험하게 합니다. 상실감으로 인한 이러한 아픔은 "세상은 살 만한 가치가 없어", "난 너무 많은 것을 잃어버려 극복하지 못할 거

야", "난 슬픔을 견딜 수가 없어", "모든 게 다 내가 잘못해서 일어난 일이야", "난 벌을 받고 있는 거야"라는 부정적인 생각에 사로잡히게 만들지요. 이러한 상실의 아픔은 오랜 시간이 지나도 쉽게 사라지지 않습니다. 시간이 흐르면서 상실감이 주는 아픔이 더 커지기도 합니다. 커다란 상실로 인한 슬프고 고통스러운 감정이 가라앉는 데 6개월이 걸릴지, 1년이 걸릴지, 아니면 평생이 걸릴지는 누구도 모릅니다. 개인마다 다르겠고 사안마다 다를 것입니다. 예를 들어 자녀의 죽음은 평생 갈 수 있는 상실감을 부모에게 남기겠지요.

•• 트라우마로 인한 상실감

2001년 칸 영화제 그랑프리 수상작 〈아들의 방〉은 갑자기 아들을 잃은 상실감 때문에 단란했던 중산층 가족이 흔들리는 과정을 매우 사실감 있게 그린 작품입니다. 배경은 이탈리아 북부의 작은 항구 마을입니다. 주인공 조반니(난니 모레티 분)는 불안증, 성도착증, 건강염려증, 강박증, 대인기피증 등으로 고통을 받는 환자들과 상담을 하며 하루 일과를 보내는 평범한 정신과 의사입니다. 그는 마음이 아프고 혼란스러운 사람들의 이야기를 듣고 공감하면서 그들의 심적 고통을 늘 옆에서 지켜보면서 지지하는 일을 충실히 잘 해나가고 있었지만, 한편으로는 무척이나 지쳐 보이기도 합니다. 일과가 끝난 뒤 사무실 불을 끄고 어두운 복도를 걸어가는 그의 뒷모습은 마치 진이 다 빠진 사람처럼 허탈해 보이기도 합니다. 정신과 의사란 직업은 참 정신적인 소모가 많이 일어나는 일인 것 같습니다.

하지만 그의 삶에는 지친 마음을 회복시켜주는 행복한 가족이라는 든든한 자원이 있었습니다. 여기서 자원이라고 하는 것은 '사랑스러운 아내와 말 잘 듣는 아들과 딸'이라고 하는 도식적인 가족 구성원의 존재가 있다는 것만을 의미하는 것이 아닙니다. 이들 가족 사이에서 매우 자연스럽게, 결코 억지스럽지 않게 생겨나는 친밀감이 그에게는 가장 커다란 힘이 되는 자원이었던 것입니다. 단란한 가족은 그에게 정신적인 휴식처였고, 가족 간의 친밀감은 고갈된 에너지를 채워주는 당근 주스와도 같이 보입니다. 만약 그가 집에서 거짓말하는 아들 때문에 스트레스 받고, 남자친구 사귀는 딸 때문에 걱정하고, 아내와 사이가 나빴다고 가정해본다면 그의 삶은 어떠했을까요? 그의 매일매일의 상담에는 어떤 영향을 미쳤을까요? 그런데 그보다 더한 일이, 정말 상상도 할 수 없었던 커다란 트라우마가 그에게 일어납니다.

어느 일요일 아침. 조반니는 아들과 함께 오랜만에 달리기를 하기로 약속을 합니다. 그런데 갑자기 한 환자로부터 급히 만나달라는 전화가 옵니다. 그는 건강염려증 환자였는데, 자신의 폐 엑스레이 사진에 이상이 생긴 것을 알고 불안해서 아무것도 못 하겠다며 급하게 정신과 의사를 찾았던 것입니다. 그 환자가 평소 자신에게 매우 의존하고 있다는 것을 아는 조반니는 어쩔 수 없이 아들과의 약속을 미루고 그를 만나러 갑니다. 그리고 사소한 일로 자극받아 평소보다 더 과도하게 건강에 대해 걱정을 하는 그를 차분하게 안심시킵니다. 그런데 조반니가 그 환자를 진료하는 사이, 친구들과 스킨 스쿠버를 하기 위해 바다로 나간 아들이 불의의 사고로 죽게 됩니다.

•• 정신과 의사는 자신의 트라우마를 치료할 수 있을까?

갑작스러운 아들의 죽음 앞에서 가족은 아픔을 견디지 못하고 극도로 불안정해집니다. 이 가족의 평화로움과 안정감은 일순간에 산산조각이 납니다. 이때부터 철저하게 사실적인 감독의 연출력이 좀 더 섬세하게 드러납니다. 남은 가족들은 각자 감정의 극단을 경험하게 되지요. 아버지는 혼이 빠져나간 사람처럼 멍청하게 유원지를 방황하며 돌아다니고, 어머니는 아들의 방을 정리하다가 아들의 옷을 잡고는 고통스럽게 울부짖고, 딸은 오빠의 죽음으로 과격해지면서 농구를 하다 상대방 선수와 싸움을 하고는 징계를 당합니다. 가족은 서로 함께 부둥켜안고 울지만 서로 상대방의 아픔을 다독여줄 여력이 없습니다. 각자 자신의 상실감을 스스로 달래느라 다른 사람을 배려할 힘이 없었던 것이죠. 이들 사이에 늘 흐르던 애정과 친밀감은 완전히 자취를 감춥니다.

정신과 의사인 조반니의 흔들림이 더욱더 극적으로 나타납니다. 그는 반복되는 플래시백에 시달립니다. 사고가 일어난 그날 아침, 환자의 요청을 거절하고 그냥 아들과 함께 달리기를 즐겼더라면 하는 상상이 반복해서 그의 머릿속에 떠오릅니다. 그럴 때마다 그는 그렇게 하지 못한 자신을 책망하며 괴로워합니다. 그 괴로움에서 벗어나기 위해 그는 멍하니 TV 리모컨만 돌리거나, 아들이 좋아했던 음악을 반복해서 듣거나, 숨이 넘어가도록 조깅을 하거나 하지만 플래시백과 자책감은 점점 더 심해집니다. 그리고 상담 일을 다시 시작해보지만 전처럼 잘 집중하지 못합니다. 당연한 현상이죠. 상담 자체가 엄청나게 스트레스 받고 소진되는 일이기 때문에 상실감에 괴로워하는 그로서는 제대로 상담을 할 수가 없었던 것입니다. 상담을 하면서 조반니는 환자들이 하는 말로부터 알게 모르게 자극을 받게 됩니다. 하지만 그 중에서 그를 가장 자극했던 환자는 아마도 그날 일요일 아침 자신에게 도움을 청했던 건강염려증 환자였을 것입니다. 조반니는 그 환자를 볼 때마다 그날 일이 떠올라 후회하고 자책하는 생각에 빠지게 됩니다. 그 환자를 만나는 것 자체가 사실은 조반니의 트라우마를 건드리는 트리거였던 셈이죠. 그래서 그는 상담 시간 내내 엉뚱한 상상을 하고 엉뚱한 대답을 합니다. 두 사람 사이에 어색한 침묵이 흐르고, 영문도 모르는 그 환자는 치료자인 조반니가 자신을 비난하며 내친다는 느낌을 받습니다. 그는 조반니에게 일어난 사건을 모르고 있었으니까요. 그 환자는 결국 조반니에게 이제 많이 나아졌으니 치료를 마치겠다고 통보합니다. 그제서야 자신의 상태에 대해 심각함을 깨달은 조반니는 결국 스스로의 힘으로 아들을 잃은 충격을 이겨낼 수 없다고 판단하고 상담하는 일을 그만두기로 결심합니다. 다른 환자들과 관계를 끊어야 하는 이 과정이 쉽지 않았지만, 어쩌면 이 결정은 조반니가 자신을 위해 할 수 있는 최선의 보호책이었을 것입니다. 이 정신과 의사는 스스로에게 항우울제 대신 휴식을 처방한 것이지요.

•• 함께 극복해야 할 가족 공동의 트라우마

평소 그에게 가장 큰 힘이 되어주었던 아름다운 아내와도 갈등이 점점 심해집니다. 서로 아픔을 달래고 서로 의지도 하는 것이 부부이지만 모든 아픔을 다 달래줄 수도 없고 완전히 다 의지할 수도 없는 것이 부부인 것 같습니다. 사실 부부 사이가 원만하려면 두 사람이 각자 스스로 다독일 수 있는 능력도 매우 중요하지요. 생각해보십시오. 그냥 내가 힘들어서 그러니 내버려 두라고 하면서 계속해서 짜증과 신경질을 내고, 울고 절망하고, 게다가 허구한 날 술까지 마신다면 아무리 사랑하는 배우자라고 해도 끝까지 받아주고 참아내기가 쉽지 않을 것입니다. 조반니는 아내에게 정신적으로 많이 의지하고 있었던 것 같습니다. 표면적으로 보았을 때 그가 더 고통스러웠는지도 모르죠. 자신이 아들과 약속을 지키지 못해 아들이 죽었다는 죄책감이 아내보다는 더 강했으니까요. 그래서 그는 아내의 상실감을 다독이기보다는 자신의 고통과 슬픔을 그녀에게 내던집니다. 그러나 아내라고 아들 잃은 상실감에 괴롭지 않을 리가 있겠습니까? 필사적으로 자신의 슬픔을 달래고 있었지만 그녀 역시 불안정하기는 마찬가지였습니다. 같이 아파하고 서로 달래주던 두 사람 사이에 서서히 거리감이 생깁니다. 아침 식탁에서 대화가 단절되고, 조반니가 고통스럽게 혼자 집을 지키고 있는 동안 아내는 직장에서 늦게까지 일을 하고 들어옵니다.

•• 살아남은 자의 몫, 슬픔과 정면 승부를 하다

그렇게 가족이 모두 다 불안정한 상태로 방황하며 서로 멀어지고 있을 때 갑자기 전에 아들이 사귀었던 여자 친구가 이들의 집을 찾아옵니다. 뜻밖의 방문에 당황하며 그녀를 맞이하는 부부는 그 여자아이가 남자 친구와 함께 히치하이킹으로 프랑스까지 가려고 한다는 것을 알고 그 아이들을 차로 프랑스 국경까지 태워주게 됩니다. 아들에 대한 그리움 때문에 아들의 친구였던 그 여자아이에게 왠지 잘해주고 싶었던 것이었겠죠.

 아이들이 차 뒷좌석에서 잠이 들자 밤새 프랑스 국경까지 운전하겠다고 마음먹은 남편은 아내에게 "자지 마! 우리 같이 깨어 있자"라며 다가갑니다. 일종의 화해 시도인 셈이죠. 그런 남편의 말에 비로소 오랜만에 웃어주는 아내. 부부는 밤새 운전하면서 화해하게 됩니다. 어느새 새벽, 차는 프랑스 국경에 도착합니다. 차에서 내려 바다로 걸어 나가는 부부는 서로의 얼굴을 보며 웃습니다. 차에서 내려 여기가 어디냐며, 나 오늘 저녁에 농구 연습 있다며 짜증을 살짝 내던 딸도 따라 웃습니다. 이 가족이 원래 가지고 있던 강점이자 자원인 친밀감이 자연스럽게 생겨나는 장면입니다. 특별한 대화가 있었던 것도 아닌데,

그 여자아이 때문에 갑작스럽게 하게 된 여행이었지만, 가족이 함께 했다는 것만으로, 부부가 함께 깨어 있었다는 것만으로 이들은 다시 서로에게 기댈 수 있게 된 것입니다. 그런 기댈 수 있는 가족이 있다는 것을 다시 확인하게 된 셈이죠.

가족을 잃은 상실감은 말할 수 없이 큰 슬픔이자 고통입니다. 그래서 트라우마를 겪은 많은 사람들은 트라우마로 인한 상실을 받아들이고 슬퍼하는 것을 피하려 합니다. 트라우마의 기억을 피하려 하듯이 상실감도 회피하고 외면하려고만 하는 것이죠. 그리고 조반니처럼 "내가 그때 그런 실수만 하지 않았다면"이라는 자책감에 오랫동안 머물러 있으려 합니다. 어쩌면 상실감을 인정하는 것보다 자책을 하는 것이 덜 괴롭기 때문일 수도 있습니다. 그러나 이는 현실을 외면하는 태도일 뿐입니다. 현실을 받아들이고 현실에 적응하는 것을 늦추기만 할 뿐이지요. 상실감을 극복하기 위해서는 되돌릴 수 없는 현실에 직면하고 상실에 대해 충분히 슬퍼하고 아파해야 합니다. 이것을 적응적인 애도 반응adaptive grieving이라고 합니다. 이러한 애도 반응이 언제 끝날지는 아무도 모릅니다. 언제쯤 끝나야 한다는 원칙도 없습니다. 얼마든지 슬퍼하고 원망하고 애통해해도 됩니다. 다만 그런 과정을 통해 서서히 상실로 인한 슬픔과 아픔이 인생의 중심에서 멀어져가면 됩니다. 이렇게 상실감을 받아들이는 것은 누가 뭐래도 살아남은 자의 몫입니다.

트라우마의 회복

트라우마의 후유증으로 고통을 받는 많은 피해자들은 대개 자신들이 겪고 있는 고통을 언어로 정확하게 표현하지 못하는 경향이 있습니다. 실제로 이들에게 트라우마의 기억을 떠올리게 하였을 때 뇌의 언어중추로 가는 혈류의 양이 줄어드는 모습을 보였고, 오히려 감정이나 신체 증상과 연관이 있는 뇌의 편도체나 변연계로 가는 혈류의 양은 증가하는 모습을 보였습니다. 또한 트라우마의 기억을 이야기하면 불안 증상과 연관이 있는 자율신경계도 점차 흥분되어가는 양상을 보였습니다. 그래서 트라우마의 피해자들은 트라우마의 기억을 떠올려 대화를 하면 할수록 더 힘들어지고 더 혼란스러워지는 것입니다. 그들에게는 트라우마를 다시 기억해내서 말하는 것이 마치 트라우마를 다시 생생하게 재경험하게 되는 것과 똑같은, 그야말로 끔찍한 경험인 것이죠. 그래서 그들은 치료자에게조차 말하기를 꺼리고, 때로는 치료를 거부하고 회피하는 것입니다.

그런데 안타깝게도 오랜 시간 동안 많은 전문가들은 트라우마 피해자들의 이러한 회피를 치료에 대한 저항으로 해석하는 경향이 있었습니다. 고통스럽기는 하지만 그대로 증상을 유지하면 뭔가 얻는 이차적인 이득이 있기 때문에 치료자에게 말을 하지 않는다고 본 것이죠. 그래서 초기의 치료자들은 트라우마 피해자들을 이러한 저항에 직면시켜 어떻게든 말을 하게끔 하는 시도를 하기도 하였습니다.

그러나 트라우마에 대한 과학적인 이해가 더 넓어지면서 이제는 트라우마의 기억을 직접 다루는 것은 도움이 되지 않을뿐더러 때로는 오히려 더 해가 될 수도 있다는 것이 밝혀졌습니다. 특히 트라우마를 반복해서 경험하였다든지, 혹은 너무 어린 나이에 트라우마를 경험한 경우에는 트라우마의 기억을 직접 다루려 하면 오히려 환자가 정서적으로 더 불안정해지는 모습을 자주 보인다는 것을 알게 된 거죠.

결국 트라우마의 기억을 처리하는 것보다 피해자가 먼저 안전감을 느끼고 스스로 상황을 통제할 수 있다는 자신감을 갖도록 돕는 것이 더 시급한 문제라는 것을 알게 되었습니다. 어떤 의미에서 트라우마의 치료는 피해자에게 위험이 다 지나갔으니 지나친 방어를 이제 그만 풀라고 하는 것인데, 실제로 충분히 안전하지 않은 상황에서 방어를 풀라고 하면 오히려 더 위험할 수 있습니다. 그렇기 때문에 안전이 확보되지 않은 상황에서는 트라우마에 대한 어떠한 치료적인 도움도 성공할 수가 없습니다. 예를 들어 깡패에게 집단 폭행을 당해 응급실로 실려 와서 응급 치료를 받았지만, 만약 그 깡패들이 계속 응급실 주변에서 얼씬거리고 있다면 피해자는 절대로 안전감을 느낄 수 없을 것입니다. 그러니 아무리 안정을 시키려 해도 피해자는 당연히 계속 불안해하고 두려워할 것입니다.

그러므로 피해자를 여전히 위협하거나 불안하게 만드는 요소가 실제로 있는지 없는지에 대해 잘 파악하여 부정적인 요소가 있다면 우선 이를 차단하고 이에 대해 피해자 스스로가 적절한 대응을 할 수 있도록 도와야 합니다. 그래서 피해자가 충분히 안전감을 느낄 수 있어야 합니다. 이러한 안전감의 확립 작업은 트라우마 치료의 1단계라고 할 수 있는데, 급성 트라우마의 경우에는 대개 며칠에서 몇 주의 기간이 걸리지만 만성적인 학대를 받았거나 반복적으로 일어난 트라우마의 경우에는 몇 개월에서 몇 년이 소요되기도 합니다. 만성적인 트라우마 피해자의 경우에는 아무래도 오랫동안 위협감과 불안감 속에서 지내왔기 때문에 세상이 안전하다는 생각을 거의 못 하고 살아왔을 것입니다. 그렇기 때문에 안전감을 느끼는 것 자체를 두려워하고 받아들이지 못하는 경우가 많습니다. 이들이 진정으로 안전감에 대한 확신을 가지려면 아무래도 충분한 시간이 필요합니다. 특히 이들에게는 자신의 신체적인 증상이나 불안정한 감정에 대해 스스로 조절할 수 있다는 통제감을 갖도록 도와주는 것이 중요합니다. 이렇게 안전감과 통제감은 결국 피해자 스스로가 터득하고 느낄 수 있어야 하지요.

충분히 안전감을 확보하고 난 뒤에는 트라우마의 기억을 처리하도록 도와야 합니다. 이는 트라우마 치료의 2단계로서, 본격적으로 트라우마의 기억을 떠올리고 이를 말로 이야기해나가는 것을 돕는 작업을 말합니다. 외상의 기억은 대개 압도적인 감정과 신체의 기억이기 때문에 말로 표현하는 데 어려움이 많습니다. 그래서 대부분의 피해자들은 트라우마의 기억을 아예 무감동하게 이야기하거나 아니면 반대로 감정에 압도되어 말로 표현하지 못하거나 하는 모습을 보입니다. 치료는 피해자들이 안정된 상태에서 조금씩 언어로 트라우마의 경험을 삶의 이야기로 재구성하도록 돕는 것입니다. 피해자는 조금씩 힘을 얻어가면서 얼어붙은 이미지와 압도되는 감정 그리고 조각난 감각의 파편을 하나하나 모아 이야기 기억으로 통합해나가야 합니다. 그러나 이는 대단히 힘든 과정으로 종종 피해자들은 트라우마를 이야기하다가 트라우마의 이미지나 감정에 완전히 압도되어 마치 지금 현실에서 여전히 트라우마를 받고 있는 것처럼 느끼게 됩니다. 그렇기 때문에 피해자가 트라우마의 기억을 조금씩 떠올리면서 동시에 현재의 안전한 상황에 집중하도록 치료자가 적극적으로 도와야 합니다. 피해자가 견딜 수 있는 범위 내에서 조심스럽게 이러한 치료 작업을 해나갈 때 피해자는 트라우마의 기억에 압도당하지 않으면서 서서히 이야기 기억으로 통합해갈 수 있습니다. 물론 이러한 치료 과정은 트라우마의 기억을 완전히 제거하는 것이 아니라 트라우마의 기억을 이야기로 표현할 수 있도록 돕는 것입니다.

그런데 이렇게 트라우마의 기억이 처리되어가는 과정에서 많은 피해자들은 트라우마로 인해 생긴 상실감을 크게 느끼게 됩니다. 트라우마로 인해 소중한 사람을 잃었고, 쌓아온 경력과 직업을 잃었고, 신체적인 건강까지 잃었다면 트라우마의 처리 과정에서 상실감은 당연히 따라올 수밖에 없습니다. 그래서 트라우마를 이야기하다 보면 피해자들은 종종 깊은 슬픔과 절망감에 빠집니다. 이렇게 슬픔과 절망감에 빠지는 것은 너무나 힘들고 견딜 수 없는 일이기 때문에 간혹 피해자들은 이러한 감정을 받아들이려 하지 않습니다. 대신 복수심이나 원망감에 빠지거나 혹은 너무 서둘러 가해자를 용서해야 한다는 강박관념에도 빠지게 됩니다. 슬픔이나 절망감보다 차라리 화를 내고 원망하고 재빨리 용서하는 것이 더 견딜 만하니까요. 그러나 이러한 상실감의 회피는 결국 트라우마로부터의 회복을 더디게 할 뿐인 경우가 많습니다. 상실감은 결국 피해자가 견뎌내야 하고 받아들여야 하는 것입니다. 트라우마의 기억을 떠올리고 이야기할 때마다 슬퍼지고 절망스러워지겠지만, 그래도 이를 조금씩 견뎌내고 받아들일 때 트라우마는 서서히 그 강렬함과 특별함을 잃어가게 되는 것입니다. 상실감으로 인해 자주 슬픔을 느낄 수밖에 없겠지만 서서히 그 슬픔은 삶의 중심에서 멀어져가는 것이죠.

트라우마 치료의 마지막 단계는 고립감에서 벗어나 사회적 연결을 다시 만들어가면서 새로운 삶을 발전시켜나가는 연결의 복구 과정입니다. 트라우마로 인해 철저히 단절되고 고립된 삶을 살아온 피해자들은 트라우마의 기억을 처리하면서 어느 정도 회복이 되면 다시 주변 사람을 신뢰하고 그들과 친밀한 관계를 만들어나갈 수 있어야 합니다. 이 세상에 나만 혼자가 아니고 누군가와 아주 긴밀하게 연결되어 있다는 믿음, 결속감은 트라우마를 경험한 피해자들이 세상을 살아가는 데 아주 커다란 힘이 됩니다.

트라우마로 인한 후유증은 어쩌면 피해자의 삶을 통해 계속해서 지속될 수도 있습니다. 그러나 트라우마로부터의 회복 과정을 통해 그것이 견딜 수 있는 인생의 아픔이 되어갈 때 우리 인간은 트라우마가 생기기 전보다 더 깊이 있게 성장할 수 있습니다. 과거로 되돌아갈 수는 없지만 앞으로 더 나아갈 수는 있는 것이죠.

04
관계 속 교감 이상의 트라우마 치료제는 없다
우리들의 행복한 시간

영어 제목: 'Maundy Thursday' 2006년 9월 개봉, 한국, 송해성 감독,
강동원(정윤수) · 이나영(문유정) 주연, 120분

   트라우마의 피해자는 부모 · 형제 · 배우자 · 연인 · 친구 · 치료자와의 관계에서, 아니, 누구와의 관계에서든 진심 어린 소통과 교감을 통해 유대감을 경험할 수 있어야 합니다. 트라우마의 진정한 회복에는 이러한 유대감이 절대적으로 필요하니까요.

   국어사전을 찾아보니 소통은 뜻이 서로 통하여 오해가 없는 상태를 말하고 교감은 서로 접촉하면서 따라 움직이는 느낌이라고 정의되어 있습니다. 사전적 의미로는 무슨 뜻인지 금방 알 것 같은데 실제로 소통과 교감을 하는 것은 참으로 힘들어 보입니다. 이는 언어적인 스킬이나 행동 기법의 문제가 아니기 때문입니다. 즉 머리로 계산해서 할 수 있는 것이 아니라 감정적으로 진심으로 공감할 수 있어야 가능한 일이기 때문이죠. 피해자가 얼마나 절망감과 고립감에 빠져 있고, 또 거기서부터 빠져나오기 위해 얼마나 간절하게 도움의 손길을 원하고 있는지를 주변의 가족이나 친구는 가슴으로 이해해야 합니다. 피해자들의 원망과 분노의 표현이 사실은 절실하게 도움을 요청하는 것임을 이해해야 합니다. 이는 가장 힘들지만 정말 가장 중요한 일입니다. 소통과 교감의 의미를 다시 한 번 잘 음미해보시기 바랍니다.

•• 트라우마를 치료하는 관계

험난한 이 세상, 너무나 빠르게 변화하는 세상 속에서 커다란 풍랑에 휩싸이지 않고 별 기복 없이 순탄하게 살기가 참 쉽지 않습니다. 우리는 언제든 뜻하지 않게 큰 사고를 당해 목숨이 위태로울 수 있기 때문이지요. 또한 한순간에 누군가에게 배신당할 수도 있고, 협박당할 수도 있고, 버림을 받을 수도 있습니다. 트라우마는 누구에게나 바로 옆에 있는 것입니다. 통계에 따르면 두 명 중 한 명은 일생에서 트라우마에 해당되는 사건을 경험하게 된다고 합니다.

정면으로 트라우마와 맞부딪치게 되었을 때 그 충격과 후유증의 흔적이 얼마나 깊게 남을 것이냐 하는 데 가장 중요한 영향을 끼치는 것 중 하나가 가장 가까운 사람, 즉 가족·친구·연인·배우자의 태도입니다. 가장 가까운 사람의 이해와 지지 그리고 함께 아파해주는 공감은 고통스러운 트라우마를 극복하는 데 가장 커다란 자원이 될 수 있습니다. 하지만 반대로 가장 가까운 사람으로부터 이해와 지지, 공감을 받지 못할 경우 트라우마의 상처는 오히려 점점 더 깊어지게 됩니다. 특히 어머니라는 절대적 존재로부터의 공감의 결여는 그 자체만으로 또 다른 제2의 트라우마가 되는 경우가 많습니다.

아이의 마음을 이해해주고 공감해주는 어머니와의 안정적인 관계는 아이가 이 세상을 살아가는 데 가장 중요하고 가장 바탕이 되는 힘입니다. 이를 안정적인 애착의 관계라고 합니다. 어머니와의 안정적인 애착 관계를 통해 우리의 뇌 안에서는 스스로를 통제할 수 있고 자신을 믿을 수 있고 남을 신뢰할 수 있는 신경 회로가 생성하고 발달합니다. 즉 애착 관계는 어린아이의 뇌 안의 신경 회로를 자극하여 성장하도록 영양분을 주는 것이지요. 그러므로 안정적인 애착의 관계를 경험한 사람의 뇌는 애초부터 트라우마에 대한 강한 내성을 갖고 있기 때문에 그 충격이나 후유증이 그리 깊지 않습니다. 또한 설령 트라우마의 강한 충격이나 후유증에 시달린다고 하여도 다시 안정적인 애착 관계의 힘을 통해 신속하게 극복할 수도 있습니다. 반대로 어린 시절 어머니와의 불안정한 애착 관계를 경험한 사람의 뇌는 트라우마에 매우 취약하여 그 충격과 후유증이 깊게 남게 되겠죠.

위의 두 가지 요소, 즉 어린 시절의 안정적인 애착 관계 그리고 트라우마가 있고 난 뒤 애착 관계에 있는 사람으로부터의 공감적인 반응은 트라우마를 극복하는 데 가장 결정적인 영향을 미치는 요소들입니다.

●● 분노와 냉소 그리고 삶의 포기

영화 〈우리들의 행복한 시간〉은 결정적인 트라우마를 겪은 두 주인공이 삶에 대한 의지를 잊은 채 살아가다가 우연히 만나 서로 상대방의 상처를 보고 듣고 소통하는 과정에서 트라우마가 치유되고 삶에 대한 의지를 회복한다는 내용을 담고 있습니다.

문유정(이나영 분)은 부잣집 딸이고 전직 가수로서 대학교에서 학생들을 가르칩니다. 하지만 매사에 전혀 의욕이 없고 학생, 동료 교수, 식구들과 모조리 각을 세웁니다. 그리고 세 번이나 자살 시도를 하였죠. 그냥 삶이 무의미하고 또 때로는 짜증스럽습니다. 그리고 이유 없이 분노를 폭발합니다. 사춘기 때 받은 결정적인 트라우마, 사촌 오빠로부터 받은 성폭행이 그녀의 삶을 바꾼 가장 주된 원인으로 보입니다. 정윤수(강동원 분)는 곧 죽음을 맞게 될 사형수입니다. 우발적으로 저지른 살인에 대한 죄책감으로 그는 자포자기 상태에 빠져 남의 죄까지 다 뒤집어쓰고 그냥 아무 생각 없이 사형 집행일을 기다리며 빨리 생이 끝나기만을 바랍니다. 자신에게 시비를 거는 폭력배에게는 걷잡을 수 없는 무시무시한 폭력성을 폭발하기도 하지만 평상시에는 무뚝뚝하고 무관심한 형무소 생활을 하고 있습니다. 누구와도 관계를 맺으려 하지 않을뿐더러 자신을 이해하고 돕고자 다가오는 모니카 수녀에게도 냉소 섞인 신경질만 냅니다. 자신이 충동적으로 저지른 살인, 그에 대한 죄책감, 죽음에 대한 두려움이 겉으로 드러나 있는 그의 트라우마라고 할 수 있겠습니다.

살아온 배경과 갖고 있는 마음의 상처가 각기 다른 두 사람이지만 그들에게는 세상에 대한 분노와 원망, 냉소, 그리고 자포자기하여 삶을 포기하고 있다는 공통점이 있습니다. 두 사람 모두 트라우마의 희생자들인 것이지요. 트라우마의 희생자인 두 사람은 세상으로부터 철저하게 고립되어 있습니다. 모두 웃고 떠들고, 혹은 살려고 발버둥치는 총천연색의 세상 사람들 속에서 두 사람은 마치 흑백의 원 안에 갇혀 살아가는 것 같습니다. 두 사람은 세상과 완전히 단절된 채 철저하게 자신만이 혼자가 된 느낌에 빠져 살아가고 있는 것이지요. 그렇다고 이런 느낌에서 벗어나려 하지도 않고, 다른 사람에게 다가가지도 않습니다. 다른 사람이 다가오는 것은 귀찮고 짜증나는 일일 뿐이지요. 이들이 그렇게 스스로 고립감 속에 빠져 현실을 회피하고 그냥 무감각numbness한 상태에 빠져 지내는 것은 트라우마의 아픔에 대한 나름대로의 방어책인 셈입니다.

그러니 이런 두 사람의 우연한 만남은 처음부터 두 사람 모두에게 아주 불편한 경험이었을 것입니다. 그래서 두 사람은 처음에는 경계심을 갖고 서로의 의도를 의심하면서 거리를 두려 합니다. 두 사람 사이의 거리감이 좁혀지면 오히려 언제 터질지 모르는 긴장감으로 아슬아슬해질 뿐이었습니다. 그런데 만남이 반복되면서 두 사람은 조금씩 상처받은 영혼을 갖고 있는 상대방에게 끌리기 시작합니다. 이는 매력적인 젊은 남녀가 상대방의 이성적인 매력에 끌리는 사랑의 감정과는 조금 달라 보입니다. 그들이 느낀 감정은 뭔가 나와 같은 색깔의 상처를 갖고 있는, 나와 같이 세상으로부터 고립되어 있는 외로운 인간에 대

해 끌리는 일종의 공감 같은 감정이었습니다.

•• 성폭행보다 더 큰 상처, 은폐와 침묵

두 사람의 마음속에 상대방이 자신들의 아픔을 이해해 줄 수 있는 사람이라는 믿음이 서서히 생기면서, 결국 두 사람은 누구에게도 이야기하지 않았던 자신들의 상처를 서로 상대방에게 이야기하기 시작합니다.

유정은 사촌 오빠로부터 갑작스럽게 받은 성폭행의 아픔이 가장 충격적인 상처이기도 하지만, 그 사건이 일어나고 난 뒤 성폭행을 당한 자신을 안전하게 보호해주고 따뜻하게 위안해주어야 할 엄마의 차갑고 냉랭한 태도가 성폭행보다도 더 자신에게 상처가 되었다는 사실을 이야기합니다. 이상하게도 성폭행이나 강간을 당한 피해 여성의 가족들은 이런 반응을 보일 때가 많습니다. 그것 참 이상하지요. 내 아이가 당했는데, 더 아파하고 더 분노해야 할 것 같은데 오히려 아파하고 분노하는 피해자의 심정을 억누르려 하니 말입니다. 심지어는 "어떻게 하겠니? 이미 지나간 일인데" 라든지 혹은 "다 용서해라. 너도 잘못한 것이 있는데 어쩌겠니?" 라고 하는 반응도 있었습니다. 이런 가족들의 반응은 대개 상처를 더 견딜 수 없을 만큼 아프게 하는 것이죠.

어쩌면 유정 엄마의 이러한 모습은 강간이나 성폭행을 당한 피해자들의 부모가 보이는 일반적인 모습인지도 모르겠습니다. 대부분의 부모들은 딸이 겪은 그 두려움과 공포와 수치심을 달래주지 못하는 것 같습니다. 부모 스스로가 이러한 충격적인 사건 앞에서 어떻게 대처해야 할지 모르고 극도로 당황하기 때문이죠. 그래서 딸의 상처 그리고 부모인 자신들이 받은 충격을 애써 외면하고 무조건 덮어두려는 시도를 하게 됩니다. 그러나 부모들의 이러한 태도는 이미 성폭행이라는 트라우마를 받아 두려움과 공포에 휩싸인 피해자의 영혼을 완전히 산산조각 나게 하는 2차 트라우마가 되는 경우가 많습니다. 가장 아플 때, 가장 절실히 필요로 할 때 부모가 외면하는 것이 되니까요.

•• 가족 관계에서 트라우마 치료가 어려운 이유

윤수와 유정의 트라우마의 공통점은 바로 어머니였습니다. 윤수의 트라우마의 출발은 아주 어린 시절 어머니로부터 버림받았다는 사실에서 출발합니다. 부모와 헤어져 고아원을 전전하다가 너무나 고통스러운 나머지 고아원을 탈출하여 동생과 함께 애타게 어머니를 찾아갔지만 오히려 어머니는 엄마도 좀 살아야겠으니 제발 가달라고 아들인 윤수에게 애원합니다. 엄마의 애원은 윤수에게 이 세상에서 가장 중요한 사람에게서 버림받았다는 지울 수 없는 상처를 남깁니다. 엄마의 애정과 관심을 가장 절실하게 필요로 할 때 엄마에게 버림을 받았으니 그 상처가 깊을 수밖에 없었지요. 그런 와중에 사랑하는 동생의 어처구니없는 죽음은 또 그에게 엄청난 충격을 준 상처가 됩니다. 평온함, 따뜻한 관심이나 애정이라는 느낌을 전혀 느껴보지 못했던 그의 어린 시절은 그야말로 상처의 연속 그 자체입니다. 그러니 이미 어린 시절부터 그의 깊은 뇌 회로에는 그때 느낀 절망감과 두려움이 깊게 새겨져 있었을 것입니다. 그래도 이러한 절망감과 두려움을 억누른 채 윤수는 성인이 되어 열심히 살아보려 하지만, 결국 애인의 수술비를 구하기 위해 어쩔 수 없이 강도짓을 할 수밖에 없게 됩니다. 그리고 그 와중에 저지른 우발적인 살인은 그가 오랜 시간 동안 애써 억눌러왔던 절망감과 두려움을 한꺼번에 터뜨립니다. "어차피 난 세상으로부터 버림받은, 운명으로부터 버림받은, 엄마로부터 버림받은 쓸모없고 하찮은 존재"라는 믿음은 윤수로 하여금 더 이상 자신을 변호할 힘, 자신을 지킬 힘을 갖지 못하도록 무장해제시킵니다. 이제 윤수는 자포자기 상태에서 다른 사람의 죄까지 다 자신의 것으로 받아들이고 무덤덤하게 죽음을 받아들이려 하고 있습니다.

이런 윤수의 깊은 상처 이야기를 들으며 유정은 하염없이 눈물을 흘립니다. 상처로 인해 닫혀버린 그녀의 마음이 윤수의 상처받은 마음에 연결된 것입니다. 오랜 시간 고립되어 있던 두 사람의 마음이 서로 연결되면서 두 사람은 서로 상대방이 받은 트라우마에 대한 증인이 됩니다. 두 사람은 상대방이 받은 트라우마의 아픔을 진정으로 이해하고 보듬고 변호하는 존재가 된 것이지요. 이렇게 생겨난 두 사람 사이의 연결감은 상처로 인해 산산조각이 나 사라져버린 두 사람의 존재감과 가치감을 다시 소생시킵니다. 고립감 대신 연결감이 생겨나면서 두 사람의 상처가 조금씩 치유되기 시작한 거죠.

안전하게 서로 연결되어 있던 인간적인 근본 토대가 흔들리고 끊어지는 것, 그로 인한 극도의 무기력감과 고립감의 경험이 트라우마의 핵심적인 경험이라고 한다면 무슨 일이 있어도 언제든지 내 편을 들어주고 내 아픔을 듣고 이해해주는 사람과 연결되어 있다는 느낌을 회복하는 것은 트라우마 치유의 핵심적인 경험이라고 할 수 있습니다.

감정의 상호 소통과 조율 과정, 변연계 공명

우리 뇌의 안쪽에 자리 잡고 있는 변연계는 일차적으로는 나의 감정을 일으키고 조절하는 감정의 뇌인 동시에 가까운 곳에 있는 사람의 내면 상태, 즉 감정·신체 리듬·신경생리기능, 안정 상태 등을 감지하는 일종의 사회적 감각기관social sensory organ이기도 합니다.

변연계가 잘 기능할 때 우리는 상대방의 내면 상태를 잘 감지하여 자신의 감정이나 생리반응을 거기에 맞게끔 조절할 수 있습니다. 변연계를 통해 두 사람 사이에서 감정의 상호 소통이 일어나고 이에 따른 결과로 두 사람이 서로 상대방에게 생리적 적응을 하려는 상호 조율 과정을 변연계 공명limbic resonance이라고 합니다. 이는 두 사람의 뇌에서 상호적으로 동시에 그리고 지속적으로 일어나는 조화로운 협주곡이라고 할 수 있습니다.

이러한 변연계 공명은 엄마와 아기 사이의 애착 관계에서, 또는 사랑하는 연인이나 부부에게서도 흔하게 일어나며 비슷한 마음의 상처를 갖고 있는 사람 사이에서도 일어날 수 있습니다. 변연계 공명을 통해 조화로운 상호 소통과 상호 조절 과정을 경험할 수 있게 되면 두 사람은 모두 이해받는다는 느낌, 함께하고 있다는 동질감과 교감을 느끼게 됩니다. 이러한 긍정적인 느낌들은 두 사람의 신경 회로에 새로운 회로가 열리게끔 하고, 이러한 새로운 신경 회로의 열림은 결국 과거에 받았던 상처로 인해 생긴 오래된 신경 회로로부터의 탈피를 의미합니다. 중요한 두 사람 사이에서 소통과 교감이 일어나도록 하는 변연계 공명은 우리 인간이 세상을 살아가도록 하는 근원적인 힘이자 동시에 트라우마로 인해 생겨난 신경 회로를 치유하는 처방전이기도 합니다. 인간은 혼자서 살아갈 수 없듯이 혼자서 상처를 치유할 수 없습니다.

05
트라우마를 받을지언정 삶은 멈출 수 없다

미스 리틀 선샤인

원제: 'Little Miss Sunshine', 2006년 12월 개봉, 미국, 조너선 데이턴·발레리 페리스 감독, 스티브 카렐(프랭크 외삼촌)·그렉 키니어(아버지 리처드) 주연, 102분

일등과 최고만이 살아남을 수 있는 현대 사회에서 평범한 보통 사람들의 삶은 사실 실패와 좌절의 연속이 될 수밖에 없습니다. 무한경쟁의 이 살벌한 세상 이치가 '최고가 되어야지' 하고 맘먹고 살아야 겨우 중간쯤 되는 형편이 되어버렸거든요. 행여 '난 중간은 되겠지' 라는 식으로 안이하게 살 때에는 어느새 한참 뒤로 밀려 삼류가 되어버린 자신의 모습을 발견하게 되지요. 신동, 천재, 수석 입학자, 수석 졸업자, 인기 가수, 인기 배우, 인기 작가, 억대 연봉자, 수백억대 자산가, 텔레비전 뉴스에 자주 등장하는 성공한 사람들, 이런 사람들과 알게

모르게 비교되는 우리들 보통 사람들의 삶은 점점 더 초라해져갈 뿐입니다. 하다못해 고액 과외를 할 처지가 안 될 때도, 최신형 물건을 살 수 없을 때도, 조금 넓은 집에서 살 수 없을 때도, 삐까번쩍한 외제차를 탈 수 없을 때도, 남들 다 가는 외국 여행 한번 갈 수 없을 때에도 우리는 좌절감과 상처를 받게 되니까요. '상처뿐인 영광'이 아니라 상처뿐인 '평범'이라고 할 수도 있겠다는 생각이 드네요. 이러한 이야기가 너무 극단적이라고 생각하실 수도 있으나 그만큼 현대 사회에서 우리가 초연한 마음으로 평범하게 산다는 것이 결코 쉽지 않다는 이야기입니다. 나이가 들수록 이런 초연한 마음, 여유로운 마음을 갖기가 점점 더 힘들어지는 건 개인의 문제인가요, 사회적인 문제인가요?

•• 트라우마를 강요하는 세상의 기준

2007년도 아카데미 시상식에서 남우조연상(할아버지로 출연한 앨런 아킨)과 각본상을 수상한 〈미스 리틀 선샤인〉은 유명 스타가 등장하지 않는 저예산 영화지만 영화가 담고 있는 인생에 대한 통찰과 의미만큼은 결코 작지 않은 작품입니다. 이 영화의 주인공들은 얼핏 보면 모두 평범하지만 그야말로 세상의 기준으로 보면 실패한 인간들입니다. 아니, 극히 평범하기 때문에 실패한 인간으로 비치고 있죠. 게다가 그들은 모두 다 한 가족입니다.

동성의 애인을 잃어 자살 기도를 하고 방금 막 정신병원에서 퇴원한 외삼촌(스티브 카렐 분), 너무나 일방적이고 답답한 남편 때문에 결혼 생활에 지친 아내(토니 콜렛 분), 아무도 관심을 보여주지 않는 이상야 릇한 성공 이론으로 실패만 거듭하고 파산을 앞둔 무능한 남편(그렉 키니어 분), 요양원에서조차 마약을 하고 손자에게 음담패설을 들려주는 호색한 할아버지(앨런 아킨 분), 비행 학교에 가고 싶지만 가족들이 미워 혼자 무언의 시위를 하고 있는 괴짜 아들(폴 다노 분), 마지막으로 통통한 외모에 도수 높은 안경을 쓰고도 무작정 미녀 대회에 나가고 싶어하는 순진무구한 딸(아비게일 브레스린 분). 다행히도 이 딸만은 아직 어려서인지 자신의 평범함이 세상의 쓴맛을 보증한다는 사실을 체득하지 못한, 그야말로 천진난만한 영혼의 소유자입니다.

•• 경쟁 사회 속의 트라우마

이렇게 제각각 완전히 따로 노는 콩가루 집안의 가족 구성원들에게 모두 함께해야 할 뜻밖의 과제가 주어지는 전화가 걸려옵니다. 그것은 전에 올리브(딸)가 참가했던 미인 대회의 1위 입상자가 다이어트 약 사용 문제로 자격이 취소되었기 때문에 2위였던 올리브가 대신 캘리포니아에서 열리는 '리틀 미스 선샤인' 대회에 출전하게 되었다는 소식이었습니다. 할아버지는 올리브의 미인 대회 연습을 담당해야 했고, 외삼촌은 혼자 놔두면 우울증이 심해져 언제 자살할지 모르고, 아버지는 운전해야 하고, 엄마는 엄마니까 가야 하고, 아들은 밥 해줄 사람이 없으니 가야 하고, 결국 이 여섯 명의 가족은 어쩔 수 없이 내키지 않는 여행을 함께 하게 됩니다. 이들 가족은 아빠가 운전하는 고물 미니버스를 타고 대회가 열리는 캘리포니아 레돈도 비치를 향해 1박 2일의 갑작스러운 여행을 떠납니다.

망가진 버스 속에서 아무리 애써봐야 망가진 인생을 벗어나기는 어렵겠지요. 여행을 하면서 이들이 직면하는 상처들은 계속 늘어나기만 합니다. 삼촌은 자신을 차버린 동성의 애인이 자신의 라이벌과 같이 여행하는 것을 보고는 절망합니다. 아들은 우연히 자신이 색맹인 것을 알고 비행 학교에 갈 수 없다는 것에 좌절하며 가족이 싫다고 울부짖습니다. 남편은 책 출판 계약만 되면 모든 것이 다 해결된다고 믿었으나 결국 출판에 실패하고 파산이 확정되지요. 아내는 파산하게 된 남편과의 관계에 지쳐 이혼을 심각하게 고민합니다. 그러다가 우리의 호색한 할아버지는 마약을 과다하게 흡입하다가 돌연사하는 대형 사고를 저지르지요.

그런데 할아버지의 갑작스러운 죽음은 풍비박산 직전의 이 가족에게 묘한 변화를 일으킵니다. 실패한 자신들의 삶에서는 계속해서 상처를 받고 좌절하지만 그래도 막내딸만큼은 간절히 원하는 미녀 대회에 반드시 참석할 수 있도록 하기 위해 서로 힘을 합쳐 여행을 계속하기로 의견 일치를 보게 된 거죠. 모두 다 순진무구한 막내딸에게만큼은 상처를 주고 싶지 않았던 것입니다. 중간에 포기하면 실패자라는 생각에 사로잡힌 남편은 할아버지 시신을 미니버스 뒤에 싣고 그대로 대회장으로 차를 몰아 딸을 대회에 참석시키려 합니다. 늘 남편의 무모한 시도

에 반대하던 아내도 이번만큼은 딸을 위해 어쩔 수 없이 동의합니다. 간절히 바라던 비행사의 꿈이 좌절되어 발광하던 아들도 엄마가 같이 가자고 설득할 때는 절대로 안 가겠다고 버텼지만 여동생이 다가와 뒤에서 조용히 안아주니 어쩔 수 없이 "그만 가자"라고 말합니다. 마음을 풀어주는 데는 안아주는 것만큼 효과적인 것도 없는 것 같습니다. 그걸 어른들은 아무도 몰랐는데 어린 딸만 알고 있었지요.

이 가족은 대회 개막 시간인 오후 3시까지 경연장에 닿으려고 했지만 10분 늦어서 참가가 좌절될 위기를 맞기도 합니다. 우여곡절 끝에 딸은 대회에 참가할 수 있게 됩니다. 그런데 그렇게 고생 고생하여 참가하게 된 이 대회가 참으로 가관이었습니다. 왜냐하면 '리틀 미스 선샤인 선발대회'야말로 바로 우리 경쟁 사회의 축소판이었거든요. 어떠세요? 'little'과 'miss'라는 단어가 잘 어울리나요? 두 개의 단어가 만나면서 생겨나는 이율배반적이고 부조리한 느낌만큼이나 있어서는 안 될 일들이 이 대회에서는 지극히 당연하다는 듯이 펼쳐집니다. '리틀'이어야 할 어린 소녀들이 '미스' 흉내를 내기 위해 얼굴에 진한 화장을 하고 휘황찬란한 드레스를 입고 치열한 경쟁을 벌입니다. 모두가 겉으로는 억지 미소를 짓고 있지만 사실 그 안에서는 살벌한 경쟁이 일어나고 있었습니다. 이 대회는 평범한 아이는 감히 명함도 내밀 수 없는 너무나도 인공적이고 가식적인 대회였지요. 참가자 중 평범해 보이는 아이는 한 명도 없었습니다. 그래도 결국 경쟁을 통해 한 사람만 승자가 되고 나머지는 모두 다 평범한 패자가 되는 그런 곳이었습니다.

•• 트라우마 극복은 인생의 작은 승리

객관적으로도 다른 참가자들에 비해 너무나 평범해 보이는 딸 올리브의 탈락이 뻔히 보이자 막무가내 목표지향주의자이던 아버지도 처음으로 딸을 보호하려 합니다. 아버지는 딸이 대회에 안 나가는 것이 좋겠다고 아내에게 말을 하지요. 아들도 다른 아이들이 비웃는다며 동생이 나가는 것을 말립니다. 엄마 역시 원치 않는다면 무대에 서지 않아도 된다고 딸에게 말해줍니다. 그러나 그래도 우리의 딸은 용감하게 무대 위로 나갑니다. 할아버지가 손수 지도해 주신 섹시 댄스를 선보이고 싶어서였죠.

그런데 이 어디로 튈지 모르는 할아버지가 가르쳐준 춤이 문제였습니다. 릭 제임스의 〈쉬즈 어 블랙〉이라는 노래에 맞춰 올리브가 선보인 춤은 스트립 바에서나 볼 수 있는 그런 해괴망측한 춤이었거든요. 올리브의 춤에 기겁을 한 대부분의 대회 관계자와 참가자 가족들은 올리브를 강제로 무대에서 끌어내리려 합니다. 그런데 이때 이 붕괴 직전의 가족에게서 기적에 가까운 일이 벌어집니다. 성공만 외치다 파산한 아빠도, 자살을 시도하다 실패한 외삼촌도, 색맹으로 꿈이 좌절되어버린 오빠도, 삶에 지쳐 이혼을 생각하고 있는 엄마도 모두 자리에서 일어나 딸의 춤에 환호하고 박수를 치며 응원합니다. 그리고 나중에는 모두 무대 위로 올라가 한 판의 막춤 쇼를 연출하죠. 1등만을 가려내고 나머지 모두를 패자로 만드는 이 경쟁 사회에서 평범하다는 이유만으로 받게 될 상처로부터 딸을 보호하기 위해 이 문제투성이 가족들은 용감하게 무대 위로 올라가 딸과 함께 춤을 춘 것입니다. 자신이 받은 상처 때문에 서로 등을 돌리고 있던 가족이 처음으로 하나가 되어 단결된 모습을 보인 거죠. 막내딸을 보호하기 위한 이들의 처절한 몸부림을 보고 웃어야 할까요, 아니면 울어야 할까요?

이 영화는 우리에게 "어차피 인생은 빌어먹을 미인 대회의 연속, 그렇다고 그 누구도 피할 수는 없잖아! 평범하면 평범한 대로, 모자라면 모자란 대로 최선을 다해 사는 것이 작은 승리small victory가 될 수 있어"라고 말해주는 것 같습니다. 다른 사람이 어떻게 생각하든 상관없이, 당신만의 작은 승리는 무엇입니까?

가족 간의 서포트 시스템

미국의 심장 내과 의사 딘 오니시Dean Ornish는 그의 저서 《사랑과 생존》에서 누군가와 친밀하게 연결되어 있어 정서적으로 지지받고 사랑받는다고 느끼는 사람들은 우울, 불안, 자살, 심장병, 위궤양, 감염, 고혈압, 치매 그리고 암의 발생률이 낮았다고 보고했습니다. 사랑은 뇌 기능을 촉진하고, 뇌가 건강하면 사랑을 주고받고 유대감을 형성하는 능력을 촉진시킵니다.

함께 많은 시간을 보내는 가족 간의 긍정적인 서포트 시스템은 몸과 마음의 상처를 극복해나가는 데 가장 강력한 요소가 될 수밖에 없습니다. 자신에 대해서 긍정적이며 자신을 사랑해주는 사람들과 같이 있으면 더 행복하고 만족스러우며 오래 살 가능성이 크다는 것은 누구도 부인하기 어렵습니다.

오하이오 주 클리블랜드에 있는 케이즈 웨스턴 리버즈 대학의 연구팀은 "당신의 아내가 당신에게 사랑을 표현하는가?"라는 질문에 "그렇다"라고 대답한 사람들의 경우 위궤양과 가슴 통증이 더 적게 발생했고 더 오래 살았다는 결과를 발표했습니다. 반면 함께 있는 것이 불편하고 화가 나고 부정적인 감정이 생기는 사람과의 시간이 많으면 많을수록 스트레스 호르몬인 아드레날린이 더 많이 분비되어 불안해지고 긴장하게 됩니다. 트라우마의 치유에 여러 가지 요소가 필요하지만, 긍정적인 가족의 지지 체계와 그 속에서의 사랑보다 더 좋은 치료제는 없습니다.

06
예술을 통해 승화된 상처받은 영혼들
포 미니츠

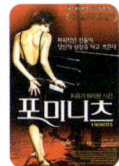

원제 : 'Vier Minuten', 2007년 10월 개봉, 독일, 크리스 크라우스 감독,
모니카 블리브트리우(트라우드 크루거) · 한나 헤르츠스프룽(제니 폰 뢰벤) 주연, 114분

외상 후 스트레스 장애를 일으키는 요인을 보면 남자의 경우는 전쟁이나 재난 사고에서 심하게 다치거나 죽음을 보게 되었을 때가 가장 많은 반면, 여자의 경우는 강간이나 어린 시절의 성학대와 같은 성폭력인 경우가 많습니다. 그러므로 트라우마의 이야기를 할 때 이 성폭력의 문제를 언급하지 않을 수 없습니다. 그런데 사실 성폭력의 문제가 사회적 문제로 이슈화되어 부각된 것은 1980년대부터이고, 본격적으로 사회적인 제도나 법률이 마련된 것은 극히 최근의 일입니다. 어쩌면 성폭력 피해자들의 고통은 오랜 시간 동안 역사 속에 묻혀왔다고 할 수 있습니

다. 사실 역사 속에서 끝없이 전쟁과 약탈이 있었다면 대개 강간, 성학대 같은 성폭력은 아주 다반사로 일어났을 것이고 그 피해자들이 겪는 고통은 분명 오래전부터 있어왔을 텐데 말이죠. 오랜 역사 속에서 대부분의 가해자들은 남성들이고, 거의 대부분의 국가와 문화에서 남성이 여성을 소유할 수 있었기에, 약한 입장에 놓인 피해자들의 고통이 역사와 사회의 전면에 나오기가 쉽지 않았던 것입니다. 결국 성폭력의 문제는 여권이 신장되고 여성의 사회적 지위가 남성과 동등해진 최근이나 되어서야 비로소 역사의 표면 위에 떠오른 것이죠.

•• 경계성 인격 장애 환자? 의사가 더 괴롭다

정신과 의사들이 자주 쓰는 성격 장애 진단 중에는 경계성 인격 장애 borderline personality disorder란 것이 있습니다. 일반인에게는 다소 생소한 진단명이죠. 여기서 경계성이란 무엇과 무엇의 경계를 의미하는 것일까요? 어린아이와 성인 사이의 경계? 정신병과 신경증의 경계? 일단 경계성 인격 장애의 진단 기준에 해당되는 증상을 보면 다음과 같습니다. 대인 관계의 불안정성, 현저한 충동성, 극단적인 감정의 변화, 만성적인 공허감, 정체감의 혼란, 분노 조절의 어려움, 잦은 자살 시도 등. 어찌 보면 이러한 특징들은 질풍노도와도 같은 청소년기에 많이 나타나는 현상일 수도 있습니다. 질풍노도 같으니 당연히 주변에 있는 가족도 힘들고, 그리고 이들을 치료하는 치료자들도 무척이나 애를 먹습니다.

사실 이 경계성 인격 장애라고 하는 진단명에는 약간의 편견이 미묘하게 숨겨져 있습니다. 이 진단명에는 다루기 까다롭고, 치료에 협조가 잘 되지 않고, 늘 주변에 화를 잘 내는, 그래서 주변 사람을 질리게 만드는, 한마디로 미성숙한 성격의 소유자란 뜻이 은연중에 담겨 있거든요. 그래서 상담을 하다가 환자의 행동 패턴에서 경계성 인격 장애의 특성이 보이는 것 같으면 치료자들도 내심 긴장하게 됩니다. 이런 환자들은 대개 치료자에게 무리한 요구를 하거나 치료자의 경계선을 침범하여 피곤하게 만들 수도 있기 때문에 대부분의 치료자들은 이를 미리 경계하고 오히려 처음부터 치료적 한계를 명확히 그으려는 태도를 취하기도 합니다. 그런데 적당히 거리를 두려는 치료자의 이런 태도가 환자에게 전달이 안 될 리가 없죠. 환자들도 그런 치료에 실망하여 치료자를 더욱더 불신하게 되어 치료를 중단하게 되는 일이 자주 일어납니다.

최근에는 이러한 경계성 인격 장애라는 진단이 환자에 대해 불필요한 편견 혹은 선입견을 갖게 하기 때문에 아예 이런 용어 자체를 쓰지 말자고 하는 전문가들의 의견이 대두되고 있는 실정입니다. "만약 당신의 치료자가 당신에게 경계성 인격 장애라는 진단을 내리면 당장 치료자를 바꾸라!"라는 파격적인 발언을 하는 전문가들도 있을 정도지요. 그들은 경계성 인격 장애라고 진단을 받은 사람들의 까다롭고 충동적인 성격이 사실은 버림을 받는 것에 대한 극단적인 두려움 때문에 일어나는 것이라고 설명하고 있습니다. 버림받아 혼자라는 느낌을 받는 것이 두려워서 그러한 느낌에 매우 예민하게 반응하게 된다는 것이죠.

실제로 최근 연구에 의하면 경계성 인격 장애 환자의 80% 이상에서 아동기의 심각한 트라우마의 흔적이 발견된다고 보고되고 있습니다. 이는 결국 경계성 인격 장애라고 진단받은 사람들의 대부분이 어린 시절의 반복적인 트라우마의 희생자이고, 경계성 인격 장애의 많은 증상들이 트라우마로 인한 후유증이라는 것을 뒷받침해주는 연구 결과입니다. 대개 생후 초반에 부모로부터 받은 학대 내지는 심각한 방임이 어린아이의 감정뇌emotional brain에 직접적으로 부정적인 영향을 끼쳐 경계성 인격 장애에 해당되는 여러 가지 증상들을 발생시킨다는 것입니다. 그래서 요즘에는 경계성 인격 장애를 복합성 외상 후 스트레스 장애의 유형 중 하나로 보는 견해가 늘고 있습니다. 이러한 인식의 전환, 진단명의 전환은 그들의 극단적인 행동, 파괴적인 충동성이 비록 주변에 있는 사람들을 매우 불편하게 하는 부적절한 것일지라도 결국 어린 시절 살아남기 위해, 생존을 위해 어쩔 수 없이 자연스럽게 생겨난 것으로 이해하는 데 도움이 됩니다. 그들을 트라우마의 피해자로 이해하고 수용할 수 있는 마음이 치료자나 가족들에게서 생겨날 때 비로소 그들의 마음의 치유가 시작되니까요.

●●두 여자의 트라우마 치유 과정

〈포 미니츠〉는 2006년 상하이 국제영화제에서 최우수작품상을 수상한 독일 영화입니다. 제작 기간만 8년이 걸렸다는 이 영화는 놀랍게도 실화에 기초를 두고 있다고 하는군요. 상처를 지닌 두 여자가 만나 서로를 치유해주면서 각자의 멈춘 삶을 회복해가는 과정이 아주 인상적인 영화였습니다. 자신이 살아남기 위해 어쩔 수 없이 사랑하는 연인을 배신하고 결국 그 연인의 죽음을 지켜보아야 했던 상처를 안고 살아온 레즈비언 크루거(모니카 블리브트리우 분). 그녀는 젊은 시절 자신의 떳떳하지 못한 행동에 대한 죄책감으로 60년 동안 감옥에서 여성 재소자들에게 피아노를 가르칩니다. 60년이 지났음에도 그녀의 과거의 기억은 여전히 현재 진행형으로 그녀에게 고통을 주고 있었지요.

피아노에 재능이 있는 재소자를 찾기 위해 면접을 하던 크루거는 반항적인 제니(한나 헤르츠스프룽)를 추천받게 됩니다. 그러나 제니의 반항적이고 거친 행동이 맘에 안 들었던지 크루거는 차갑게 제니의 피아노 레슨을 거절하지요. 크루거는 죄책감으로 마음의 문을 걸어 잠근 차갑고 무뚝뚝한 원리원칙주의자였거든요. 그러나 크루거의 차가운 거절은 제니를 자극하지요. 분노에 가득 찬 그녀는 자신을 제재하려는 교도관을 무자비하게 구타하고 미친 듯이 피아노 연주를 합니다. 그런데 그 연주 소리를 들은 크루거는 제니에게 천재적인 소질이 있다는 것을 알아챕니다. 극단적인 분노 폭발, 충동성, 심한 감정의 변화를 보이는 제니는 언뜻 보기에도 경계성 인격 장애라고 진단을 내릴 수 있을 것 같습니다. 그런데 역시 그런 제니에게는 과거에 심각한 트라우마의 경험이 있었습니다. 그녀에게는 양아버지로부터의 성폭행, 친엄마의 자살, 그리고 감옥에서의 출산 과정에서 아기를 잃은 사건과 같은 적어도 세 개의 커다란 트라우마가 있었죠. 게다가 그녀는 풋사랑의 남자를 위해 그의 살인죄까지 다 뒤집어쓰고 감옥에 들어온 것이었습니다. 〈우리들의 행복한 시간〉에서의 윤수와 거의 비슷하게 그녀는 삶을 완전히 포기한 것처럼 무기력해 보이다가도 또 언제 분노가 폭발할지 모르는 시한폭탄 같은 여자였습니다.

•• 트라우마의 두 얼굴, 냉정과 열정

피아노 수업을 시작하고 나서도 자유분방하고 충동적인 제니와 겸손함과 엄격함을 가르치려는 크루거 사이에서는 계속해서 긴장감이 감돕니다. 제니가 수갑이 채워져 있는 상태에서 흑인 음악을 연주하자 크루거는 그녀의 뺨을 때립니다. 크루거가 흑인 음악은 절대로 안 된다고 하는 이유는 설명하지 않아도 알 수 있지요. 크루거의 키워드는 냉정과 열정 중에서 냉정입니다. 사랑하는 여자 친구의 죽음을 보고 난 뒤 감정을 드러내지 않고 건조하게 살아온 그녀는 절제된 클래식 음악의 연주가 음악의 본질이라고 생각하고 있었던 거죠. 반면 제니는 자유롭게 열정적으로 감정을 표출하는 흑인 음악을 좋아하지요. 그런 제니의 자유로운 연주를 크루거는 인정하려 하지 않습니다.

그런데 막상 첫 피아노 예선 대회에 나가게 되었을 때 제니는 갑자기 두려움에 떨며 무대에 못 나가겠다고 합니다. 실망한 크루거가 그녀를 겁쟁이라고 몰아세우며 대회에 나가라고 강요하자 갑자기 제니는 흥분하여 주먹으로 유리창을 깨부숩니다. 크루거의 강요가 제니의 어릴 적 트라우마를 자극하였기 때문이지요. 어릴 적 피아노에 회의를 느낀 제니가 더 이상 콩쿠르에 나가지 않겠다고 하였을 때 그녀의 양아버지가 심하게 학대한 기억이 순간적으로 떠올랐던 모양입니다. 그녀의 어린 시절의 트라우마는 현재 일어나는 사소한 강요와 거절, 시비에 의해서 고스란히 재현되고 있었던 거죠. 특히 피아노 연주 때문에 함께하는 시간이 많은, 가장 가깝기도 하고 가장 많이 부딪치기도 하는 크루거에게 제니의 충동적인 반응이 자주 일어날 수밖에 없었습니다. 어쩔 수 없이 이번에는 쿠르거가 제니를 달래줍니다. 그래서 어렵게 나간 예선에서 제니는 멋진 연주를 하여 심사위원들을 놀라게 합니다.

　기분이 좋아진 크루거는 돌아가는 길에 제니의 손을 치료해주기 위해 병원에 들릅니다. 한숨을 돌림 틈도 없이 빈틈을 노리던 제니는 탈출을 시도하여 크루거를 또 실망시키죠. 그런데 다시 잡혀 온 제니는 크루거에게 자신이 아기를 잃게 되었던 아픈 상처를 이야기합니다. 크루거는 그렇게 이해심이 많은 사람도 아니었지만 제니의 이해할 수 없는 행동 이면에 있는 그녀의 상처를 조금씩 알아가게 됩니다. 서로 상처를 이야기하고 들어주면서 두 사람은 조금씩 가까워지기 시작합니다.

•• 자유와 열정의 발산으로 트라우마를 극복하다

그런데 늘 그래왔듯 돌발 상황이 또 발생합니다. 크루거가 자신의 양

아버지를 만났다는 사실을 알게 된 제니는 크루거에게 강한 배신감을 느낍니다. 크루거가 양아버지와 한통속이 되어 자신에게 피아노를 강요했다는 의심까지 합니다. 제니의 트라우마가 다시 한 번 건드려진 것이지요. 분노감에 휩싸인 제니에게는 어떤 설득도 먹히지 않습니다. 제니는 크루거에게 주먹을 휘둘러 크루거를 기절시키기까지 합니다.

정신이 돌아온 크루거는 떠나가려는 제니에게 자신의 가장 부끄러운 과거를 이야기하고 자신이 레즈비언임을 고백하지요. 자신이 사랑한 여인에게도 피아노의 재능이 있었지만 공산주의자라는 이유만으로 독일군에게 처형을 당했다고, 그 아이가 살아남았더라면 그녀의 재능을 살리기 위해 자신은 무엇이든 했을 거라고 말하며 크루거는 눈물을 흘립니다.

크루거의 자기 고백과 설득에 극적으로 마음을 돌린 제니는 그녀와 함께 대회장으로 갑니다. 그런데 제니는 그곳에서 정말 만나고 싶지 않았던 양아버지를 만납니다. 양아버지는 그녀에게 우승하기를 바란다면서 용서를 구하지만 제니는 "난 당신이 죽기를 바란다"며 싸늘하게 대답합니다. 어린 시절 자신에게 가한 학대와 성폭행은 쉽게 용서될 수 있는 게 아니었던 것이지요. 그리고 제니의 마지막 연주. 제니는 자신을 걱정스러운 듯 바라보는 크루거에게 "고맙다!"는 말을 하고 무대에 나가 갑자기 정열적으로 자신의 음악을 연주합니다. 연주하기로 한 슈만의 곡을 찢어발기며 대신 흑인 음악의 정열을 자신의 영혼을 섞어가며 연주한 것이지요.

여기서 크루거의 반응이 재미있습니다. 제니의 배신에 실망을 하여 집으로 돌아가려던 크루거는 연주회장 로비에 마련된 와인 몇 잔을 연달아 마시다가 다시 객석으로 돌아갑니다. 그리고 그녀는 연주를 마친 제니를 보고 웃습니다. 마음껏 자유롭게 표현하고 싶었던 제니의 마음을 마침내 크루거가 수용한 것이지요.

너는 가해자가 아니야, 피해자야!

영화 속 제니와 같이 어린 시절 트라우마가 많은 경계성 인격 장애 환자의 경우, 그들이 보이는 충동적인 행동이나 무리한 요구는 주위의 가족들을 많이 지치게 합니다. 가족으로서, 부모로서 어떻게 대처해야 할지 답이 보이지 않으니까요. 그 무책임한 행동과 요구들을 무조건 다 받아줄 수도 없고, 그렇다고 모른 척하면 자신을 무시하고 거절한 것이라고 분노하고, 반대로 조금 강하게 제약이라도 할라치면 이번에는 자신을 억압하고 학대하는 것이라고 화를 내니까요.

어떤 한 어머니는 지푸라기라도 잡고 싶은 심정으로 주위에 조언을 구하다가 "딸이 경계성 인격 장애인 것 같으니 너무 받아주어서는 안 되고, 분명한 한계와 책임감을 알려주어야 한다. 심하면 입원 치료도 각오해야 한다"는 말을 듣고는 딸이 난동을 부릴 때 119로 사람을 불러 강제로 정신병원에 입원시켰다고 합니다. 하지만 정신병원에 입원한 딸이 난동을 부리고 수차례 자살 기도를 하고 탈출 시도도 하고 단식 투쟁도 하다가 거의 죽기 직전의 상태에 이르자 겁이 난 어머니는 다시 딸을 퇴원시켜서 집으로 데려오게 되는데, 그 이후 딸은 몇 년 동안 자기 방에서 절대로 나오지 않고 엄마가 뭐라고 말만 걸어도 소리를 지르며 물건을 던졌다고 합니다. 이런 경우 딸에게는 강제로 정신병원에 입원을 시킨 것 자체가 결국 "엄마가 귀찮으니까 날 버렸다"고 하는 철저한 배신의 트라우마가 되는 것입니다. 어쩔 수 없이 한계가 있다는 것을 알려주기 위해 입원시킨 것이 어린 시절 받은 학대와 방임의 트라우마의 기억을 자극하여 역시 아무도 날 이해해주려 하지 않는다는 절망감과 분노감을 키운 것이죠.

물론 무리한 요구나 충동적인 행동에 대해서는 어느 정도 스스로 조절을 해야 하고, 한계가 있다는 것을 본인에게 알려줄 필요가 있기는 합니다. 그러나 그보다 먼저 이들에게 간절히 필요한 것은 이들의 상처받은 마음을 이해하고 따뜻하게 감싸 안아주려는 부모의 태도인 경우가 참 많습니다. 그렇게 하기 위해서는 그들이 충동적인 행동을 하게 되는 심리적 고통의 기원이 사실은 어린 시절의 학대나 방임으로 인한 것, 그래서 피해자로서의 어쩔 수 없는 몸부림이라는 것을 이해해야 합니다. 얼핏 보기에는 충동적인 행동을 하는 그들이 가해자 같지만 사실 깊이 안을 들여다보면 그들은 피해자라는 것을 가장 가까운 부모가 먼저 이해해야 합니다. 그들의 인생 시나리오라는 거대한 이야기 속에 트라우마의 경험이 곳곳에 내재해 있다는 것을 알아야 합니다. 한계를 긋는 것보다는 이해하며 다가가는 것이 트라우마 치유를 위해서는 훨씬 더 절실하게 필요한 일입니다.

역사 속의
가해자와 피해자

지금으로부터 120여 년 전, 이미 유럽에서는 세 명의 정신과 의사가 여성들에게 성폭력의 문제가 히스테리아라는 증상을 발병시킨다는 발견을 하였습니다. 그들은 샤르코, 자네, 그리고 프로이트라는 모두 다 남자 정신과 의사들이었죠. 모두 다 역사적인 인물들이죠. 가장 먼저 샤르코가 용감하게 히스테리아 연구에 뛰어들었습니다. 그는 그 당시 히스테리아 환자들이 보이는 마비 증상, 경련, 감각상실, 기억상실이라는 신경학적 증상에 심리적인 원인이 있다는 것을 밝히려 하였습니다. 샤르코 이전의 사람들은 히스테리아 환자들이 보이는 증상을 설명할 수 있는 신경학적인 원인을 찾을 수 없었기에, 히스테리아 환자들을 고작 꾀병이나 부리는 것으로 혹은 악령에 홀린 환자로 취급하였죠(마비나 경련, 기억상실 같은 증상들은 대개 뇌의 신경에 이상이 있을 때 나타나는 증상들이니까요). 그러나 샤르코는 히스테리아 증상을 객관적으로 기술하고 분류하는 작업을 하면서 이를 과학적으로 해명하려는 시도를 한 것입니다.

그러나 사실 샤르코는 히스테리아의 증상에는 관심이 많았지만, 그들의 내면의 심리적 원인을 찾는 데는 소홀한 편이었습니다. 히스테리아 증상이 있는 여성들의 이야기에 헌신적으로 귀를 기울이며 그러한 증상들의 원인을 열정적으로 찾아간 사람들은 바로 자네와 프로이트였습니다. 그들은 각자 따로 작업했지만 놀랍게도 비슷한 이야기를 듣게 됩니다. 히스테리아 환자들은 그들에게 반복적으로 어린 시절의 성폭행, 강간에 대해 이야기해주었으니까요. 그래서 결국 두 사람은 견딜 수 없을 만큼 고통스러운 심리적 외상, 트라우마가 의식의 변형을 일으켜 히스테리아 증상을 일으킨다고 하는 놀랍도록 비슷한 결론을 내리게 됩니다.

그리고 1896년, 프로이트는 18개의 사례 연구로 이루어진 〈히스테리아의 원인〉이라는 야심찬 논문을 발표합니다. 논문에서 언급된 모든 사례에서 어린 시절의 성적인 경험이 히스테리아 증상을 발생시키는 원인이었습니다. 100년이 지난 지금에도 이 논문에 적혀 있는 기록들은 프로이트가 왜 프로이트인지를 알게 해줄 만큼 심사숙고한, 설득력 있는 내용들입니다. 그런데 이 논문을 발표하고 나서 오히려 프로이트는 매우 곤란한 입장에 놓이게 됩니다. 그는 주변의 친구, 동료, 선배들로부터 냉담한 반응을 받으며 사회적으로나 학문적으로나 고립되기 시작했죠. 그 당시 사회적 분위기는 그의 파격적인 이론을 받아들일 수가 없었던 것입니다. 만약 그의 이론을 받아들인다면 히스테리아 증상을 보이는 환자의 가족 내에서 성폭력이 빈발하고 있다는 것을 인정하는 것이었으니까요. 사회적으로 존경받고 일견 평화로워 보이는 가족 내에서 성폭행이나 학대가 자행되고 있다는 것을 그 당시의 사회가 받아들일 수 없었던 것입니다. 괴로워하던 프로이트는 마침내 자신의 히스테리아 이론을 아예 철회하고, 심지어 나중에는 히스테리아 환자들이 호소하는 아동기 성학대가 사실이 아니라 환상이었다고 하는 결론을 내립니다. 프로이트의 이러한 철회와 변신은 히스테리아에 대한 연구, 즉 성폭력이라고 하는 심리적 외상에 대한 연구가 역사 속에서 사라지게 되었음을 의미합니다. 샤르코와 자네도 이미 전에 자신들의 연구에 대한 신뢰성을 의심받기 시작하였고, 자신들의 연구 작업이 모든 사람들에게 외면당하고 잊혀가는 것을 그냥 지켜만 봐야 했으니까요.

이렇듯 위대한 학자들의 열정적인 연구였음에도 성폭력의 문제를 정면으로 다룬다는 것은 그렇게 쉬운 일이 아니었던 것입니다. 결국 아동과 여성에게 일어나고 있는 성폭력과 같은 트라우마의 연구는 이후 80년 이상 수면 밑에 잠기게 됩니다.

그런데 한 가지 재미난 사실은 프로이트 이후 마지막까지 성과 연관된 트라우마가 히스테리아의 발병 원인임을 주장하고 이를 사회에 알리는 데 끝까지 노력한 용감한 사람이 바로 프로이트의 환자였던 안나 오라는 것입니다. 아마도 그녀는 자신도 그런 트라우마를 경험한 여성이었기에 자신의 상처를 극복하기 위해서라도 치열한 투쟁을 한 것이 아닌가 하는 생각이 듭니다. 우리나라의 경우 구성애 씨가 떠오르네요!

07
진실한 고백으로
부끄러운 과거를 수용하다

휴먼 스테인

원제 : 'The Human Stain', 2004년 3월 개봉, 미국, 로버트 벤튼 감독,
앤소니 홉킨스(콜먼 실크)·니콜 키드먼(퍼니아) 주연, 106분

의사 국가고시 공부에 여념이 없던 한 여학생은 어느 날 친구를 따라 학교 상담실에 들어갔습니다. 그냥 재미 삼아 적성검사, 인성검사라도 받아보려고 말이지요. 그런데 마침 시간이 빈 상담 선생님이 있어 그녀는 얼떨결에 자신의 문제에 대해 상담하게 됩니다. 처음에는 신변에 대한 잡다한 이야기를 나누었지요. 그러다 남자 친구들과 연거푸 헤어진 이야기로 화제가 옮겨갔고 급기야는 남자를 믿을 수가 없어 연애를 제대로 할 수 없는 심리 상태까지 털어놓게 됩니다. 여기까지 상담 시간만 두 시간이 걸렸다고 합니다.

상담 선생님이나 그녀나 지쳤을 법도 한데 두 사람 모두 상담을 멈출 수가 없었습니다. 점점 더 그녀의 고통스럽고 비밀스러운 이야기가 흘러나왔기 때문입니다. 그녀는 초등학교 5학년 때부터 고등학생이던 모범생 오빠가 밤마다 옷을 벗기고 몸을 만진 사건에 대해 말하기 시작했습니다. 그러면서 서서히 잊고 있었던 기억이 되살아나기 시작했죠. 무서워서 엄마에게 말을 못 했던 상황, 돌려서 이야기하면 전혀 알아듣지 못하고 오히려 역정만 내는 엄마의 반응, 혼자서 어떻게 대처할지 몰라 밤마다 무섭고 두렵고 그러다가 멍하니 보냈던 수많은 밤들, 일부러 기숙사가 있는 중학교로 가서 2년 동안 떨어져 지내며 외로워했던 기억, 견딜 수 없이 화가 났지만 어쩔 수 없이 무조건 그 기억을 지우려 했던 나날들, 중학교 때 체육선생님에게 성추행을 당할 뻔했던 끔찍한 기억, 중학교 졸업식 후 집에서 잠시 쉴 때 이번에는 오빠 친구들에게 강간당할 뻔한 아슬아슬한 기억……. 막상 이야기하다보니 그녀는 반복적으로 성추행과 연관된 트라우마를 경험해왔음을 알게 됩니다.

•• 과거에서 벗어나기 위해 기억을 조작하다

이미 어렸을 때 엄마에게 고민을 털어놓았다가 이해받는 데 실패한 그녀는 과거의 경험을 누구에게도 이야기하지 못하고 혼자 끙끙 앓고 지냈습니다. 그때부터는 혹시 자신의 비밀을 남이 알까 점점 두렵고 무섭고 부끄러워지기 시작했다고 합니다. 그러다가 차라리 기억을 지우고 그냥 없었던 일인 것처럼 생각을 하지 않는 것이 최선의 대책이라는 사실을 커가면서 스스로 터득합니다. 그녀는 좋은 의사가 되어야 한다는 목표가 있었기 때문에 공부에만 몰입해 자신의 기억을 완벽하게 억압할 수 있었습니다.

상담 선생님은 그녀에게 매우 중요한 이야기를 용기를 내어 한 사실에 대해 칭찬해주고 예전의 사건들이 아무래도 현재의 남자 관계에 영향을 주는 것 같으니 앞으로 하나하나 천천히 다루어나가자고 하면서 상담을 마쳤습니다. 그녀도 상담 선생님에게 장시간 자신의 이야기를 들어주어 고맙다면서 오랫동안 이야기하지 못한 비밀을 털어놓아 마음이 조금 시원한 것 같다고 말하고 다음 상담 약속 시간을 잡고 집으로 돌아갔지요.

그런데 그녀는 그 이후 상담실에 나타나지 않았습니다. 그 이유는 그날 이후로 그때의 기억이 떠오르기 시작해 밤마다 악몽에 시달려야 했기 때문이지요. 다른 사람들이 자신의 수치스러운 비밀을 알까 매우 두렵고 불안해졌으며, 남자들이 다시 무서워져 밤에는 혼자 나가지도 못하게 되었답니다. 그리고 그동안 착한 딸로 잘 지내온 그녀는 갑자기 돌변하여 어머니에게도 매우 적대적이 되었죠. 오랫동안 봉인되었던 과거의 트라우마들이 한꺼번에 되살아나면서 그녀는 뒤늦게 외상 후 스트레스 장애의 증상들에 시달리게 됩니다. 특히 그녀는 자신에게 그런 성적인 추행이 일어난 사실 자체에 대해 매우 부끄러워하고 수치스러워하였으며, 자신의 삶은 이미 초등학교 때부터 더럽혀졌다는 믿음을 가졌죠. 이렇게 이미 다 지나간 일이라 그리 생각하지도 않고 있던 과거의 사건이 현재의 삶에서 어떤 자극을 받게 되면 완전히 되살아나는 경우를 종종 보게 됩니다. 아무리 열심히 트라우마의 기억을 피해 다니고 기억을 안 하려고 안간힘을 다해도 그 부정적인 영향력이나 파괴력이 쉽게 사라지는 것은 아닌 듯합니다. 그러고 보면 어느 누구도 마음의 상처로부터 자유롭기는 쉽지 않은 것입니다.

•• 숨겨진 진실, 그 속에서 시작되는 트라우마

〈크레이머 대 크레이머〉를 연출했던 노장 로버트 벤튼 감독의 영화 〈휴먼 스테인〉은 순간의 실수로 어린 시절 트라우마가 되살아나 삶이 송두리째 바뀐 한 남자의 이야기입니다. 미국 매사추세츠 아테나 대학의 고전문학과 콜먼 실크 교수(앤서니 홉킨스 분)는 수업 시간에 얼떨결에 'spook'란 단어를 사용하다가 인종차별주의자로 몰려 학장 자리를 물러나게 됩니다. 그 충격으로 놀란 아내는 심장마비로 유명을 달리합니다. 스푸크란 단어는 유령이란 뜻이지만 속어로 검둥이란 뜻도 있지요. 콜먼 교수는 수업 시간에 나타나지 않는 학생이 유령 같다는 의미로 농담처럼 사용했지만 마침 그 학생들이 흑인이었던 탓에 뜻하지 않은 오해를 불러일으켰던 겁니다.

콜먼 교수가 인종차별 논쟁에서 속수무책으로 당했던 이유는 그에게 어두운 가족사가 있기 때문이었습니다. 그의 피부색은 하얗지만 그

의 부모님들은 모두 흑인이었거든요. 인종차별이 심했던 시절, 그는 자신의 성공을 위해 가족을 버리고 백인 행세를 하며 살아왔습니다. 그가 사랑했던 첫사랑에게 부모가 흑인이라는 이유만으로 차인 까닭이지요. 결혼까지 약속했던 애인은 "당신을 너무 사랑하지만 현실을 감당하기 힘들다"면서 떠납니다. 실연으로 깊은 상처를 받은 그는 차라리 가족을 버리고 백인으로 살아가는 길을 선택합니다. 그는 백인 친구들이 흑인에 대해서 욕을 할 때 동조해주기도 하고, 군에 입대할 때에도 자신을 백인이라고 밝힙니다. 그런 자신의 선택에 대해 부끄러워하면서도 그는 끝까지 백인으로 살아갑니다.

•• 진실한 사랑으로 트라우마에서 해방되다

결국 그는 인종차별을 하는 사회의 규칙에 굴복하고 편승하여 세상을 살아온 것이지요. 어머니와 헤어질 때 어머니가 그에게 한 말, "너는 피부는 희지만 마음은 노예"라는 말은 그의 내면에 얼마나 큰 수치심과 부끄러움을 남겨주었을까요? 그가 나중에 인종차별자로 몰려 학장 자리에서 물러나게 되었을 때 "나도 흑인인데 '스푸크'란 말이 어때서?"라고 한마디만 했어도 아마 학장 자리에서 물러나지 않고 자연스럽게 넘어갈 수 있었을 것입니다. 그러나 그는 모든 것을 잃어버리는 그 순간에도 자신이 흑인이라는 사실을 밝히지 못합니다.

자신의 노력으로 주류 사회에 진입해 성공한 인생을 살아왔다고 스스로 믿어왔던 콜먼 교수는 결국 말 한마디 실수로 성공한 인생의 모든 것을 잃게 되고, 급기야는 오랫동안 잊고 있었던 과거의 부끄러운 상처들과도 직면하게 됩니다. 가족을 버리고, 자신을 속이고, 수없이 반복해서 거짓말을 해야 했던 과거의 수치스러운 기억들이 떠올랐겠지요. 명예롭고 성공한 삶이라고 생각해왔는데 사실은 부끄러운 거짓으로 가득 찬 삶이었음을 깨닫게 된 것입니다. 완벽하게 통합된 삶을 살아왔다고 자부하고 있었는데 어느 날 갑자기 자신이 겉과 속이 다른 이중의 삶을 살아왔다는 것을 깨달았을 때 그는 얼마나 큰 혼란을 느꼈을까요? 그렇게 과거의 상처가 되살아나 혼란과 방황 속에서 헤매는 콜먼 교수 앞에 신비로운 매력을 지닌 여성, 퍼니아가 나타났습니다. 그는 절박하게 그 여인에게 매달리게 됩니다. 사랑에 빠진 것이죠.

그런데 퍼니아의 삶 역시 한마디로 트라우마로 점철된 인생이었습니다. 그녀는 누구에게도 마음을 열지 못하고 고립된 삶을 살아왔습니다. 양부로부터의 성폭행, 전 남편으로부터의 폭행으로 인해 그녀가 남자를 쉽게 믿지 못하는 심정은 이해가 되고도 남지요. 그녀는 남자와 섹스는 할지언정 절대로 같이 잠을 자려 하지 않습니다. 항상 섹스가 끝나면 남자가 떠나길 바랍니다. 그 누구와도 자신의 과거 이야기를 하지 않으려 하고 오로지 섹스를 통한 육체적인 교류만을 원할 뿐입니다. 그러다가 콜먼 교수 집에서 같이 자고 난 아침, 그녀는 콜먼에게 엄청나게 화를 냅니다. 진정으로 사랑하는 남자를 만났지만 그의 사랑을 받아들일 수 없었던 것이지요. 자신은 창녀와 다름없기 때문에 진정한 사랑을 받을 자격이 없다는 것이었습니다. 게다가 그녀는 자기 아이들의 죽음도 모두 다 자신의 탓이라고 생각하는 죄책감까지 가지고 있었습니다.

처음에는 육체적인 탐닉으로 시작된 두 사람의 사랑이 결국 영혼의 친밀감 수준으로까지 발전해갑니다. 그런 두 사람의 사랑은 안정적이고 진실한 감정에서 시작된 아름다운 사랑의 형태라기보다는 처절하게 짓눌리고 고통받아온 상처받은 두 영혼이 서로의 외로움에 공명해주는 그런 모습의 사랑이죠. 서로에게 간절히 매달리며 서로가 서로의 상처를 치유하는 그런 위태로운 사랑의 모습이었던 것입니다. 두 사람은 점점 더 상대방을 필요로 하게 됩니다.

그리고 결국 콜먼 교수는 마지막 사랑인 퍼니어에게 누구에게도 말할 수 없었던 자신의 비밀, 부끄러운 과거를 고백합니다. 자신의 부모가 모두 흑인이라는 것과 그런 부모를 버리고 백인 행세를 하며 살아온 부끄럽고 비겁한 삶에 대해 처음으로 타인에게 이야기합니다. 수십 년을 함께 살아온 아내에게도 말 못 한 비밀을 처음으로 퍼니어에게 말한 것이죠. 그런 남자의 힘든 고백을 따뜻한 사랑으로 감싸 안아주는 퍼니어는 자신이 상처받은 만큼 상대방의 상처에 공감해줄 수 있는 여자였습니다. 콜먼 교수의 솔직한 고백을 다 듣고 난 뒤 그녀는 "당신이 원하면 뭐든 해줄게요"라는 말을 처음으로 콜먼 교수에게 해줍니다. 하지만 두 사람은 서로의 사랑을 믿으려고 하는 순간, 갑작스러운 교통사고로 너무나 허무하게 죽습니다. 죽기 직전에 그들은 어떤 마음이었을까요? 그들은 죽음으로 과거의 오점으로부터 벗어날 수 있었을까요?

•• 오점 없는 인생이여, 트라우마에 돌을 던져라

영화 제목 '휴먼 스테인human stain'은 인간의 오점, 즉 얼룩이란 뜻이죠. 조그마한 얼룩 하나 없이 새하얀 인생을 살아온 사람이 있을까요? 버림받은 일, 다른 사람의 사랑을 거절한 일, 배반당한 일, 다른 사람을 배반한 일, 속은 경험, 속인 경험, 다른 사람에게 상처를 준 경험, 다른 사람에게 상처를 받은 경험, 부끄러웠던 경험, 부끄러움을 준 경험 등 누구에게나 인생의 오점은 조금씩 있을 것입니다. 그 오점이 타인에 의해 생긴 것이든, 내 자신의 잘못된 선택에 의해 생긴 것이든, 그것이 계속해서 죄책감, 부끄러움, 두려움, 불안감을 준다면 그것은 인생의 트라우마인 셈이죠. 이러한 인간적인 오점을 완전히 외면하고 부정하고 사는 것은 무척이나 어려운 것 같습니다. 아무리 외면하고 부정해도 오점이 사라지는 것은 아니까요. 외면하고 부정하면서 숨기려 하면 할수록 그런 자신에 대한 부끄러움의 감정은 점점 더 커지게 될 뿐이죠.

내 존재에 대한 수치심

부끄러움은 누구나 타고나는 감정이며 어느 정도의 부끄러움은 우리가 타인과 적응적으로 살아가는 데 필요한 건강한 감정이기도 합니다. 하지만 성장 과정에서 부끄러웠던 경험이 자주 있었고 심한 모욕감으로 감당하기 어려웠던 고통스러운 감정과 기억들이 많은 경우 이러한 감정들은 일생을 통해 영향을 미치게 되는데, 이를 유독성 수치심 toxic shame 이라고 합니다.

자신의 존재에 대한 수치심을 가지고 있는 경우 지나치게 부끄러운 감정을 자주 느끼기 때문에 자신과 타인에 대해서 과도하게 민감해지고 의식하게 되므로 삶의 제한을 많이 받게 됩니다. 내 성격에는 치명적인 결함이 있다는 생각, 나는 어떤 흠이 있어 남들과 다르다는 생각을 가지고 있기 때문에 자신에 대해서 지나치게 비판적이고, 마음속 깊은 곳에는 타인으로부터 거절당하거나 버림받는 것에 대한 두려움도 많습니다.

이러한 유독성 수치심은 인간 존재로서의 정체감에 대한 것이며 이 상처는 깊고 오래 지속됩니다. 감춘다고 감춰지지도 않고 두려워하고 피하려 해도 역시 피해지지 않는 것이지요. 이러한 감정들을 부인하고 혐오하다 보면 결국 그 감정은 점점 더 막강해지며 자기혐오가 생길 뿐입니다. 결국 이러한 고통에서 자유로워지기 위해서는 그 감정이 고통스럽지만 그것이 자신의 한 부분이라는 것을 받아들여야 하는데 그 과정은 많은 시간이 걸리며 결코 쉽지도 않습니다.

자신의 부끄러움을 이해하고 받아들이는 첫 단계는 고통을 주는 자신의 부끄러움을 일단 밖으로 표현해서 부끄러움의 본성을 이해하는 사람과 나누는 것입니다. 여기서 꼭 필요한 것은 용기 있게 드러낸 부끄러움의 감정을 솔직하게 나눌 수 있는 누군가입니다. 도덕적 판단이나 개입 없이, 객관적인 해석이나 합리적인 설득을 하지 않고 그냥 귀 기울여 들어주는 그런 사람으로부터의 공감이 필요한 것이죠. 이러한 공감의 힘을 얻어 아주 끔찍했던 과거를 마주하고 자신을 들여다보게 될 때 우리는 결국 부끄러움이 인간이기 때문에 자연스럽게 느끼는 감정이고, 비록 고통스럽지만 이 감정은 나의 일부분이라는 사실을 인정하고 받아들일 수 있게 됩니다. 그리고 궁극적으로 자신의 일부분인 부끄러움과 익숙해지고 친해져야 비로소 자신을 존중하고 사랑할 수 있게 된다는 걸 깨닫게 되지요.

그런 의미에서 콜먼 교수가 아무에게도 말하지 못했던 고통스러운 고백을 진심으로 들어주고 "당신이 원하면 뭐든 해줄게요"라고 말한 그녀는 그에게는 최고의 치료자였다는 생각이 듭니다.